빅스텝

빅스텝

박혜정 지음

당신의
경제 보폭을
키우는 법

포레스트북스

리얼 부자를 꿈꾸는 사람들에게

많은 사람이 부자의 꿈을 꾸고, 경제적 자유를 얻고 싶다고 말하지만, 그들이 말하는 부자는 차이가 있어 보인다. 그리고 대부분의 사람이 꿈꾸는 부자는 아파트 수십 채를 보유하고, 펜트하우스에 살며, 슈퍼 카를 여러 대 갖고 있는 모습이 아니라는 것을 알게 되었다. 그들이 꿈꾸는 부자의 모습은 이사 걱정 없이 살 수 있는 따뜻한 내 집과 안전한 자동차가 있고, 가끔 온 가족이 부담 없이 외식을 하고, 일 년에 한두 번 해외여행을 갈 수 있는 여유를 의미했다. 여기에 추가로 불로소득을 만들어내고, 직장에 다니지만 언제든지 그만둘 수 있는 결정권을 갖고 있는 것, 즉 삶에서 선택권과 결정권이 늘어나는 부자를 꿈꾸고 있었다

나는 이런 부자를 리얼 부자(현실 부자)라고 말한다. 리얼 부자는 자존심을 지키며 삶의 주도권이 나에게 있음을 알고, 내가 원하는 것을 실행할 여유가 있는 삶의 모습을 말한다. 당신에게 묻고 싶다. 당신이 꿈꾸는 부자의 모습은 리얼 부자가 맞는가? 이에 공감한다면 리얼 부자의 꿈을 이루는 데 이 책이 도움이 될 것이다.

게임의 룰을 알고 기술을 익혀야 한다

절약, 저축, 재테크를 삶의 최우선 과제로 두고 살아야 했던 적이 있었다. 10대 시절 살던 집이 경매에 넘어가면서, 집안의 경제 사정은 점점 더 어려워졌다. 당시 절약은 나 스스로 선택한 것이 아닌 삶을 버텨내기 위해 무조건 해야만 하는 것이었다. 물건을 구매할 땐 늘 '최저가' 순으로 정렬시켰고, '저렴한 가격'은 구매를 결정하는 데 가장 중요한 요소였다. 100원의 소비도 빠뜨리지 않고 기록하고, 하루에도 몇 번씩 펀드 수익률과 주식 수익률을 체크했다. 그리고 더 좋은 금융 상품이 없는지 기사들을 검색하고, 퇴근길 지하철에서는 재테크 책을 읽었다. 매달 이자와 수익이 얼마나 늘었는지를 확인하고 기록하며 살았다. 희망이 보이기도 했지만, 마이너스 수익률이 나면 좌절하기도 했다. 부자의 꿈은 점점 멀고 깜깜하게만 느껴졌고, 이 길이 맞는지 불안했다.

항상 나 스스로를 채찍질하며 인내하고 살았지만, 결과는 기대한 만큼 나오지 않아 힘들었다. 그럴수록 직장은 내가 빠져나갈 수 없는 곳, 계속 다음 달 월급을 기다리며 버텨야 하는 곳이 되어 있었다.

그런 상황에 화도 났지만, 솔직히 두려웠다. 그럼에도 계속 혹독한 재테크를 한 이유는 매달 받는 월급과 상황의 한계를 핑계로 당시 내가 할 수 있고, 알고 있는 유일한 방법이기 때문이었다. 그리고 지금, 예전 나의 모습을 다른 사람들에게서 본다. 여전히 재테크를 막막하게 느끼며 스스로를 옥죄며 고통스럽게 재테크를 하는 사람들이 있다. 그리고 그들은 지금의 행복을 언제가 될지 모를 미래로 유예시킨 채 하루하루를 보내고 있다. 그렇다면 정말 리얼 부자의 꿈을 이루기 위해서는 이토록 열심히 살면서도 불안에 떨어야 하는 것일까?

우리가 사는 이 세상에는 게임의 법칙이 있고, 우리는 원하든 원치 않든 이미 경기장에 투입되어 경기를 하고 있다. 그리고 나는 그 안에서 '빅스텝'으로 걷는 사람들을 발견하였다. 그들은 자신의 레이스에 확신을 갖고 주변을 살피며 현재의 즐거움을 포기하지 않으면서 성큼성큼 걸어 나감으로써 결국 결승선에 먼저 도착한다. 그들은 달리지 않기에 숨이 차지 않았고, 여유롭게 넓은 보폭으로 조금 앞서 나갈 뿐이었다. 즉 자본주의 사회 게임의 룰을 잘 이해하고 있었고, 경주에서 가장 필수적인 레버리지라는 도구를 잘 활용할 줄 아는 사람들이었다. 나는 점차 그들을 공부하기 시작했고, 게임의 규칙을 이해하게 되었다. 그리고 훈련을 통해 나 역시 빅스텝으로 나아갈 수 있게 되었다.

빅스텝이면 충분하다

리얼 부자의 꿈은 빅스텝이면 충분하다. 흔들리지 않는 재테크 마인드를 갖고, 레버리지를 활용하여 속도를 내면 되는 것이다. 또한 빅 스텝은 일상 속에서의 습관과 관심, 그리고 충분히 습득할 정도의 속도로 공부하면서 경험을 쌓아간다면 누구나 가능한 것이다. 거창한 포부나 밤을 새는 재테크 공부와 노력, 스님도 울고 갈 자기절제가 필요 없다는 말이다.

경제적 보폭을 넓혀나가는 빅스텝을 배우고 익히기를 당신에게 추천한다. 우리 모두가 백억 부자를 꿈꿀 필요는 없지 않은가. 그 꿈을 꾸지 않는다고 해서 이번 생이 실패한 것이 아님을 우리 모두는 잘 알고 있다. 오히려 일상의 행복을 온전히 누리면서 점점 조금씩 나아지는 재무 상황과 미래를 만들어간다면 그것이 성공한 삶이고, 우리가 진정 바라는 꿈이 아닐까? 내가 그리는 부자의 모습은 리얼 부자이고, 빅스텝으로 정확한 방향으로 나아갈 수 있다면 누구나 충분히 리얼 부자가 될 수 있다.

나의 재테크는 지금의 행복을 누리며 진행된다. 재무플랜은 갖고 있지만, 더 이상 가계부는 쓰지 않는다. 더 이상 모든 재테크 베스트셀러를 섭렵해서 읽지 않고, 경제신문도 꼬박꼬박 챙겨 읽지 않은 지 오래되었다. 가끔 관심 지역에 관한 부동산 뉴스를 찾아보고, 세상의 소식에 귀는 열어두고는 있다. 하지만 모든 정보를 다 입력하겠다며 하루 종일 인터넷 기사를 뒤져 보지는 않는다. 이젠 어떤 정보가 나에게 필요한 정보인지 구분할 수 있고, 내가 나아가야 할 방향에 대한 명확한 확신을 갖고 있기에 불안하지 않다. 내가 확신하는 방향으로 빅스텝으로 나아가면 되기 때문에, 지금의 행복도 포기하지 않는다.

나는 은행에서 수많은 부자를 직접 만나보며 재테크가 삶의 전부가 아닌 행복한 삶을 위한 도구가 되어야 함을 깨달았다. 그래야 삶이 훨씬 더 자유롭고 행복해지고, 재테크도 꾸준히 좋은 성과를 내며 지속할 수 있게 된다. 결국 사람들은 사랑하는 사람과 더 많은 시간을 공유하고, 더 여유롭고 행복한 삶을 살고 싶어 한다.

재테크는 이를 이루게 하는 훌륭한 도구일 뿐, 목표가 아니다. 더 잘살아 보겠다고 시작한 재테크가 삶을 더 피폐하고 힘겹고 지치게 만들어서는 안 된다.

현재의 행복을 잃지 않으며 리얼 부자를 꿈꾸는 사람들을 위해 이 책은 쓰여졌다. 가장 쉽고 간단하면서도 핵심적인 재테크 방법을 담았다. 몇십 년이 흘러도 변하지 않을 재테크의 기본 원칙부터 시작해서 리얼 부자가 되기 위한 마인드를 갖추는 법, 레버리지를 활용하여 부의 증가 속도를 내는 빅스텝을 배울 수 있다. 내가 말한 내용을 그대로 따라 한다면 어느새 당신이 꿈꾸는 리얼 부자의 모습에 가까워질 것이다. 그리고 당신이 진심으로 백억 부자를 원한다면 그 꿈도 이룰 수 있는 자신감을 얻게 될 것이다. 또한 백억 부자의 꿈이 허황된 희망이 아닌 실제 경험을 통해 확신할 수 있는 목표가 될 것이다.

이 책을 현재의 행복을 포기하지 않는 현명한 미래의 리얼 부자들에게 바친다.

돈을 통제하지 못하는 사람은 행운도 통제하지 못한다

Contents

STEP 2 | 은행을 활용하는 완벽한 방법

STEP 3 | 부는 종잣돈에서 시작한다

STEP 4 | 빚은 '지는' 게 아니라 '이용'하는 것

STEP 5 | 금융 상품의 두 얼굴

STEP 6 | 경매, 가장 효과적인 레버리지

들어가기 전

평생 필요한 돈은 얼마일까?

어느 날, 문득 앞으로 내가 평생 하고 싶은 것을 하고 사는 데 어느 정도의 돈이 들까 궁금해졌다. 그래서 아이의 스케치북을 한 장 찢어 펜과 계산기를 들고 책상 앞에 앉았다. 종이 위에 먼저 연도를 적고, 그 아래 연도별 나이를 적었다. 다시 그 밑에는 남편과 자녀 둘의 나이, 그리고 양가 부모님의 나이도 함께 적었다. 나의 삶에 필요한 비용을 계산하는 일은 나와 관련된 주변인들의 변화와 상황까지 예상해야 하는 꽤 난이도 있는 작업이었다. 그 안에 내가 꿈꾸는 삶도 포함시켜야 했다.

일주일에 두세 번은 외식을 했으면 하고, 가족끼리 주말에 즐거운 시간을 보냈으면 하고, 일 년에 한두 번은 온 가족이 함께 해외로 여행을 다녀올 수 있었으면 좋겠다. 그리고 시간이 흐를수록 추가될 의료비와 부양비, 그리고 아이들 관련 비용까지. 고려해야 할 것들이 한두 가지가 아니었다. 그 안에 물가 상승률을 대비한 자금까지 생각해보았다. 꽤 오랜 시간이 걸렸고, 결코 쉽지 않았지만 머릿속에 어렴풋이 상상해왔던 미래가 숫자로 계산되어 표현되는 것은 매우 인상 깊었다.

또 앞으로 살아가면서 예상치 못한 일이 얼마나 많이 일어나겠는가. 다양한 상황이 있겠지만, 우선 이 시점에 내 머리로 상상 가능한 여러 상황을 가정해서 이를 숫자로 표현해본다는 것은 매우 의미 있는 일이었다. 내가 살고 싶은 삶과 소유하고자 하는 것, 내가 이루고 싶은 것이나 아이 교육에 관한 생각들까지 막연히 상상했던 모습을 숫자로 뽑아내기 위해서는 훨씬 더 구체적인 생각이 필요했다. 그렇게 오랜 시간 나의 삶을 매우 구체적으로 상상해보며 계산기를 두드린 결과, 내 앞에 나온 총 금액은 27억 원이었다.

이 금액을 본 당신은 어떤 생각이 드는가? 금액이 많다고 생각하는가? 나는 예상했던 것보다 훨씬 적은 금액이어서 깜짝 놀랐다. 게다가 이 금액은 나 혼자의 삶에 필요한 돈이 아닌 남편과 아이들이 성인이 되기 전까지, 그리고 부모님들의 의료비와 부양비까지 계산된 비용이라는 것을 감안한다면 적은 금액이라고 생각한다. 이 계산을 해보기 전까지는 내가 (막연하게) 원하는 삶을 살기 위해서는 (막연하게) 훨씬 많은 돈이 필요할 것이라고 생각했다. 그렇기 때문에 언제까지인지는 모르겠지만 벌 수 있을 때 최대한 열심히 벌어야 하고, 최대한 열심히 재산을 축적해서 대비해야 한다고 생각했다. 미래가 불확실했기 때문에 늘 불안감이 뒤따랐다. 하지만 나를 포함해서 사람들이 느끼는 이 불안감은 정말 미래가 불안해서가 아닌, 실제 자신이 원하는 삶이 어떤 모습이고, 이를 위해 필요한 돈이 얼마인지 모르는 데서 나온다는 것을 깨달았다.

지출을 계산한 후 수입을 계산했다. 현재의 자산과 남편과 나의 수입 등을 적어보면서 계산을 시작했다. 그렇게 하니 자연스럽게 그때그때 내가 이루어야 할 목표 자산 계획과 수입 금액이 산출되었고, 나 스스로를 상기시킬 수 있었다. 계산으로 나온 모든 숫자와 시기별 필요한 금액들까지 우리 가족의 재무 그래프를 한눈에 펼쳐볼 수 있게 되니, 앞으로 미래에 내가 예상 못한 일이 생긴다고 해도 훨씬 큰 그림으로 여유 있게 대처할 수 있겠다는 생각이 들었다. 그리고 미래에 대한 불안감이 확실히 줄어들었다. 가장 중요한 것은 '현재의 삶을 즐기면서도 내가 원하는 삶을 충분히 이룰 수 있구나' 하는 자신감을 얻었다는 것이다.

미래를 위해 현재를
희생하지 않아도 된다

전 세계적으로 경기불황이 이어지고, 취업이 힘들고, 자신의 의사와 상관없이 조기 퇴직하게 되는 불안정한 미래를 보거나 경험하는 사람들이 늘어나고 있다. 과거에는 직장에 충실히 다니며 일을 하면 집도 살 수 있고, 노후도 책임질 수 있었지만 이젠 상황이 달라졌음을 일일이 설명할 필요는 없을 것이다. 이를 인지한 사람들은 회사가 아닌 자기 스스로 노후를 미리 준비해야 한다고 생각하고 있고, 어린 학생들은 가장 긴 시간 월급과 연금을 보장하는 공무원을 목표로 하고 있다. 그리고 사람들이 갖는 부자의 꿈도 달라졌다.

나는 유튜브 채널 '소사장소피아'와 경매 과정 '레버리지마스터'를 통해 많은 사람을 만나고 있다. 그리고 그들과 소통하면서 많은 사람의 꿈이 백억 부자가 아닌 리얼 부자임을 알게 되었다. 리얼 부자를 꿈꾸는 사람들의 목표는 수백억 자산가나 아파트 30채가 아니었다. 내 집 마련이 목표였고, 월급 외 불로소득이 생활비 수준으로 나온다면 아주 행복할 것이라고 말하는 사람들이었다. 가끔 몇십억 부자, 백억 부자가 꿈이라고 말하는 사람들이 있지만, 그들 역시 더 깊게 대화를 나눠보면 실제로 계산해보지 않고 상상에 기반하여 쉽게 내뱉은 금액이었다. 마치 로또에 당첨되어 몇십억 원이 생기면 참 좋겠다는 식의 많으면 많을수록 좋다는 내용이었다.

당신은 진짜 백억 부자를 꿈꾸고 있는가? 강남의 가장 비싼 최고층 아파트에 살면서 페라리를 타고, 명품 옷과 가방으로 가득 채운 화려한 드레스룸을 꿈꾸는가? 진심으로 백억 부자를 꿈꾸고 있다면 이를 위해 어떤 준비를 하고 있으며, 어떤 실현 계획을 갖고 있으며, 자신의 계획이 진지하게 실현 가능하다고 믿는지 냉철하게 묻고 싶다.

팀 페리스의 『나는 4시간만 일한다』를 보면 뉴리치와 유예자라는 단어가 나온다. 저자는 선택의 자유를 누리며 현재를 즐기는 뉴리치와 마지막을 위해 모든 걸 아껴두었다가 뒤늦게야 삶이 지나가 버렸다는 사실을 깨닫는 유예자로 구분한다. 그리고 삶의 우선순위와 어떤 삶을 추구하기를 원하는지 질문한다. 팀 페리스는 사람들은 부자가 되고 싶다고 말하지만, 이 안에 내포된 진짜 의미는 '부자의 라이프스타일'을 원하는 것이라고 설명한다. 사실 사람들이 꿈꾸는 부자의 라이프스타일은 엄청난 부가 있어야 가능한 것이 아니며, 사는 곳을 옮긴다거나 방법을 찾는다면 미래가 아닌 현재에 충분히 누릴 수 있는 것이라고 말한다. 그리고 이를 위한 효율적인 업무 방법들을 제안한다.

나 역시 그의 주장에 매우 공감한다. 미래를 준비한다며 현재의 즐거움을 반납하고, 늘 불안함으로 하루하루 최선을 다해 살지만, 결국 꿈꾸는 삶을 살지 못했던 유예자들을 많이 보아왔다.

내가 생각하는 리얼 부자의 모습은 이렇다. 온 가족 편안히 살 수 있는 따뜻한 집과 편안하고 안전하게 이동할 수 있는 좋은 자동차를 소유하는 것. 외식과 가족여행을 여유롭게 즐기며 가족과의 추억을 만들어가는 현재가 행복한 삶. 일 년에 한두 번 온 가족이 해외여행을 갈 수 있고, 월급 외에 수익(불로소득)이 있어서 일을 그만둬야 하는 상황에서 비참해지지 않는 것. 그리고 이 불로소득을 포함한 나의 자산이 나이가 들어가면서 조금씩 더 늘어났으면 하는 바람. 이로 인해 내가 마주할 미래가 '불안'을 뜻하는 것이 아닌 '여유'로 느껴지는 것. 이것이 내가 꿈꾸는 리얼 부자의 모습이다.

이 책은 리얼 부자를 꿈꾸는 사람들을 위해, 리얼 부자에 이르는 빅스텝을 알려줄 것이다. 리얼 부자의 모습이 너무 소박하다고 느껴진다면 이 책을 덮고 다른 방법을 찾아보길 바란다. 나는 내가 꿈꾸는 리얼 부자의 그림을 훗날로 유예하지 않고, 지금 내 삶에 적용하며 누구보다 행복하게 만족스런 삶을 살고 있다. 나는 지금 리얼 부자이고, 더 나은 리얼 부자를 꿈꾸고 있다. 그리고 지금 이 순간 행복을 느끼는 삶을 앞으로도 계속 살고자 한다.

리얼 부자의 삶이야말로 사람들이 진정 원하는 모습이자, 충분히 달성 가능한 목표라고 생각한다. 나의 리얼 부자의 삶이 당신이 바라던 부자의 모습이라면, 이 책에서 말하는 빅스텝은 행복한 재테크 수단이 될 것이다.

자본주의 사회의 4가지 스텝

삶을 게임이나 경주, 마라톤에 비유하는 말을 많이 들어보았을 것이다. 그리고 삶을 어느 정도 살아온 지금, 이 말이 품고 있는 의미가 새롭게 다가온다. 우리는 타인과 함께 살아갈 수밖에 없는 세상에 살고 있고, 이 세상에는 게임의 법칙이 존재한다. 그리고 이 경주에서 게임의 법칙을 빨리 파악해서 자신의 페이스를 지키며 끝까지 완주하는 것이 무엇보다 중요한 일임을 절실히 느낀다. 우리는 지금 각자의 속도와 방식으로 경주에 임하고 있다. 당신은 게임의 룰을 얼마만큼 이해하고 있고, 어떤 속도로 경기에 임하고 있는가?

사람들은 다음 네 가지 속도 중 하나로 삶의 경주를 하고 있다.

첫째, '제자리걸음'을 걷는 사람들이다. 이들에게 월급은 들어오자마자 카드 값이나 소비로 금세 사라져버린다. 하루하루 빚을 갚고, 먹고사느라 먼 미래를 계획할 여유가 없다. 그들의 유일한 관심사는 눈앞의 일들을 처리하는 것이다. 이들 중에는 수입이 많은 전문직 종사자들도 있다. 그들은 충분히 마음만 먹으면 빠르게 앞서나갈 수 있는 재능을 갖추고 있다. 하지만 현재의 능력을 과신해서 현재를 즐기는 데 모든 수입을 소진하거나, 잘못된 방향 설정으로 결국 결승선까지 완주하지 못하거나, 근처에서 주저앉게 된다. 한때는 남보다 매우 멀리 온 것 같았지만 어느 날 되돌아보니 제자리에 있다는 것을 깨닫게 된다.

둘째, '종종걸음'을 걷는 사람들이다. 대부분의 사람이 여기에 속한다. 이들은 열심히 회사에 나가 돈을 벌어 수입을 만들고, 열심히 절약하고 저축하는 사람들이다. 조금이라도 이자를 더 얻기 위해 정보를 수집하고, 돈을 이리저리 옮기느라 늘 분주하다. 소비할 때는 조금이라도 절약할 수 있는 방법을 찾고자 열심히 검색하고 비교한다. 이들은 종종걸음으로 바쁘게 노력하지만, 자신이 가는 이 길이 맞는지 늘 불안하고 확신이 서지 않아 또 다시 마음이 조급해진다. 바쁘게 이동하고 종종대느라, 이내 곧 숨이 차거나 몸이 상하기도 한다. 결국 삶의 긴 코스를 완주하지 못했는데도 이미 지쳐서 레이스 과정 속의 풍경을 즐기지 못했음을 깨닫는다.

셋째, '달리기'를 하는 사람들이 있다. 이들은 남들이 걸을 때 달리면서 앞으로 치고 나간다. 그들의 속도는 너무 빨라서 이들을 따라잡기란 쉽지 않다. 그들은 때로 아주 이른 시간에 결승선에 도착해 있기도 하다. 어떤 이들은 한때 대부분의 사람보다 앞서 달렸지만, 페이스 조절에 실패하여 크게 넘어져 손상을 입거나 결승선에 도착하기도 전에 쓰러져 일어나지 못하는 경우도 있다. 백만장자, 로또에 당첨된 사람, 한때 큰 성공을 맛본 사람들이 이에 해당될 것이다.

그리고 넷째, 빅스텝으로 걷는 사람들이다. 이들은 명확한 목표를 갖고 있고, 연습과 훈련을 통해 보폭을 넓혀나가는 사람들이다. 그들은 뛰지 않지만 빅스텝으로 제자리걸음이나 종종걸음을 걷는 사람들보다 더 빨리, 멀리 갈 수 있다. 숨이 차서 중도에 멈출 필요도 없고, 자신의 페이스를 잃을 위험도 없다. 결승선에 대한 목표와 경기룰을 잘 이해하고 있기 때문에 주변 풍경을 즐기며 여유 있는 모습으로 경기를 즐길 줄 안다. 이들은 경기에서 1등을 하는 것보다 안전하고 행복한 경기를 하는 것이 더 중요하다.

당신은 어떤 모습으로 경기에 참여하고 있는가? 당신이 백만장자가 꿈이 아니라면 숨이 차도록 전속력으로 달릴 필요가 없다. 리얼부자는 빅스텝을 익힌 누구나 닿을 수 있는 목표이다.

절약할수록
가난해지는 이유

본격적으로 재테크 플랜을 짜기 시작하는 시기는 직장에 갓 들어가서 첫 소득이 생길 때다. 또는 월급을 받기 시작하면 돈을 금방 모을 줄 알았는데, 생각보다 돈이 모이지 않을 때 사람들은 재테크에 관심을 갖기 시작한다.

처음에는 가장 익숙한 적금에 가입한다. 하지만 이내 낮은 이율에 답답한 생각이 들게 된다. 그래서 은행원이 권유하는 펀드나 주식 같은 좀 더 과감한 투자처를 알아보기도 한다. 이렇게 이곳저곳 더 좋은 게 없나 기웃거리며 돈을 움직이고, 마음도 갈팡질팡하며 시간을 보내는 사이에 집값은 더 엄두가 안 나게 오르고, 통장 잔고는 불어날 생각이 없어 보여 좌절한다. 직장인들 중 많은 사람이 이런 감정을 느끼며 노후 준비는커녕 내 집 마련을 하는 데에도 답을 얻지 못해 답답해하고 있다.

나 역시 이런 과정을 거치며 의문이 들었던 적이 있다. 대학교를 갓 졸업하고 취업을 준비할 당시 내가 선택할 수 있었던 직업 중에 연봉이 가장 많았던 곳이 바로 은행이었다. 은행에 들어가서 첫 월급을 받았을 때는 학생 신분에서는 만져보지 못했던 큰 액수를 보고 이렇게 매달 들어온다면 금방 부자가 될 것만 같았다. 이제 열심히 저축하고 재테크를 한다면 집도 살 수 있을 것이라고 희망찬 미래를 상상했었다. 이 생각이 깨지게 된 것은 은행원 2년 차에 난생 처음 가본 오피스텔 분양 하우스에서였다.

당시 나는 공덕역 부근 다세대주택 반지하방에서 자취를 하고 있었다. 공덕역 주변은 한창 여러 브랜드 아파트와 오피스텔이 지어졌고, 분양 열기가 뜨거웠다. 주말이었는데, 사람들이 바글바글 모여 있기에 왜 이렇게 사람들이 많이 모여 있을까 궁금해서 들어가 보았다. 난생처음 모델 하우스에 들어가 보았고, 그곳에서 커다란 안내 리플릿을 받아 집으로 돌아왔다. 은행에 입사하자마자 청약통장부터 가입해두었고, 나도 언젠가 이런 집을 분양받아 살 수 있을 것이라는 생각에 부푼 기대를 갖고 리플릿을 살펴보았다. 거기에는 청약이 당첨된 후 내야 하는 입주금에 대한 안내표가 빼곡하게 적혀 있었다. 당첨 후 처음 내야 하는 돈의 액수가 너무 커서 깜짝 놀랐고, 그 후 추가 납입해야 하는 잔금 일정과 액수 역시 너무 큰 금액이었다. 분양을 받았다고 가정하고, 내가 받는 월급으로 거꾸로 계산해보았는데, 도통 답이 나오지 않았다. 아무리 월급의 최대치를 모두 저금하고, 투자를 잘해서 수익률이 좋다고 하더라도 그 돈을 다 갚기에는 너무나 시간이 오래 걸렸다. 나는 계산해본 후 현실을 정확하게 느낄 수 있었고, 크게 절망했다.

'우리나라에서 그래도 월급 많이 준다는 직장에 다니고 있는데도 내 집 마련은 이토록 어려운 일이구나! 그런데 그날 그곳에 온 사람들은 정말 이 돈이 다 있다는 거야? 그 사람들은 도대체 어떻게 돈을 벌기에 이런 집을 살 수 있는 걸까?'

당시 나는 레버리지를 이해하지 못했고, 빚은 최소한으로 져야 한다고 생각했다. 그리고 집값은 현재 거품이기 때문에 지금 열심히 저축하다 보면 거품이 꺼질 때가 올 것이고, 그때 사면 된다고 생각했다. 되돌아보면 이런 생각은 현재 집을 살 수 없는 나의 현실을 애써 위로하는 말이었을 뿐이다.

내가 당시 할 수 있었던 것은 열심히 절약하고, 월급을 이용해 최대한으로 돈을 불리는 것이었다. 조금이라도 이자를 더 준다는 상품을 찾아, 그때그때 돈을 이동하며 조금이라도 높은 수익을 얻고자 열심히 노력하는 것이 내가 할 수 있는 유일한 길이라 믿었다. 당시 나는 적금과 펀드, 주식에 투자하고 있었다. 하지만 수익률은 들쭉날쭉했고, 급기야 예상치 못한 손실까지 보는 경우가 생기게 되었다. 나는 나름 최선을 다했지만, 내 돈이 불어나는 속도보다 집값은 더 빨리 올랐다. 그렇게 내 집 마련의 길은 점점 더 요원해지는 느낌이었다. 당시 거품이라고 믿고 있었던 집값은 내 생각이 틀렸음을 말해주듯 계속해서 끝도 없이 올라갔다. 이번이 마지막이라고 생각하는 금액을 넘겨 치솟는 집값을 볼 때마다 너무 허탈하고 우울해졌다. 그럴 때마다 사고 싶은 것, 하고 싶은 것을 참으며 열심히 살고 있는 나의 현실이 너무 애처로웠다.

무조건 아끼는 게 능사는 아니다

그리고 지금, 시간은 많이 흘렀고 상황은 달라졌다. 하지만 여전히 그때의 나와 똑같은 말을 하고 있는 사람들을 보게 된다. 사람들은 여전히 저축과 절약이 자신이 할 수 있는 유일한 일인 듯 최선을 다하고 있다. 오랜만에 유명한 재테크 카페에 들어가 보았다. 더 절약하고, 아끼는 노하우와 경험을 담은 글들이 베스트 게시물을 장식하였고, 냉장고 파먹기 카테고리(냉장고를 살펴 기존 재료들을 소모하는 방법들로 식자재 구매비용을 아끼는 노하우들을 모아둔 곳)도 따로 있었다. 사람들은 여전히 최선을 다하여 아끼며 저축하고 살고 있었다, 예전의 나처럼 말이다.

이제는 확실하게 말할 수 있다. 저축이 다가 아니다. 저축 상품과 은행 금리보다 높은 수익률을 받을 수 있다고 광고하는 상품(원금 손실 가능성까지 있는)을 열심히 찾아 저축한다고 해도 이를 통해 내 집 마련은 거의 불가능하다. 이게 현실이다.

1980년대에는 예금 금리가 20퍼센트대였다고 하니 정말 놀랍다. 그때는 은행에 예금, 적금만 열심히 해도 충분히 돈이 불어났고, 열심히 월급을 모으면 집을 살 수 있었다. 하지만 이는 부모세대 때에만 가능했던 일이고, 예금 금리가 1~2퍼센트대인 지금은 불가능한 일이 되었다. 새로운 경기 룰을 익혀야 완주할 수 있는 시대가 된 것이다. 하지만 사람들은 여전히 부모를 통해 경험해온 것, 그리고 부모와 학교로부터 배워온 대로 열심히 종종걸음으로 분주하게 살고 있다.

레버리지를 이용하는 사람들

빅스텝은 저축이 아닌 레버리지를 이용하는 것이다. 저축과 절약의 한계를 빨리 받아들이고, 현재 나의 상황을 위로하는 말들을 스스로에게 하는 대신 집을 여러 채 사고, 자산을 늘려나가는 사람들에게서 방법을 배워야 한다. 눈앞에서 전세가가 오르고, 집값이 뛰는 것을 직접 보면서도 이는 거품이고, 집을 여러 채 갖고 있는 사람들은 집값을 올리는 주범이자 투기꾼이라고 욕한다. 하지만 집값 거품이 꺼져 자신이 살 수 있는 때가 오기만을 기다려서는 안 된다. 이는 집값이 거품이 아니라고 이야기하는 것이 결코 아니다. 제자리걸음, 종종걸음을 걷는 사람들에게 유리한 기회는 결코 오지 않는다는 것을 말해주고 싶을 뿐이다. 만일 당신이 기다렸던 집을 살 수 있는 기회가 온다 하더라도, 이미 훈련이 잘 되어 있는 빅스텝을 걷는 사람들이 기회를 채가거나 또는 그 기회를 활용하여 더 멀리 앞서나갈 것이 분명하다. 그들은 이미 빅스텝으로 걸어왔던 사람들이고, 훈련이 잘 되어 이에 맞는 근육이 단련되어 있기 때문이다.

자본주의 사회에서 우리는 함께 경주를 하고 있다. 경기를 시작할 때부터 스스로에게 솔직해야 한다. 빨리 내 집 마련의 꿈을 이루고 싶고, 집을 여러 채 갖고 있는 사람들의 방법이 궁금하지 않은가? 빅스텝의 방법을 안다면 내 집 마련을 하고, 이왕이면 불로소득을 얻는 집을 추가로 갖고 싶은 게 당연한 욕심이고 바람일 것이다.

돈에 대해 솔직해지자. 스스로 돈을 원하고 있고, 돈을 좋아한다고 말하는 것! 자신의 욕구를 드러내고 이를 추구하는 일은 결코 부끄러운 것이 아니다. 다만, 돈을 밝히는 사람이 아닌, 돈에 밝은 사람이 되어야 한다. 열린 사고로 세상을 바라보고, 공부할 수 있어야 한다.

당신은
부자입니까?

강연을 하거나, 재테크 관련 방송이나 인터뷰를 하게 되면 마지막에 꼭 듣는 질문이 있다.

"그래서 지금 당신은 부자인가요?"

가진 것이 없던 20대 때, 재테크 책을 내고 강의를 할 때 이 질문을 처음 받았다. 그때는 적잖이 당황했었다. 사실 이 질문은 책을 쓰는 내내 나 스스로를 괴롭히고 의기소침하게 만들었던 질문이었기 때문이다.

'부자도 아닌 내가 이런 재테크 책을 써도 되는 걸까?'

이런 생각을 갖고 있었는데, 결국 강연 말미에 내가 가장 두려워하는 질문을 받았던 것이다. 당시에 나는 "아직 부자는 아니고, 부자가 되기 위해 열심히 노력 중입니다"라고 의기소침하게 대답했다. 그리고 그 대답을 들은 상대는 그럴 줄 알았다는 듯 실망하는 표정이 역력했다.

지금 생각해보면 죄라도 지은 것처럼 왜 그렇게 부끄럽게 대답했을까 싶다. 10년간 공부했던 나의 재테크 노하우와 은행에서 알게 된 부자들의 노하우를 모두 쏟아내어 최선을 다해 쓴 책이었다. 진심을 가득 담았기 때문에 그동안의 시간들과 결과물 자체로도 나는 충분히 떳떳할 수 있었다. 그리고 이제 사회에 막 나와 돈을 벌기 시작한 청년이 부자가 아닌 것은 당연했다. 당시 나는 부자가 아니라는 사실 하나만으로 죄 지은 듯 주눅이 들 필요는 없는 것이었다. 다시 그때로 돌아간다면 부자냐고 묻는 사람에게 이렇게 말할 것이다.

"네, 저는 아직 부자가 아닙니다. 그런데 그 질문이 지금 이 강연과 별로 상관없는 질문 같아요. 설마 재테크 책을 몇 권 읽는 것만으로 부자가 될 수 있다고 믿고 계신 건 아니시죠?"

과거의 나처럼 지금도 여전히 돈이 없다는 사실에, 부자가 아닌 사실에 마치 죄인처럼 느끼거나 부끄러워하는 사람들이 있다. 자본주의 사회를 사는 우리들 머릿속에는 어느새 가난한 것은 숨겨야 하는 부끄러운 것이고, 돈이 많다는 것은 자랑할 수 있는 것이 된 듯하다. SNS, 유튜브 세상 속에서는 이런 상황이 훨씬 더 강하게 느껴진다.

문제는 이런 생각들을 갖고 있는 사람들은 반대로 돈만 많으면 뭐든 해결이 가능하고, 심각한 결함이나 문제를 갖고 있다고 하더라도 개의치 않는다는 것이다. 돈이 많은 사람이 하는 말은 곧 진리가 되고, 어떤 문제를 지적하게 되면 부자를 질투하는 못난 사람으로 치부된다. 부자가 곧 선이고, 가난이 악인 것처럼 느껴질 때가 있다.

첫 번째 재테크 책을 낸 후 10년의 시간이 흘렀다. 유튜브를 통해 다시 재테크 이야기를 시작하게 된 나에게 요즘도 종종 당신은 부자냐고 묻는 사람들이 있다. 하지만 이제 나의 대답이 달라졌다.

"정신적으로는 부자이고, 사회적으로는 부자가 아닙니다."

사실 객관적으로도 이전보다 형편이 많이 나아진 것이 사실이다. 집도 여러 채이고, 좋은 차도 있고, 1년에 두세 번 가족들과 해외여행을 다닐 정도로 여유도 있으니 이 정도면 충분한 부자 아닌가. 하지만 사회적으로는 여전히 부자는 아니다. 그러나 이제 그런 것은 내게 중요하지 않게 느껴진다.

나는 사실 오래전부터 내가 부자라고 생각하고 있다. 은행을 그만두고 나왔지만, 더 이상 잃을 월급이나 복지가 없어 두려움이 사라졌다. 두려움 없이 하고 싶은 일을 마음껏 시도할 수 있는 삶이 좋았고, 굶지 않고 살고 있으니 부자 같았다. 결혼 후 6개월 동안 남미로 신혼여행을 다녀와서 힘들게 전셋집을 얻어 방에 누웠는데, 내일은 천장이 바뀌지 않는다는 생각이 들었다. 여행을 다니며 매일매일 게스트하우스로 잠자리를 옮겨 다니니 천장이 매번 바뀌고, 남이 쓰던 프라이팬과 그릇들을 사용하다가 내 집에 누우니 참 부자 같다고 생각했다. 당시 집에 있는 가구는 침대뿐이었고, 살림살이는 그릇 두 개, 수저 2세트가 전부였는데도 마음은 넉넉하고 행복했다.

아이가 생기고 나서부터는 아이의 존재 자체로 무엇과도 바꿀 수 없는 커다란 보물이 생긴 느낌이 들어 세상 최고의 부자가 된 것 같았다. 이렇게 생각하면 간단하다. 누군가 내게 100억 원, 1,000억 원을 줄 테니 아이와 바꾸자고 제안한다면 당연히 단칼에 거절하고 아이를 끌어안을 것이다. 그러고 보니 아이는 100억 원, 1,000억 원 이상의 가치가 있는 소중한 보물이고, 그런 아이를 가진 나는 정말 부자인 것이다. 둘째 아이가 태어났을 때에는 부가 더 늘어난 느낌이 들었다. 난 이미 정신적으로는 더 없이 풍요롭고 부자이다.

나 스스로는 정말 부자라고 생각하지만, 여전히 날고뛰는 서울의 아파트 값을 보고 있으면 사회적으로는 부자로 인정받기 힘든 수준임을 잘 알고 있다. 객관적으로 나보다 돈이 많은 사람들이 너무 많다. 부라는 개념은 결국 상대적인 것으로, 별 의미가 없다는 생각이 든다. 누군가 부자라고 한들, 그보다 더 부자가 존재하는 법이니까 말이다. 이재용 삼성 부회장이 인도 재벌 딸의 결혼식에 참석한 것이 화제가 되었다. 이는 이재용 부회장은 국내에서 제일가는 부자 중 한 명인데, 그보다 더 부자가 있다는 사실을 깨닫게 해주었기 때문이 아닐까?

은행에 근무하면서 행복하지 않은 부자들을 많이 보아왔다. 그들은 엄청난 돈을 쌓아 놓고도 여전히 돈을 잃을까 노심초사하고 두려워하며 살아갔다. 내가 보기에는 너무도 풍족했지만, 그들 스스로는 늘 부족하다고 생각했다. 돈만 많으면 돈의 주인으로 살아갈 수 있을 줄 알았는데, 이들을 보니 또 다른 모습의 돈의 노예라는 생각이 들었다. 그들은 사회적으로는 부자였지만, 정신적으로는 가난한 사람들이었다. 자기 스스로 진정한 풍요로움을 느끼며 행복한 삶을 살 수 있는 사람이 진짜 부자가 아닐까? 스스로 '부'에 대한 자신만의 가치관과 목표를 고민해봐야 하는 이유이다.

나는 지금 행복하지 않으면 미래에도 행복할 수 없다고 믿는다. 그래서 지금 충분히 행복을 느끼며 살려고 노력하는데, 부자도 마찬가지라는 생각이 든다. 지금 부자라고 생각하지 못하면 미래에 돈이 많아져도 부자라고 생각하지 못할 것이다.

지금 내 마음부터 부자가 되어보자. 갖지 못한 것이 아니라, 가진 것을 찾아 집중해보면 자신이 얼마나 많은 걸 가진 사람인지, 얼마나 풍요로운 상태인지 알 수 있을 것이다. 이런 마음을 갖고 재테크 공부를 해나가면 행복하게 더 오래 해나갈 수 있을 것이다.

과거의 나와 지금의 나를 자연스럽게 비교해보며 깨달은 것은 단순하게 재테크 스킬만 성장한 게 아니라, 보다 단단해진 마인드와 여유, 감사에 있었음을 알게 되었다. 이런 마음가짐과 여유로운 태도가 투자에도 좋은 결과를 내주고 있는 것 같다.

당신이 정말 부자가 되고 싶다면 지금 부자가 되어라. 타인에게 인정받기 위한 부자, 과시하기 위한 부자가 아닌 스스로 풍요로움을 찾아 감사할 수 있는 부자가 되길 바란다. 당신이 생각하는 진정한 부자가 무엇인지 깊이 생각해보았으면 좋겠다. 재테크를 하는 데 어쩌면 가장 중요하고 우선시되어야 하는 일이 아닐까 생각한다. 내가 받아왔던 질문을 당신에게도 하고 싶다.

"당신은 부자입니까?"

돈을 밝히는 사람이 아니라
돈에 밝은 사람이 돼라

BIG STEP

STEP 1

기존의
재테크 마인드
리셋하기

당신은 왜 부자가 되고 싶은가?

B I G S T E P

재테크 강연을 할 때마다 그곳에 온 사람들의 엄청난 눈빛과 열기에 놀라게 된다. 모두 절실한 눈빛으로 나를 바라보며 '어서 빨리 돈을 벌 수 있는 방법을 알려줘!', '부자가 될 수 있는 실질적인 이야기가 아니라면 너를 가만두지 않을 거야!'라고 말하고 있는 듯하다.

그들을 보며 20대 때 나의 모습이 떠올랐다. 쫄딱 망한 집안을 일으켜야 한다는 생각에 절실히 부자가 되기를 갈망했던 때다. 책 한 권을 보더라도 '부자', '돈' '성공', '백만장자' 같은 단어가 들어 있는 책만 읽었고, 하루빨리 성공해서 부자가 되어야 한다는 압박감에 마음이 늘 조급했다.

꿈은 원대했지만, 마주하는 여러 현실 속에서 내가 할 수 있는 것들은 너무도 작아 답답했던 시절이었다. 현실과 이상의 갭이 너무 커서 힘들었다. 나 역시 누구보다 절실했고, 힘든 시간을 보냈기 때문에 나를 바라보는 사람들의 눈빛이 충분히 이해되었다. 어느 날, 이런 눈빛을 바라보며 즉흥적으로 질문한 적이 있다.

"여러분, 부자가 되고 싶으세요? 그럼, 얼마가 있으면 부자라고 생각하세요? 여러분은 얼마가 목표인가요?"

그러자 여기저기에서 대답이 들려왔다.

"10억 원이요!"

"20억 원이요!"

"50억 원이요!"

마치 적은 금액을 말하면 나의 그릇이 너무 작아 보이고, 포부가 작아 부끄러운 일이기라도 한 듯 '나의 그릇은 이 정도쯤은 돼!' 하며 경쟁하듯 답변이 나왔다.

"100억 원이요!"

한 사람이 자신만만 큰 소리로 100억 원이라는 숫자를 말했다. 그러자 사람들은 "우아~" 하며 박수를 보냈다. 당당하게 큰 금액을 외친 용기에 박수를 보내는 것 같다. 왠지 모를 부끄러움에 마음속에 떠오른 숫자를 외치지 못한 사람들도 많았지만, 이 질문 하나만으로 모든 사람의 표정이 달라져 있었다. 자신의 미래를 상상해보며 마치 이미 부자가 된 듯한 행복감에 사로잡힌 것 같았다.

질문을 통해 부자가 되기 위한 숫자는 계속해서 커진다는 것을 느꼈다. 10여 년 전 처음 내가 재테크 칼럼을 쓰며 활동했던 카페명은

'10년 안에 10억 벌기'였다. 그때 '10억 원'은 부자를 대표하는 상징적인 숫자였는데, 지금은 10억 원이라는 숫자를 외치는 사람이 거의 없다. 이젠 10억 원으로 서울 안에서 살 수 없는 아파트들이 너무 많아졌다.

사람들의 답변을 들으며 '모두가 이렇게 부자를 꿈꾸지만, 과연 이들 중 결국 부자가 될 사람은 누구일까?' 하고 궁금해졌다. 아마 이 중 1~2퍼센트 정도만 가능하지 않을까?

다시 질문을 했다.

"여러분은 왜 부자가 되고 싶으세요?"

여러 가지 답변이 나왔다.

"경제적 자유를 얻고 싶어서요."

"일 안 하고 놀고 싶어요. 가족들과 여행 다니며 살고 싶어요."

"하기 싫은 일을 하지 않고 살고 싶어서요."

당신이 부자가 되고 싶은 이유도 아마 이 중에 있지 않을까 싶다. 경제적 자유를 누리며 원하는 것을 소유하고 즐기며, 사랑하는 사람들과 함께하는 시간을 더 많이 갖고 싶은 마음. 하기 싫은 일을 하지 않는 자유를 갖는 것. 그것이 사람들이 말하는 경제적 자유이고, 재테크를 공부하는 이유가 아닐까?

나는 『부자 아빠 가난한 아빠』의 저자 로버트 기요사키를 매우 좋아한다. 20대 초반 그의 책을 통해 삶의 방향을 설정했고, 재테크 마인드를 정립했다. 그의 책을 읽은 후 내 삶의 목표와 방향이 정말 크게 달라졌기 때문에 나 스스로 '기요사키 키즈(박세리 키즈, 김연아 키즈처럼)'라고 생각한다.

어느 날 그의 강연을 인터넷으로 보게 되었다. 강연이 끝난 후, 어느 기자가 이런 질문을 했다.

"당신의 강연을 들으러 이곳에 정말 많은 사람이 왔는데요. 당신의 강연을 들으면 정말 모두 부자가 될 수 있는 건가요?"

기자의 공격적인 질문에 로버트 기요사키는 이렇게 대답했다.

"물론, 제가 말하는 방법은 부자가 될 수 있는 방법이 맞습니다. 하지만 오늘 이곳에 오신 분들 중 실제 부자가 되는 사람은 아마도 1퍼센트 정도밖에 안 될 거예요."

그 말을 들은 기자도 놀라고, 화면을 보는 나 역시 깜짝 놀랐다. 사람들에게 이렇게 하면 부자가 될 수 있다고 강연해 놓고는 희망에 차 있는 사람들을 보면서 대부분은 진짜 부자가 되기는 힘들 것이라고 생각하고 있다니 말이다! 하지만 시간이 흐르고, 나 역시 여러 경험을 하며 사람들을 지켜보면서 점점 그의 말이 매우 정확하고 현실적인 말이었음을 깨닫게 되었다.

여전히 여러 재테크 강연과 광고에서 허황된 꿈을 보여주며 희망고문하는 경우를 많이 본다. 그들이 보여주는 부자의 모습은 어떻게 그 자리를 차지했느냐가 아닌, '이미지'뿐인 사람들이 많다. 특히 우리가 접하는 SNS나 방송매체는 더 그렇다. 일하는 모습은 없고, 휴양지에서 노는 모습이나 사치스럽고 호화로운 모습으로 사람들의 로망을 건드린다. SNS에서 영업을 잘하는 재무설계사가 집중해서

하는 일은 금융 상품에 대한 정보 전달이 아닌, 자신을 호화롭게 치장하고 한껏 여유로움을 과시하는 사진들을 올리는 것이라는 게 정말 재미있지 않은가?

앞으로는 이런 사진과 말에 현혹되어선 안 된다. 그들이 슈퍼 카를 갖고 있다는 이유 하나만으로 어떠한 검증이나 판단 기준 없이 맹목적으로 그들을 추종하고 따르는 위험한 사람들을 볼 수 있다. 그들은 이런 사람들의 심리를 잘 알고 있기 때문에 더욱더 그런 '이미지'로 자신을 포장하는 것이다. 현실적으로 냉철해질 필요가 있다.

우리가 살아야 하는 삶은 허상이 아니다. 리얼하고 진지하고 때로는 힘겹고 무섭기도 한 곳 아닌가. 시선을 돌려 자신에게 맞는 계단을 한 계단, 한 계단 올라가야 한다. 리얼 부자의 꿈은 1퍼센트의 사람들만 이룰 수 있는 확률 낮은 꿈이 아니다. 정확하게 목표를 세우고, 공부와 훈련을 해나가면 누구나 충분히 이룰 수 있다. 이는 가짜의 모습으로 환상을 심어주며 희망 고문을 하는 게 아닌, 나 스스로가 경험했고, 내 주변 사람들을 통해 실현 가능하다는 것을 확신한 매우 현실적인 이야기이다.

부자를 꿈꾼다며 50억 원, 100억 원의 숫자를 너무도 쉽게 목표라고 외치는 사람들이 있다. 아이러니한 것은 이들 중 정작 자신의 힘으로 1억 원도 모아보지 못한 사람들이 태반이라는 것이다. 1억 원을 모으기까지도 너무 힘들고 머나먼 일인데, 100억 원은 실현 가능하다고 진정 믿는 것인지 되묻고 싶다. 물론 꿈을 크게 갖는 것은 중요하다. 하지만 내가 지적하고 싶은 것은 부자를 꿈꾸기 이전에 과연 얼마나 진지하게 고민해보았을까 하는 점이다.

돈이나 부에 대해 어떤 공부를 했으며, 어떤 경험을 했는가? 돈에 대해 어떤 철학을 갖고 있는가? 왜 부자가 되고 싶은지에 대한 고민도 없이 그저 일 안 하고, 소비에 치중하는 모습만을 갈망하고 있지는 않은가? 부자라고 생각하는 금액을 말하기 전에 이런 질문에 대답할 수 있어야 한다.

건물주에서 단칸방 신세로

B I G S T E P

사람의 인생은 한 치 앞을 모르는 것이다. 시간이 갈수록 그런 생각이 들고, 그래서 저절로 겸손해지는 것 같다. 우리 부모님의 집에 대해 이야기해보겠다. 내가 태어난 집은 작은 마당이 있는 단독주택이었는데, 반지하와 뒤편에 세입자가 살고 있었다. 그 당시에는 다들 그랬듯이 서로 집에 수저가 몇 개 있는지까지 알던 시절이었다. 〈응답하라 1988〉에 나오는 딱 그 모습의 골목길과 집이었다. 집들이 나란하게 빼곡히 들어차 있는 골목에는 매일매일 아이들로 시끌벅적했다. 나는 골목에서 매일 친구들과 땅따먹기, 딱지치기, 고무줄놀이 등을 하며 신나게 놀다가 엄마의 밥 먹으라는 소리가 들리면 집으로 들어갔다. 집집마다 대문은 늘 열려 있었다.

그런 골목에 어느 때부터인가 건축 붐이 일어났다. 오래된 단층 단독주택들을 헐고, 3, 4층의 벽돌집을 짓는 것이 유행이었다. 지금도 볼 수 있는 1980년대에 지어진 벽돌집의 모양으로 우리 집도 새로 건축을 했다. 우리 부모님의 첫 번째 신축 경험이었다.

4층의 벽돌집이 완성되고, 아마 부모님은 살림이 조금 여유로워졌을 것이다. 단층에서 4층으로 올렸으니 세입자를 더 받을 수 있었기 때문이다. 자신감이 생겼던 것인지, 부모님은 다시 한번 이사를 결정하셨다. 태어나서 10년을 넘게 살았던 정든 곳을 떠나 낯선 동네로 이사를 왔는데, 그 집은 너무 오래돼서 귀신이 나올 듯한 모습이었다. 왜 새집을 두고 이런 허름한 집으로 이사를 왔는지, 당시 나로서는 도저히 이해할 수 없었다. 불만에 가득 차 있는 내게 엄마는 말씀하셨다.

"여기가 오래됐지만, 훨씬 넓잖아. 그리고 도로가에 있어서 나중에 집을 지으면 훨씬 좋을 거야."

하지만 나는 친구들이 가득했던 골목 안의 집을 떠나 차 먼지가 풀풀 나는 도로가의 오래된 집이 왜 좋다는 것인지 이해할 수 없었다.

그리고 다시 몇 년 후, 엄마의 큰 그림이 완성되어 갔다. 2층짜리 오래된 단독주택을 헐고, 지하 1층, 지상 5층짜리 상가건물을 짓기로 결정한 것이다. 도로가였기 때문에 그제야 제자리를 찾은 올바른 모습의 집인 것 같은 생각이 들었다.

부모님은 훗날의 이 모습을 그리며, 이곳에서 임대수익을 얻으려는 목적으로 이사를 온 것이었다. 당시에는 대출도 많이 나왔었는데,

은행에서 집 담보대출을 받고, 건설비의 상당 부분은 대출과 건축주에게 빌려 진행하려 하셨다. 당시 부모님의 상환 계획은 건물이 완성되면 상가의 전세금을 받아 대출금 일부를 상환하고, 매달 나오는 월세로 대출금 이자를 상환하는 것이었다. 그 당시 이 계산은 충분히 가능성 있는 것이었고, 이미 주변의 많은 사람이 해왔던 나름 검증된 계산 방식이었다. 게다가 부모님은 이전에 한 번의 신축 경험으로 자신감이 있는 상태였다. 1년여의 힘겨웠던 공사가 끝나고 드디어 주변 상가 중 가장 반짝거리는 건물이 완성되었다. 그 상가건물 제일 위층에 위치한 우리 집은 정말 넓고 깨끗했다. 이제 지하부터 1, 2, 3, 4층의 세입자를 받는 일만 남았다.

그런데 집을 짓고 얼마 안 되어 IMF가 터졌다. 경기는 갑자기 안 좋아졌고, 상가에 들어와 영업을 하겠다는 사람을 찾기 어려웠다. 그나마 상가에 헐값으로 들어와 영업을 하다가도 소비가 죽어 있으니, 장사가 안 되어 다시 나가는 일이 반복되었다. 곧 집값도 떨어지기 시작했다. 나라 전체에 불어닥친 부동산 가격의 하락이었다. 반면에 은행 이자는 살인적으로 올라서(이 표현은 매우 정확한 것이다. 실제 이자를 갚지 못해 죽음을 선택한 사람들도 많았다) 매달 엄청난 대출 이자를 갚아 나가야 했다.

그 당시 부모님은 지금 말하는 꼬마빌딩의 건물주였지만, 오히려 삶은 건물을 짓기 전보다 더 힘들어졌다. 빚에 허덕이며 하루하루를 걱정으로 보내게 되었다. 상황은 점점 더 힘들어졌고, 부모님의 다툼도 잦아졌다. 다른 사람들은 상가건물을 갖고 있는 우리 집을 보고

"매달 월세만 받아도 생활이 되겠네" 하며 부러움 섞인 말을 했지만, 정작 우리 가족의 생활은 가난하고 힘들고 지쳐 있었다. 요즘 말하는 '집 있는 거지'인 셈이었다. 이 모두가 부모님이 예상하지 못했던 상황이었다. 부모님은 하루하루 늘어나는 빚으로 점점 힘겨워하셨다. 결국 대출 이자가 연체되는 상황이 되고, 매일 아침을 은행과 카드사의 독촉전화로 시작하게 되었다. 이자에 이자가 붙으면서 빚은 순식간에 불어났고, 나중엔 걷잡을 수 없을 만큼 엄청난 빚이 우리 가족을 덮쳤다.

부모님은 매달 이자를 상환하기 위해 열심히 일하셨지만, 빚은 신기하게도 더 빠른 속도로 불어만 갔다. 결국 상가건물은 경매에 부쳐졌고, 부모님은 평생 힘들게 만들었던 재산이 허무하리만큼 너무도 짧은 시간에 사라지는 것을 힘없이 지켜보고 있어야만 했다. 차라리 이렇게 될 줄 알았으면 진즉에 건물을 팔고, 그 돈으로 작은 집으로 옮겨 빚 없이 편하게 살았을 텐데. 끝까지 이 집을 포기하지 못했던 부모님은 결국 집 전체를 잃게 된 것이다. 그때 나는 빚의 무서움을 절실히 깨닫게 되었다.

집을 처분하던 날, 실의에 찬 모습의 부모님이 나와 동생을 자리에 앉히고 말씀하셨다.

"얘들아, 여기 앉아 봐. 할 말이 있어. 이제 우리 집은 팔렸어. 빚을 갚고 남은 돈으로 우리는 이사를 가야 해. 빚이 많아서 빚을 다 갚고 나면 남는 돈도 거의 없을 것 같아. 이제 우리는 집이 없는 거야."

이 말씀을 하시는 부모님은 내 생각보다 훨씬 크게 상심하고 좌절한 모습이었다. 나는 그런 부모님을 위로했다.

"엄마, 아빠 괜찮아. 우리 가족 아직 젊고 건강한데, 다시 시작하면 되지. 이제 나도 다 커서 돈 벌 수 있잖아. 동생은 잠시 군대에 갔다 오면 되고. 그 사이 내가 열심히 벌면 돼. 난 오히려 지긋지긋한 빚이 없어져서 너무 홀가분하구먼."

실제로 나는 그동안 부모님을 괴롭혔던 빚이 이젠 없다는 것이 집이 없어졌다는 아쉬움보다 홀가분하고 좋다는 생각이 더 컸다. 그 정도로 빚은 우리 가족을 못살게 굴고 힘들게 했다. 드디어 빚의 굴레에서 탈출하게 되었다는 사실이 그렇게 좋고 후련할 수가 없었다. 그리고 난 이제 막 사회로 나가 직업을 구하는 상황이었기에 패기가 넘쳐 있었다. 그땐 열심히 일하면 몇 년 안에 다시 이런 집을 구할 수 있을 것이라고 생각했다. 이렇게 무한 긍정으로 씩씩하고 담담한 나와는 달리, 평생 모은 재산(할아버지의 유산을 포함해서)을 잃은 부모님은 재산을 못 지킨 것에 대한 죄책감과 한순간에 사라졌다는 것에 대한 억울함까지 포함해서 무척 상심하셨다.

우리 가족은 빚을 정리하고 남은 돈으로 새로 집을 구해야 했지만, 수중에 남은 돈으로는 서울은 물론이고 근교에 전세를 구할 수도 없었다. 아빠는 시골 빈집에 가서 살겠다고 하셨지만, 엄마는 서울을 떠나지 않겠다고 고집을 부리셨다. 결국 우리는 허름한 단칸방을 하나 얻었다. 대문이나 현관문도 없이 허름한 벽에 문이 바로 있고, 그 문을 열고 약간 고개를 숙이고 들어가면 바로 방과 부엌이 나오는 구조였다. 이곳의 기억이 너무 안 좋아서 잊고 싶었던 건지, 신기할 정도로 지금 내게 이때의 기억이 거의 남아 있지 않다. 하나 또렷하게 기억나는 것은 군대에 갔던 남동생이 휴가를 나와 유일했던 방 하나에 다 큰 성인 네 명이 누워 잠을 청하던 날이다. 방 구석구석에는 짐과 가구들까지 있어서 네 식구가 다리를 뻗고 누울 수 없을 정도로 매우 좁았다. 새삼 이런 상황이 낯설다는 생각이 들었다. 그날에서야 우리 식구가 처한 현실이 정확하게 실감이 났다.

'이 좁은 단칸방에 우리 가족 네 명이 누워 있구나!'

나는 친구들에게는 내가 살고 있는 집을 절대 보여주지 않았다. 현관문을 열고 들어갈 때에도 주변에 아무도 없는지 확인했다. 소개팅을 하게 되더라도 바래다 줄 필요가 없다고 하거나, 굳이 데려다준다고 하면 집에서 먼 곳에서 헤어졌던 기억이 난다.

그러던 어느 날, 회사 회식이 늦게 끝난 날이었다. 회사 동료가 함께 택시를 타고 가다가 집 앞에서 내려주게 되었다. 나 나름대로 그 회사 동료가 꽤 친한 사이라고 생각하고 있었고, 굳이 잘 보이고 싶은 마음도 없는 관계였기에 처음으로 내가 살던 그 집 앞에 택시를 세웠다. 그리고 여기에 산다고 말했다. 한편으로 이렇게 보여줄 수 있었던 것은 '나는 현재 좋은 직장에 다니고 있고, 잘될 사람이야. 이곳은 임시로 거주하는 곳일 뿐이야'라고 생각하고 있었고, 나름 자신감도 있었기 때문이었다. 그런데 회사 동료는 깜짝 놀라는 표정을 지었다. '어떻게 이런 곳에 사람이 살 수 있지?' 하는 표정이었다. 더 놀라웠던 일은 그 후 그 동료의 태도가 달라졌다는 것이다. 용기를 내서 나의 상황을 보여준 첫 번째 대상에게서 그런 태도를 본 후 더

더욱 이런 상황을 숨기게 되었다. 그때 깨달은 것이 있다.

'가난하다는 사실 하나로 이렇게 사람은 무시당할 수 있는 것이구나. 이 시대에서 가난은 죄구나.'

가난이 죄가 될 때

BIG STEP

한 번도 세입자로 살아보지 않았던 우리 가족은 그때부터 제대로 세입자의 설움을 느끼게 되었다. 단칸방을 시작으로 옥탑방, 지하실에서도 살아보았고, 서울에서 가장 저렴한 월세방을 찾아다니며 엄청난 빈부격차를 몸소 느꼈다. 무시도 당하고, 세입자의 설움을 느끼면서 이집 저집 옮겨 다녔다. 반지하 다세대주택에 살던 때인데, 주택가 골목 끝에는 이제 막 지어진 아파트 대단지와 연결되어 있는 작은 문이 있었다. 이 문을 통과하면 아파트를 지나 역까지 걸어서 5분이면 갈 수 있었다. 그런데 어느 날 이 문이 자물쇠로 잠겼다. 이유는 그 문을 통해 외부 사람들이 단지 내를 지나다니면서 보안에 문제가 생겼다는 것이었다. 아파트 주민 외의 사람들(정확히는 그들보다 못사는 사람들)을 모두 예비 위험인물로 간주하여 거리를 두려는 그들의 행태에 어이없었다. 그 문이 닫힌 후로 뒷동네의 가난한 사람들은 먼 길을 돌아 마을버스를 타고 역까지 가야 했고, 시간은 15~20분으로 늘어났다. 성미 급한 학생들이나 남자들은 잠긴 문을 타고 넘어 다녔다. 나도 급한 날에는 그 문을 타고 넘어가기도 했다. 문을 넘을 때마다 치사함과 분노 어린 마음이 들었다. 그 문을 보며 가진 자들의 이기심과 우월함을 느꼈다.

가난을 겪고 보니, 세상은 참으로 불공평하고 가난한 자들에게는 억울한 곳이었다. 예전 내가 겪었던 사례와 비슷한 내용의 기사를 지금도 여전히 보게 된다. 임대아파트를 구분하고 차별했다는 내용, 자신의 아이들이 다니는 초등학교에 임대아파트에 사는 아이들과 구분시켜 달라고 소송을 내는 사람들, 가난한 지역에 사는 사람들이 자신의 아파트 단지 길을 이용하지 못하도록 막는 일은 예전이나 지금이나 변한 게 없었다. 아이들마저 서로 어느 아파트 몇 평에 사는지 묻는다는 요즘 기사를 볼 때마다 참 씁쓸해진다.

은행에 막 입사했을 때 아빠가 내게 이렇게 말씀하셨다.

"사람의 겉모습을 보고 차별하거나 대우를 달리 하지 마라."

머리로는 물론 알고 있었지만, 가난과 세상의 불공평함을 직접 겪고 난 후 이 말씀은 다른 느낌으로 다가왔다. 이런 경험 덕분에 은행에서 사람을 돈이 아닌, 인격을 가진 온전한 한 사람으로 볼 수 있었다. 그리고 경제 상황에 따라 어떤 태도나 말이 상처가 될 수 있음을 알기에 더 세심하게 고객을 배려할 수 있었다.

당시에는 힘들었지만, 돌아보면 그때의 환경과 경험에 고마운 마음이다. 어려웠던 경제 상황으로 인해 나는 누구보다 절실하게 돈에 관심을 갖게 되었고, 남보다 빨리 미래에 대해 진지하게 고민할 수 있었다. 당시에는 남보다 힘겨운 상황에서 시작하는 나의 사회생활이 불공평하다고 생각했다. 스타트라인 자체가 뒤처져 있으니, 그들을 따라잡기 위해서는 훨씬 빠르게 속도를 내고 더 열심히 달려야 한다는 압박감이 있었다. 그래서 나 스스로를 많이 괴롭혔다. 하지만 그 덕분에 열심히, 그리고 절실하게 재테크를 공부할 수 있었었다.

가장 감사한 것은 사람들을 더 넓게 이해하게 되었다는 것이다. 세상에는 다양한 모습의 집과 삶이 있음을, 그리고 다양한 사람들이 있음을 머리가 아닌 몸으로 직접 체험하고 경험함으로써 사람에 대한 이해도가 높아졌다고 생각한다. 그리고 금융에 무지해서 우리 부모님처럼 돈의 노예가 되어 힘겨운 삶을 살고 있는 사람들에게 도움을 주고 싶다는 생각으로 은행에서 일을 했다. 부모님과 비슷한 처지의 사람들을 보면 더 많이 알려주고 싶었다. 그들의 어려움과 억울함, 그리고 아쉬움을 절실하게 알고 있기 때문이다. 이런 경험으로 나의 첫 번째 재테크 책이 많은 사랑을 받았다고 생각한다. 그리고 이런 마음이 담겨 있기에 내가 찍는 재테크 영상들이 많은 사랑을 받는 것이라고 믿는다. 지금 너무 힘들다면, 그것은 진짜 감사하고 좋은 것이다.

지금 힘들다면 잘되고 있는 것이다

BIG STEP

이런 상상을 해본 적이 있다. 인생에는 시기별로 사람에게 각자 일어나는 좋은 일과 나쁜 일들이 이미 정해져 있다. 그리고 만일 신이 우리에게 일어날 이 모든 일을 스스로 선택해서 자신의 삶에서 시기별로 자유롭게 배치할 수 있게 한다면 당신은 좋은 일과 나쁜 일, 행복한 일과 힘든 일들을 어떻게 배치할 것인가?

아마 거의 대부분의 사람이 나쁘거나 힘든 시절을 젊을 때 배치하고, 좋은 일들을 노년 쪽에 배치하지 않을까? 나는 그렇게 할 것 같다. 이를 배치해보면 이런 식일 것이다.

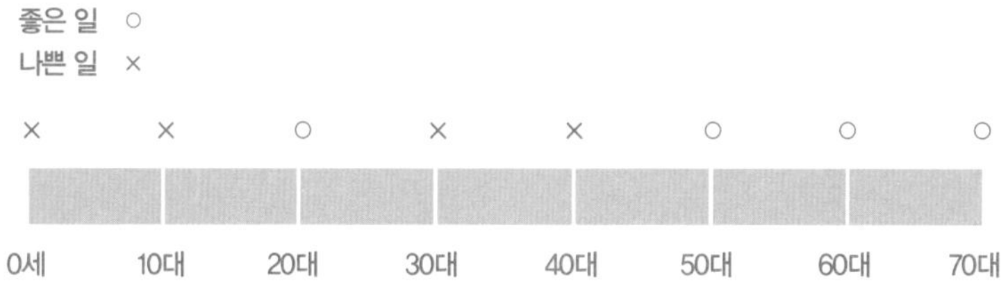

되돌아보니, 고등학교 때부터 대학교 시절 집이 망한 것이 진심으로 다행이었다. 젊은 시절 부족함을 모르고 살았다면 난 그렇게 절실하게 공부하고 일하지 않았을 것이다. 어려운 시절 없이 훗날에 이런 일을 겪게 된다면 난 맥없이 쓰러지지 않았을까. 상상도 하기 싫다. 힘든 일들을 어린 나이에 겪고 이를 이겨내니, 이젠 웬만한 고난은 쉽게 넘길 수 있는 힘이 생긴 것 같다. 신이 내 인생에서 일어나는 모든 사건과 사고를 내가 원하는 시기에 재배치할 수 있게 해준다면 나는 어릴 때 힘든 것을 다 겪고 나이가 들수록 평온하고 좋은 일들을 누리며, 더욱더 행복한 삶을 살 수 있도록 배치할 것 같다.

이런 생각을 하니, 어린 시절 일찍 성공한 사람이 더 이상 부럽고 질투가 나지 않았다. 사실 난 빨리 성공하고 싶었고, 늘 조바심이 났기에 젊을 때 성공한 사람들이 참 부러웠다. TV에 나오는 아이돌 스타들도 부러웠다. 하지만 지금은 더 이상 그들이 부럽지 않다. 너무 일찍 성공을 맛본 사람들 중에는 인생에서 '즐거움'의 개수가 일찍 다 소진되어 인생 후반부에 배치할 즐거움이 없는 것 같아 보이는 이들이 많기 때문이다. 게다가 어려움을 겪어보지 못한 그들이 나약해 보이기도 한다. 그렇지 않은가?

그러므로 만약 현재 당신이 힘든 시기를 보내고 있다면 후에 좋은 일들을 더 많이 배치하기 위해 지금 젊은 날 힘든 것이라고 생각하자. 그리고 지금의 이 경험들이 훗날의 좋은 일들을 더 많이 배치하기 위해 꼭 경험하고 배워야 할 소중한 것이라고 생각하자. 그리고 정말 그게 사실이다.

나는 부자 이전에 '경험 부자'가 되고 싶었고, 지금도 '경험 부자'가 되고자 늘 노력한다. 경험을 위한 소비는 아끼지 않고, 사업을 할 때에도 성공 이전에 경험을 우선하여 운영했다. 경험 부자가 진짜 부자이고, 결국 물질적으로도 부자가 될 가능성이 크다고 생각한다. 좋은 경험이든 나쁜 경험이든 지금 돌아보니, 모든 것이 소중하고 값진 경험들이었다. 시간이 흐를수록 삶을 살아가는 데 자신감과 큰 자산이 되고 있음을 실감한다.

당신은 지금 어떤 경험을 하고 있는가? 삶에서 마주하는 사건들의 좋고 나쁨은 당시에는 정확히 판단하기 어렵다. 결국 마지막에 돌아봤을 때 판단할 수 있는 것이다. 그러므로 지금의 환경을 탓하는 대신, 이 상황에서 내가 할 수 있는 것을 찾아내어 집중해보자. 재테크도 마찬가지다. 결국 성과를 내는 사람들은 투자금이 넉넉한 사람이 아닌, 절실한 상황의 사람들이다. 지금의 힘든 상황은 내 인생에서 감사해야 할, 절실한 상황이라고 생각하면 된다. 무엇이든 감사한 마음으로 받아들이고, 내가 할 수 있는 것을 찾아 '행동'해보자. 그러면 어느새 다음에 배치될, 좋은 일들을 마주하게 될 것이다.

돈이 없으면 포기해야 하는 것들

BIG STEP

"안녕하세요. 전 20대 후반의 사회 초년생입니다. 월급은 200만 원이 채 되지 않아요. 자취를 하고 있어서 월세를 내고 생활비로 쓰면 저축할 여력도 거의 없고 늘 생활이 빠듯합니다. 더 많이 절약하고 최대한 안 쓰려고 노력하다 보니, 점점 주변 사람들에게 소홀해지는 것 같아 속상한 마음이 듭니다. 사람들을 만나 어울릴 때에도 자꾸 계산적이 되고, 돈도 아깝다는 생각이 듭니다. 점점 주변에서 저를 너무 박하거나 짠돌이로 생각하는 것 같고, 이런 느낌이 들 때마다 저의 팍팍한 현실이 답답합니다. 제가 어떻게 해야 하는지 고민이고 속상합니다."

어느 날 나의 유튜브 영상의 달린 댓글이다. 이것을 보고 잊고 있었던 나의 옛 시절이 떠올랐다. 나 역시 자발적인 이유가 아닌 돈이 부족한 현실 때문에 짠순이가 될 수밖에 없었다. 스스로 돈을 벌어 생활비와 집세까지 내야 했던 대학 시절이 그랬고, 부모님께서 집을 잃고 내가 가장 노릇을 해야 했던 직장인 시절이 그랬다. 나는 용돈기입장을 쓰며, 지출을 더 줄이기 위한 방법이 없는지 고민해야만 했다. 그런 삶을 살다 보니 저절로 사고 싶은 욕망이 절제되고, 짠순이 모드가 장착되었다. 그렇다고 해서 타인들에게 가난하게 비춰지는 것은 너무 싫었던 자존심 강했던 시절이었다.

당시 늘 힘들었던 것은 사람들과 어울리는 시간이었다. 용돈을 받거나 자신이 벌어 오직 자신만 쓰면 되는 다른 친구들의 소비는 늘 여유가 넘쳤다. 그들과의 만남은 나름의 큰 소비를 각오하고 어렵게 나가는 것을 의미했다. 그들은 편안하게 먹을 것을 선택했고, 다시 소비가 추가되는 다음 장소로 자연스럽게 이동했다. 하지만 나는 계속 머릿속에서 계산기를 두드리고 있었다. 메뉴판 금액을 보고 선택을 주춤했고, 돈을 지불할 때마다 부담스러운 느낌이었다. 그렇게 그들과 어울려 돈을 쓰고 집에 돌아와 용돈기입장을 쓸 때는 괜히 마음 한구석이 씁쓸했다.

이날의 뻥 뚫린 지출을 만회하기 위해서는 앞으로 며칠 동안 더 절약하고 고생해야만 했다. 이게 뭐하는 짓인가 싶은 생각도 들었다. 이렇게까지 인간관계를 유지해야 하는가. 이런 답답한 심정은 다시 재테크의 조급함으로 돌아왔다. 주변 사람들을 만나서 즐기고 올 때면 그들과 내가 출발선이 다르다는 것을 느끼게 되었다. 그들과 똑같이 벌고, 똑같이 저축해서는 나란히 서기도 힘들다는 것을 정확하게 깨닫게 되었다.

이런 댓글을 볼 때마다 잠시 생각에 잠기게 된다. 그동안 잊고 있었던 그 시절이 떠오르면서 감정이 고스란히 다시 전해지곤 한다. 나 혼자만의 생활 속에서는 지출을 줄이고, 절약하는 것은 노력에 따라 충분히 해낼 수 있는 부분이다. 하지만 남들과 연결되어 있는 인간관계 속에서는 이야기가 달라진다. 그리고 점점 나이를 먹고, 사회에서 맺게 되는 인간관계가 늘어나다 보면 이를 유지하는 데에도 돈이 필요하다는 것을 인정하지 않을 수 없게 된다.

나의 경우 부담스러운 느낌이 지속되는 인간관계는 결국 잘 유지할 수 없었다. 만남이 부담스러우니, 자연스럽게 만남의 횟수를 줄이게 되고, 결국 나보다 더 많은 시간과 경험을 공유한 사람들끼리 더 가까워졌다. 그리고 나는 상대적으로 그들과 덜 친해지게 되었다. 돈이 없어서 충분히 그 시간을 함께할 수 없었던 것뿐인데, 그 이유로 인간관계에서도 점점 소외되는 느낌이 참 씁쓸했다.

돈과 상관없이 지속되는 인간관계도 물론 있다. 돈과 상관없이 충분히 함께하는 경험과 시간을 공유했던 사이 말이다. 이를테면 고등학교와 어린 시절을 함께 보낸 동네친구들이 있다. 이미 서로에 대해 많은 이해와 추억을 공유했기에 이런 인간관계는 돈이 없다거나 상황이 달라져도 그 관계에 큰 영향을 미치지 않는다(경제 상황의 변화 때문에 변하는 우정이라면 굳이 유지할 필요도 없을 것이다).

하지만 대부분 우리가 사회에서 만난 인연들은 그러기가 쉽지 않다. 서로를 알아가는 노력을 일부로라도 해야 하는 관계일 가능성이 크다. 그러기 위해서는 시간을 할애해야 하고, 만남의 장소, 식사 등 비용으로 대체해야 하는 것들이 필요하다. 그렇지 않은가. 결국 어느 시점 이후의 인간관계에서는 돈이 필요하다.

그렇다면 지금의 나는 댓글을 남긴 그 사람에게 어떤 조언과 위로를 해줄 수 있을까.

매정하게 들릴 수 있으나 현실을 직시하고 받아들일 수밖에 없다. 함께 어울리며 돈을 쓰는 상황에 불편한 마음이 계속된다면 굳이 그 모임에 나가지 말라고 말해주고 싶다. 지금 아까운 인연일지라도 그냥 보내도록 하자. 모임에 나가지 않는 이유가 차마 경제적 이유 때문이라고 말하기는 힘들 것이다. 그렇기 때문에 주변에서는 서운해하거나 오해할 수도 있다. 그래서 더 씁쓸하겠지만 이 역시 내가 선택한 것이고, 감수해야 하는 부분이다. 이들 중에는 훗날 다시 만났을 때 반갑게 맞아줄 인연도 있을 것이다.

삶은 타이밍이라고 하지 않는가. 어려운 타이밍에 만난 아쉬운 인연이라고 생각하자. 그리고 지금 이 순간을 기억하고, 내가 할 수 있는 현재에 집중하며 꿋꿋하게 나아가는 것이다. 지금 할 수 있는 것에 온 힘을 쏟아보자. 지금 자신의 상황을 받아들이고, 이 상황을 더 낫게 바꾸는 것에 집중하겠다고 다짐해보자. 이것이 지금 내가 댓글에, 그리고 과거의 나에게 말해주고 싶은 답글이다.

나 역시도 상황은 항상 바뀌지 않는 느낌에 너무나 답답했다. 하지만 변하지 않을 것 같은 하루하루가 쌓여 훗날 돌아보니 전혀 다른 모습으로 바뀌어져 있었다. 그리고 나의 상황과 마음이 가식이 아니라 진심으로 여유가 생기니, 그제야 인간관계도 편안해졌다. 상대도 내가 부담스러운 마음으로 자신을 만난다는 것은 불편할 것이다. 돈 때문에 부담스러운 인간관계를 억지로 붙들려고 하지 말자. 내 곁에 남을 인연은 결국 남을 것이다. 내 상황이 조금씩 좋아지면, 그 타이밍에 맞춰 또 소중한 인연들과 다시 좋은 인간관계가 만들어질 것이다.

리스크는 줄이는 게 아니라 컨트롤하는 것

B I G S T E P

빅스텝을 배우겠다고 다짐했다면 재테크에 대한 올바른 가치관과 세상에 대한 넓은 시야를 갖출 필요가 있다. 기존에 갖고 있던 빚에 대한 생각들이나 집에 대한 가치관들이 변화될 수 있을 것이다. 먼저 리스크에 대해 이야기해보겠다.

주식형 펀드를 예로 들어보면 주식편입비율에 따라서 성장형(주식편입비율 70퍼센트 이상), 안정성장형(주식편입비율 50퍼센트 내외), 안정형(주식편입비율 30퍼센트 이내) 등으로 구분하여 판매한다. 백과사전에서 찾아보면 이렇게 설명하고 있다.

"주식은 위험자산이므로 주식편입비가 낮은 상품일수록 안정성이 높다고 해서 붙여진 이름이다. '성장형 펀드'는 고수익을 추구하는 펀드로 주가가 오르면 큰 수익을 얻을 수 있지만 주가가 떨어지면 원금의 상당액을 잃을 수 있다. '안정형'은 주식으로 굴리는 액수가 그만큼 적고, 나머지는 안전한 국·공채나 회사채에 투자하기 때문에 원금 손실 가능성이 거의 없다. 대신 주가 상승기에는 안정성장형이나 성장형에 비해 수익률이 낮을 수밖에 없다."

백과사전의 이 설명만 보더라도 리스크와 수익률을 비례한다고 설명되어 있고, 많은 사람도 당연히 그렇게 생각하고 있을 것이다. '하이 리스크, 하이 리턴High lisk, High return'이라는 말도 널리 알려져 있는 말이다.

나 역시 은행원 시절 고객의 투자 성향을 공격형, 안정형으로 구분하고, 그에 주식편입비율을 맞춰 상품을 권유했다. '하이 리스크, 하이 리턴'은 내가 펀드나 변액보험을 설계할 때 고객에게 자주 인용하며 설명했던 말이다. 하지만 지금은 생각이 완전히 달라졌다.

지금은 정의부터 잘못되었다고 생각한다. 상품을 성장형, 안정형이라는 단어로 나눈 것은 순전히 판매자를 위한 구분이다. 고객에게 순화하여 표현함으로써 듣기 좋게 만들어 놓은 것이란 생각이다. 치과에서 '신경치료'라고 하는 것은 사실 신경을 치료하는 것이 아닌 신경을 없애버리는 '신경제거술'이라는 것을 알고 놀란 적이 있다. 신경제거술이라는 말보다는 신경치료라고 고객에게 설명하는 것이 어감도 낫고 설명도 부드럽게 진행될 것이다. 하지만 문제는 신경치료가 신경을 제거하는지 모르는 사람들이 존재한다는 것에 있다.

금융 상품의 이름도 이와 비슷한 느낌이 들 때가 많다. 단어만 조금 바꾸면 훨씬 거부감이 줄고, 판매에도 큰 영향을 미친다. 그래서 본연의 상품을 알려주는 단어 대신, 장점을 부각한 듣기 좋은 단어를 붙이는 것이다. 펀드를 주식형, 혼합형, 채권형으로 부르는 대신 성장형, 안정성장형, 안정형으로 부르는 것, 그리고 하이 리스크 하이 리턴이니, 성장형은 수익이 높을 수 있지만 원금 손실 가능성도 있다고 설명하는 것이 판매하기에 좋다. 그리고 구매자도 받아들이기 쉬울 것이다.

그런데 정말 리스크가 높으면 수익이 많다는 것이 맞는 말일까? 정말 리스크와 수익률은 비례하는 것일까? 높은 수익을 원한다면 높은 리스크는 당연히 감수해야 하는 것일까? 이 정의를 다시 생각해볼 필요가 있다. 『부자 아빠 가난한 아빠』에서 로버트 기요사키는 '내가 컨트롤할 수 있는 리스크는 더 이상 리스크가 아니다'라고 말했다. 남들이 보기에 위험해 보이는 리스크도 자신이 컨트롤할 능력이 있다면 더 이상 위험요소가 아니라는 것이다. 지금 나는 이 말의 뜻을 완전히 이해하게 되었고 크게 공감한다. 특히 경매를 하면서 확실하게 이해할 수 있게 되었다.

유료 경매 사이트에는 위험사항이나 중요사항을 붉은 글씨로 표시해둔다. 그래서 경매를 막 시작한 병아리 시절에는 빨간색 글자가 있는 물건은 무조건 피하고 봤다. 늘 안전한 물건만 검색하고 입찰을 시도하다 보니, 매번 경쟁률이 엄청났고, 낙찰받기도 어려웠다. 어렵게 낙찰받게 되더라도 워낙 높은 경쟁률을 뚫고 받게 되는 것이니 수익률은 낮을 수밖에 없었다. 낮은 위험, 낮은 수익률은 일리가 있는 말이다. 수익을 늘리기 위해 점차 공부해나가면서 경매 물건 중 내가 해결할 수 있는 빨간색 글자를 찾기 시작했다. 그리고 하이 리스크가 뜻하는 것은 빨간색 글자(리스크) 자체가 아닌, 이해하지 못하는 빨간색 글자와 컨트롤할 수 없는 상황이라는 것을 알게 되었다. 내가 해결할 수 있는 수준이 되자, 리스크는 더 이상 리스크가 아니었다. 오히려 경쟁률을 낮춰주고, 수익률을 높여주는 것을 의미했다. 공부를 하면 할수록 내가 컨트롤할 수 있는 부분이 더 많이 보였다. 그렇게 리스크는 줄어들고, 투자는 점점 안전해지면서 수익률은 더 높아졌다.

개인적으로 주식에 대해서는 잘 모르지만, 주식시장에도 리스크를 컨트롤하며 안전하게 거래하는 사람들이 있다. 우리는 주식은 무조건 위험한 것이고, 어떻게 될지 모르는 미래의 불확실한 가능성에 돈을 투자한다는 리스크가 있다고 생각한다. 하지만 어떤 이들에게 주식시장은 너무도 평온하고 안전하면서도 고소득을 '보장'하는 시장이다. 물론 주식시장에서 그렇게 느끼는 이들은 리스크를 컨트롤할 수 있는 권한과 능력을 가진 사람들이다.

주식시장뿐만 아니라, 부동산, 사업 등 모든 분야에서 이런 사람들이 존재한다. 누군가는 위험한 상황 속에서 낮은 수익률(적은 성과, 적은 월급, 부족한 복지혜택)을 받아들이는 삶을 살고 있다. 그리고 어떤 이들은 안전한 상황 속에서 높은 수익률을 거두고 있다. 빅스텝을 위해서는 내가 컨트롤할 수 있는 리스크를 늘리는 것이 중요하다. 빅스텝을 걷는 사람들의 안전한 상황이 누군가에게는 리스크가 매우 큰 위험한 상황이 될 수 있다. 이런 상대적인 모습들을 계속 발견하다 보면 '하이 리스크, 하이 리턴'이라는 말 자체가 리스크를 컨트롤해보지 않은 사람들이 갖고 있는 고정관념일 뿐이라는 사실을 깨닫게 될 것이다.

먼저 고정관념을 없애야 한다. 그러면 "나는 아주 안전하게 리스크(위험성)가 거의 없이 ○○ 투자를 하고 있어"라는 말이 가능해지고, 이런 말을 하는 사람들을 이해할 수 있게 될 것이다. 반대로 채권형 펀드나 적금만 가입하는, 흔히 말하는 안정형 투자 성향을 가진 사람이 사실은 매우 높은 리스크를 갖고 있다는 말의 뜻도 이해할 수 있게 될 것이다.

리스크는 주식편입비율에 따라 생기는 것이 아닌, 컨트롤 능력 여부에 달려 있는 것이다. '위험하다'는 고정관념으로 배우려 하지 않고, 경험하지 않으려는 것이야말로 삶에서 가장 큰 리스크다.

빅스텝은 내가 스스로 조절할 수 있는 리스크를 늘리는 것을 의미한다. 공부를 하면 내가 컨트롤할 수 있는 리스크가 늘어날 것이고, 이를 해결하면서 더 안전하게 높은 수익을 만들어낼 수 있다. 이를 한 번이라도 경험하게 되면 자신감이 생기고, 빅스텝의 빠른 속도감을 느끼게 될 것이다. 이젠 더 많은 종류의 리스크, 더 어려운 리스크를 찾게 될 것이고, 이를 컨트롤하기 위해 누가 시키지 않아도 스스로 공부하고 싶어질 것이다.

부자들은 절대 '하이 리스크'에 투자하지 않는다. 여러 조사 통계만 보아도 부자들은 보수적으로 안전한 자산에 투자하는 성향을 갖고 있다. 그들이야말로 가장 안정성을 추구하고 모험을 하지 않는다. 자신이 조절할 수 있는 리스크인지를 확인하고, 그것이 가능할 때 투자한다. 그 모습을 일반 사람들은 자신의 부족한 경험과 고정관념을 투영하여 위험하다고 바라볼 뿐이다. 오히려 대박을 꿈꾸며 높은 리스크에 자신의 전 재산을 거는 사람들은 한 푼이라도 아껴서 저축해야 하는 상황의 사람들이어서 안타깝다.

세상엔 '로우 리스크, 하이 리턴Low lisk, High return'이 가능한 투자가 많다. 그런 상황에서 굳이 왜 하이 리스크에 투자하겠는가? 하이 리스크, 하이 리턴, 즉 리스크가 높으면 수익률이 높고, 리스크가 낮으면 수익률이 낮다는 생각을 갖고 있었다면 이제라도 그 너머의 진실을 볼 수 있길 바란다. 리스크 자체가 수익률에 비례하는 것이 아닌, 리스크를 얼마나 컨트롤할 수 있는지에 따라 수익률은 달라지는 것이다.

정부의 지원책은 가난을 유지시킬 뿐

BIG STEP

얼마 전 '10년 공공임대 분양전환' 기사들이 눈에 띄었다. 정부가 추진한 이 사업은 자격요건(무주택자 등)을 갖춘 사람들을 선별해 저렴한 월 임대료를 내고 거주하게 한 후, 10년 후 분양으로 전환하여 소유하는 것을 선택할 수 있게 하는 것이 요지이다. 그런데 문제가 된 이유는 입주 후 10년이 지나서 분양으로 전환하려고 보니, 감정가가 너무 높아져서 구입이 힘들어진 것이다. 입주 시점보다 3배 가까이 폭등한 곳도 있었다. 결국 이곳에 살던 사람들은 분양전환을 하지 못하면 집을 비워줘야 하는 상황이 되었고, 쫓겨나게 된 세입자들이 대책 마련을 요구하고 있었다.

이런 일들을 보며 늘 하게 되는 생각은 정부의 복지정책은 '가난한 사람들, 어려운 사람들에게 그 상태를 유지하도록 하기 위한 장치, 또는 굶어 죽지 않게 하는 최소한의 지원'이라는 것이다. 그리고 이 혜택을 받기 시작하는 순간, 다시 자립할 힘을 만드는 것은 더욱 힘들어진다.

입주할 당시 이 사람들은 10년 거주 후, 감정가에 따라 분양하겠다는 내용에 동의하고 계약을 체결했을 것이다. 나는 이 시점에서부터 다시 묻고 싶다. 그 당시에도 집을 구하지 못한 어려운 상황이었기에 매매 대신 저렴한 가격으로 월 임대료를 내고 살 수 있는 공공임대를 선택했을 것이다. 그리고 10년이 지난 후에는 경제적인 활동이 더 어려워지고 수입이 줄어들 확률이 더 크다. 그런데 지금은 못 사지만 10년이 지나면 집을 살 수 있다고 자신하며 이런 선택을 했던 것일까? 이는 현재 해결하지 못하는 고민을 10년 후로 유예하고, 해결할 방법을 찾는 대신 그때가 되면 어떻게든 되겠지 하고 나의 고민을 타인에게 전가한 것이다. 동시에 내 삶의 주도권 역시 함께 위임한 것이다.

나는 개인적으로 정부의 복지제도는 점점 더 확대되어야 하고, 사회 곳곳의 어려운 사람들에게 더 잘 닿을 수 있어야 한다고 생각한다. 하지만 만일 내 지인들이 정부의 지원 혜택을 받을 수 있는 상황이라면, 힘들더라도 그 선택을 하지 말고 스스로 이겨내 보라고 말해주고 싶다. 또는 그 혜택을 받겠다는 선택을 하더라도 최대한 빨리 그 혜택에서 벗어나라고 말해주고 싶다.

공공임대, 행복주택 등 정부가 생활이 어려운 사회 초년생, 신혼부부, 무주택자들을 지원하는 정책들은 거주할 수 있는 기한이 정해져 있다. 또한 거주 기간 동안 무주택 상태를 유지해야 하거나, 소득의 기준을 유지해야 하는 등 여러 조건이 따라 붙는 경우가 많다. 문제는 이런 조건들이 곧 제약이 되어 부자가 되기 위해 꼭 해나가야 할 경험을 포기하게 만든다는 것이다. 그리고 이런 식으로 시간을 보내게 되면 혜택을 받는 것 이상으로 많은 기회를 놓치게 된다고 생각한다. 따라서 이런 혜택은 자신의 힘을 키우고 싶고, 부자가 꿈인 사람이라면 그 혜택이 아무리 달콤하더라도 애초에 받지 않는 것이 낫다.

잡아주는 고기에 기대어 고기 잡는 법을 배워야 하는 시간과 기회를 놓치게 되면 자립심이 사라질 수밖에 없다. 물론 정말 피치 못한 상황이어서 정부의 지원을 받아야만 하는 경우도 있을 것이다. 그런 사람들에게 정확히 복지 혜택이 돌아가야 한다. 하지만 평생 정부의 지원 속에서 살아가는 것을 원치 않고, 리얼 부자로 살아가겠다고 다짐한 사람이라면 힘든 시기를 '자립할 준비를 하는 시간'으로 생각해야 한다. 그리고 최대한 빨리 더 나은 곳으로 갈 수 있는 계획을 스스로 세워야 한다.

다시 말하면 정부의 이런 정책들에 너무 기대지 말고, 나보다 더 어려운 사람들, 자립할 능력을 키울 수 없는 상황에 처해 있는 사람들에게 양보하겠다고 생각하자.

나도 결혼 준비를 할 때 가진 돈이 부족했다. 그래서 살 집을 구하기 위해 정부정책들을 열심히 찾아보았다. 하지만 여러 조건을 맞춰서 높은 경쟁률을 뚫고 기회를 얻는 것이 너무 힘들어 보였다. 그리고 이 힘든 과정을 거쳐 만약 혜택을 받을 수 있게 되더라도 내 집 마련이라는 문제가 영원히 해결되는 것이 아님을 알게 되었다. 게다가 어렵게 지원을 받게 될수록 그 혜택을 포기하기는 더 어려울 것 같았다. 지원 기간이 끝난 후, 또는 나의 상황이 달라져서 지원을 못 받게 되었을 때가 문제였다. 그때 과연 "내가 자립할 수 있는가"에 대한 물음에 답을 할 수 없었다.

손에 쥐고 있는 달콤한 것은 놓기 싫어지는 법이다. 차라리 지금 그 문제를 해결하기 위한 본질적인 방법을 찾아, 준비해나가야 한다고 생각했다. 그 덕에 우리 부부는 자립심을 키우고 소중한 경험을 하게 되었다. 결혼 후 신혼집을 얻기 위해 우리가 가진 돈으로 전세살이가 가능한 집을 찾아 참 많이도 다녔다. 그렇게 전세를 살면서 세입자의 설움을 절실하게 느꼈고, 그 서러움으로 내 집 마련을 결심하게 되었다. 그 절실함으로 경매를 공부하고 이를 통해 자산을 늘렸으니, 어찌 감사하게 생각하지 않을 수 있을까?

인생은 새옹지마, 좋은 것이 좋은 것이 아닐 수 있고, 나쁜 것이 나쁜 것이 아닐 수 있다. 공공임대 아파트에서 10년을 거주한 후, 그 사이에 폭등한 분양가가 너무 높다는 세입자들의 항의에 국토교통부는 다시 지원 대책을 내놨다. 내용은 분양전환 가격이 5억 원을 넘으면 초과분에 대해 최장 10년간 분할 납부하도록 하고, 장기 저리 대출을 지원한다는 것이다. 분양전환을 포기하는 입주자들은 자격

조건에 따라 임대 기간을 4년, (더 가난하고 힘든 상황임을 증명하면) 최대 8년까지 연장해주겠다고 발표했다. 역시 이번에도 현재의 고민을 다시 한번 뒤로 미루게 하는 대책이다.

10년간 자립심을 키울 기회를 잃었던(포기했던) 세입자들은 이 추가 대책 안으로 또 한 번 자립심을 키울 기회를 잃게 될 것이다. 차라리 10년 전으로 돌아가 다른 선택을 하고, 다른 경험을 했더라면 어땠을까? 작은 집이라도 샀다면 지금 폭등한 분양가는 자신의 집값 상승을 뜻하므로 기분 좋은 소식이 될 수 있다. 10년 동안의 시세차익으로 지금의 삶은 분명 더 여유로워졌을지도 모른다. 물론 누구도 미래의 일은 알 수 없으니, 지금의 모습을 결과로 과거를 논하는 것은 의미가 없을 것이다. 하지만 분명한 것은 10년 전의 그들은 그 선택으로 자립하기 더 어려워졌다는 것이다.

누구나 여러 가지 고민과 문제점을 가지고 있다. 이를 해결하는 방법을 찾을 때에는 그것이 근본적인 해결책인지 자문해보아야 한다. 근본적인 해결책이 때로는 시간이 걸리고 힘든 과정일지 모른다. 그렇다고 하더라도 당장의 고민을 잠시 뒤로 미뤄 놓는 일시적인 해결 방안을 선택해서는 안 된다.

경제적인 문제도 마찬가지다. 현재 나의 상황에서 집을 사는 것은 불가능하다고 생각하면 죽을 때까지 어딘가에 의지해야 한다. 그렇게 되면 내 삶의 주도권을 빼앗기고 만다. 내 힘으로 풀어나가겠다고 결심하고, 자신의 힘을 키워나가야 한다. 그것이 처음에는 답답할 정도로 느려 보여도 결국에는 가장 빠른 길이다. 소중한 내 삶의 주도권을 남의 손에게 넘기지 말자. 우리에게는 어떤 문제든 해결 방법과 해결할 수 있는 힘, 지혜가 내재되어 있다고 나는 믿는다.

로또 당첨보다 건물주가 될 확률이 더 크다

B I G S T E P

“로또에 당첨되면 뭘 할 거예요?

사람들과 저녁을 먹다 나온 질문이다.

“당장 회사 때려치우고 여행을 떠나야죠.”

“저도 세계여행 떠날 거예요.”

“그 돈으로 건물을 사 놓고, 월세 받으며 놀아야지.”

사람들은 잠깐의 상상만으로도 무척 행복해하는 모습이었다. 대부분이 하던 일을 그만두고 여행을 가거나 놀겠다고 했다. 나는 사실 로또에 당첨된 것을 가정하며 묻는 질문부터 의미가 없다고 생각했다. 하지만 그들의 답변을 들으며 많은 생각이 들었다. 그토록 다니기 싫은 회사라면 지금 당장 그만두면 안 될까? 여행을 떠나고 싶다면 그냥 떠나면 되는 것인데 말이다.

사람들은 회사를 그만두면 큰일이라도 날 것처럼 두려워하지만, 사람은 적응의 동물인지라 곧 수입이 없으면 없는 대로 생활하게 된다. 그리고 또 돈을 벌기 위한 나름의 방법들을 생각해낸다는 것을 경험을 통해 알고 있다. 결국 굶어 죽지는 않고 살 수 있다. 이를 알지만 회사를 그만두지 못하는 것은 월급을 받으며 누리는 생활수준을 포기하기 싫다는 뜻이다.

여행도 마찬가지다. 비싼 여행만 있는 것이 아니다. 얼마든지 가능한 범위 안에서 여행을 떠날 수 있다. 나 역시 여행을 무척 좋아하는데, 경험치가 쌓이면 쌓일수록 여행은 돈이 문제가 아니라 시간과 의지에 달린 것임을 알게 되었다. 얼마든지 자신의 상황에 맞는 여행이 가능하다.

건물주가 되는 것은 어떨까? 로또에 당첨이 되어야만 이룰 수 있는 꿈이 아니다. 건물주가 진정 원하는 꿈이라면 지금부터 종잣돈을 모으고, 부동산 공부를 하고, 경험들을 쌓아나가면서 조금씩 투자의 크기를 늘려가는 데 집중하면 된다. 당연히 로또에 당첨되는 확률보다 이렇게 하는 것이 건물주가 될 가능성이 훨씬 크다. 그렇다면 굳이 로또 당첨이 아니어도 모두 이룰 수 있는 것들 아닌가! 물론 로또는 이런 꿈들을 훨씬 즉각적으로, 지금 당장 이룰 수 있게 해줄 것이다. 하지만 로또의 당첨 확률은 모두 알고 있듯이 실현 가능성이 너무 낮지 않은가.

그 상황에서 이 말을 하고 싶었지만, 나는 입을 다물었다. 내가 만약 거기에서 "당신들이 말하고 있는 것은 지금 당장 실현 가능한 것이고, 지금부터 준비하면 충분히 이룰 수 있는 것들이에요. 굳이 로또에 당첨되어야만 이룰 수 있는 꿈이 아니라고요!"라고 말한다면, 아마 그들은 또 다시 자신이 처한 현실과 불가능한 사유들을 열거하기 시작할 것이다. 그들은 실제 방법을 알고 싶은 것이 아니다. 낮은 로또 당첨 확률을 꿈과 연결시켜 이 불만족스러운 현실에 안주할 수밖에 없음을 스스로 확인하고 위로하는 것일 뿐이다.

잠시나마 행복한 상상에 빠져 있던 사람들이 다시 현실로 돌아와 나에게 재테크 방법을 물어왔다.

"재테크는 어떻게 해야 해요?"

이 질문에 나는 이렇게 답했다.

"예금, 적금으로 종잣돈을 모아서 그 돈으로 부동산 같은 안정적인 수익이 나오는 자산을 늘려나가는 것이죠."

그러자 한 사람이 이렇게 말했다.

"전 부동산과는 좀 안 맞는 것 같아요. 전 주식을 좋아하고, 그게 저에게 잘 맞는 것 같거든요."

난 그 대답이 꽤 반가웠다. 당연히 개인별로 자신과 맞는 재테크 방법이 따로 있을 수 있다고 생각하기 때문이다. 그가 정말 주식 투자에 맞는 사람이라는 바람으로 다시 물었다.

"아, 그럼 주식 투자로 재테크를 하고 계시는 거예요? 돈은 많이 버셨어요?"

"네, 몇 년 전엔 많이 벌었어요. 원금이 몇십 배 불어서 2억 원까지 되기도 했었거든요."

"우아, 그랬군요. 그런데요?"

"그런데 막 오르니까 자꾸 욕심이 생기더라고요. 어느 정도 되면 빼야지 하고 생각하고 있었는데, 그 후 갑자기 막 떨어지더라고요. 결국 뺄 타이밍을 놓쳐서 지금은 원금 정도로 다시 돌아왔어요. 그건 좀 더 지켜보고 있어요. 지금은 ○○코인 투자를 하고 있어요."

"○○코인은 수익이 괜찮아요?"

"그것도 한때 엄청 올랐었죠. 그런데 지금은 또 많이 빠져서 별로예요."

"그럼 빨리 정리하는 게 낫지 않아요?"

"아니에요. 좀 더 기다리면 분명 다시 한번 뛸 때가 올 거예요. 그때 확실히 정리하려고요."

이 사람에게 주식과 ○○코인 투자는 잘 맞는 것일까? 그는 이를 위해 어떤 공부와 준비를 했을까? 그는 예전에 폭등했던 금액을 똑똑히 기억하고 있었고, 그날의 영광이 다시 찾아오기를 손꼽아 기다리고 있었다. 그 사람의 말대로 미래에 주식과 ○○코인의 가격이 원하는 만큼 오를 수 있다. 하지만 중요한 포인트는 언제가 될지 모르는 그때까지 돈을 조용히 묶어둬야 하고, 그동안 다른 투자를 할 수 없다는 것이다. 게다가 이런 기회비용을 지불하면서 투자했지만, 원금까지 잃을 가능성이 있다.

사람들마다 자신에게 맞는 재테크 방법은 다를 수 있다. 하지만 문제는 그 분야에 대해 충분히 알지 못한 채 투자하고 있는 경우가 대부분이라는 사실이다. 정말 어느 부분이 자신에게 맞는다고 말하는 것인지 이해가 되지 않는다. 게다가 자기 자신이 어떤 사람인지도 모르는 경우가 많다는 것이 또한 놀랍다.

부자가 된 자신의 모습을 상상해보는 것은 좋은 것이라고 생각한다. 그 상상을 위해 '로또에 당첨된다면'이라고 가정해보는 것은 괜찮은 일이다. 하지만 상상해서 자신이 그리는 미래의 모습이 나왔다면, 이제 그것을 현실로 가지고 와보자. 이 현실에서 그 꿈을 어떻게 이뤄나갈 수 있는지 고민해보는 것이 그 꿈을 이루는 유일하고 가장 빠른 방법이다.

이미 그 꿈을 이룬 사람을 찾아, 그들에게 방법을 물어보자. 회사를 그만두고 여행을 떠나고 싶다면, 퇴사 후 여행을 떠났던 사람을 찾아가 물어보면 쉽게 답을 얻을 수 있다. 건물주가 되고 싶다면 건물주가 된 사람을 만나서 물어보는 것이 가장 빠르다. 사람을 만나기 어렵다면 책과 강연을 찾아보면 된다. 이미 세상에 답은 모두 펼쳐져 있다. 스스로 찾기만 하면 답을 구할 수 있다.

내가 컨트롤할 수 없는 리스크는 위험하다. 이 사람의 투자가 위험하다고 생각되는 이유이다. 로또에 당첨된다면 하고 싶은 그 바람이 무엇이든 간에, 그 바람이 결코 '로또에 당첨이 되어야만' 이룰 수 있는 꿈들이 아닌 것은 분명하다. 현실에서도 충분히 이룰 수 있는 꿈이다. 꿈을 이루지 못하는 것을 스스로 위안하고 위로하기 위한 장치, 핑곗거리로서의 로또는 던져버리고 지금부터 '로또에 당첨되면'이라고 상상했던 그 목표를 현실에서 이루겠다고 결심해보자. 당장 책을 펴고, 강연을 찾아다니고, 퇴근길에 부동산중개소에 들러 건물주가 되려면 필요한 최소한의 돈이 얼마인지 물어보는 것이 건물주가 되는 가장 빠른 방법이다.

현실에서 지금 내가 할 수 있는 것이 무엇인지 생각하고, 지금은 우선 그것에만 집중하는 것이다. 최종 목표와 현실을 비교하면 그 괴리감이 커서 좌절감이 들 수도 있다. 그럴 때일수록 큰 목표를 작게 세부 목표로 나누고, 단계별로 한 단계씩 이뤄나가는 것이다. 꿈이 이뤄지는 것은 정비례 그래프가 아닌 계단과 같다. 아무 변화가 없는 것 같다가도 어느 순간 자신의 꿈에 한 걸음 가까워져 있는 것

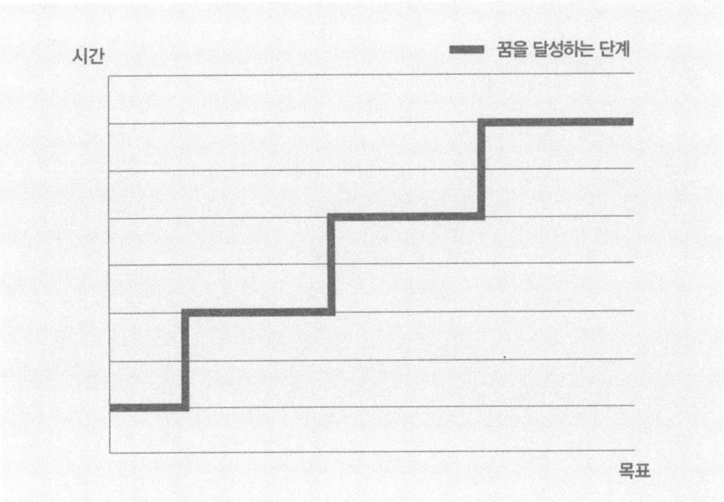

이다. 지금 내가 할 수 있는 것이 보잘것없는 것 같더라도 그것을 행동으로 옮기는 것이 꿈에 닿는 계단을 만들어가는 것이다. 남과 비교하지 말고, 묵묵하게 나의 계단을 만들어 밟아 올라가면 된다. 첫 계단이 어렵지, 점점 근육이 붙으면 계단을 오르기도 쉽고, 속도도 붙을 것이다. 그렇게 오르다 보면 어느새 자신이 바라왔던 꿈을 이룬 스스로를 마주하게 될 것이다.

당신은 로또에 당첨되면 이루고 싶은 꿈이 있는가? 그렇다면 그 꿈을 현실에서 이룰 방법을 먼저 고민해보자.

재테크 수준이 점점 높아지고 있다

BIG STEP

경매를 하러 법원에 가보면 젊은 대학생들부터 아이를 등에 업고 온 엄마, 은퇴한 어르신들까지 참으로 다양한 세대가 경매를 하고 있는 것을 목격하게 된다. 이제 월급과 저축만으로는 노후 준비는커녕 집 한 채 마련하는 것도 힘들다는 사실을 점점 더 많은 사람이 깨닫고 있는 것이다. 그리고 이를 깨닫는 연령도 점점 낮아지고 있다. 재테크 강연을 할 때마다 20대 초반의 젊은 친구들이 정말 많이 찾아온다. 10년 전보다 확연히 늘어난 모습이다.

더 많은 사람이 일찍부터 돈에 관심을 갖고 공부를 시작하는 모습이 다행스럽다는 생각이 든다. 하지만 때때로 학업, 취업 준비, 일, 육아 등 현재의 소중한 것들에 집중하지 못하고 너무 재테크에만 빠져 있는 것은 아닌가 걱정스러운 마음이 들기도 한다. 특히 아직 노동과 직업을 경험해보지 않은 채 이를 터부시하고, 노동의 신성한 가치를 평가절하하는 모습을 볼 때는 삶을 살아가는 데 필요한 중요한 가치를 놓치고 있는 것 같아 우려되기도 한다. 재테크 그 자체를 '목적'으로 삼지 말고, 풍성한 삶을 만들어주는 하나의 '도구'라는 생각으로 삶의 균형을 유지하며 공부해나갔으면 한다.

어찌됐건 재테크 공부는 이 시대를 살아가는 데 필수임이 점점 더 분명해지고 있다. 돈을 버는 것은 차치하더라도, 내 재산을 빼앗기지 않기 위해서 꼭 해야 하는 공부이다. 그래서 예전에는 전문가들만의 리그였다는 경매시장이 이제는 대중화되었다. 게다가 경매에 참여하는 사람들의 수준도 높아졌다. 예전에는 문제가 없는 깨끗한 물건에만 사람들이 몰렸다고 한다면, 요즘에는 한두 가지 문제가 있는 물건들도 경쟁률이 만만치 않다.

많은 사람이 레버리지를 이해하고 있음은 물론이고, 더 높은 수익률을 위해 공부하면서, 점점 더 어렵고 다양한 물건들에 도전하고 있다. 뿐만 아니라 예전의 재테크가 내 집 마련이나 목돈 마련 등이 주목표였다면, 지금은 노후 준비를 포함하여 추가 수입을 얻거나, 경제적 자유를 누리기 위해서 등 다양한 목표를 갖고 있다. 이에 따라 투자 방법 역시 다양해지고 있는 모습이다. 단순히 시세에 맞춰 세를 받는 것을 넘어 오래된 집을 사서 리모델링이나 재건축해서 가치를 높이거나, 셰어하우스, 에어비앤비, 토지 매입, 건축, 상가 투자 등 다양한 방법으로 수익을 내기 위해 노력하고 있다.

부동산뿐만 아니라, 여러 금융 상품의 투자에 대한 관심도 높다. 펀드는 기본이고, 주식, P2P, 말도 많은 블록체인 등 조금이라도 더 높은 수익을 얻기 위한 사람들의 노력은 대단하다. 주말마다 재테크, 부동산, 블록체인 등 수많은 재테크 관련 강연이 열리고, 많은 사람이 모인다.

하지만 한쪽에는 여전히 재테크에 무관심하고 무지한 사람들이 있다. 유치원에서 아이를 기다리고 있었던 어느 날이었다. 선생님이 다른 날보다 유독 반갑게 인사를 건넸다.

"어머님, 저 유튜브에서 봤어요! 우아, 너무 신기해요."

결국 유치원에 계신 다른 선생님들도 모두 내가 유튜브 채널을 운영하고 있음을 알게 되었고, 예전에 재테크 책을 냈던 이력 또한 알게 되었다. 그때부터 틈틈이 재테크에 대한 질문들이 시작되었다. 종잣돈 만들기부터 집을 어떻게 하면 살 수 있는지…….

결국 선생님들을 모아 재테크 강의를 하게 되었다. 재테크의 가장 기본부터 용돈기입장을 통한 기본 소득관리 방법, 종잣돈 모으는 법, 빚을 이용하여 집을 사는 법 등을 알려드리며 경매 이야기로 마무리했다. 강의를 들은 선생님들은 새로운 세상을 본 듯하다고 말했다.

"이런 세상이 있는 줄 몰랐어요."

"우아, 집 사는 건 남의 이야기인 줄 알았는데, 이렇게 하니 제 월급으로도 집을 살 수 있겠네요."

재테크에 관심이 없었거나 무지했던 사람들의 흥미를 유발하고 방법을 알려줌으로써 앞으로 재테크에 관심을 갖고 공부를 시작할 수 있도록 돕는 일은 매우 보람 있다. 그 사람은 향후 자신의 재산을 빼앗기는 일이 생길지도 모른다. 하지만 적어도 재산을 지키기 위해 그들의 힘을 키워 놓은 것만으로도 내가 하는 일이 정말 중요한 일이고, 의미 있는 일이라고 생각한다.

사람들이 자신의 재테크 고민을 털어놓으며 질문하는 것을 보면 그 사람의 재테크 지식 수준을 바로 알 수 있다. 사람들의 격차가 예전 은행원 시절 때보다 훨씬 크게 느껴진다. 재테크에 관심이 없는 사람들은 사실 예전과 비슷하게 모르는 상태지만, 재테크에 관심을 갖고 공부를 시작한 사람들의 수준은 이전과 비교가 안 될 정도로 높아졌다. 격차가 점점 더 벌어지고 있는 것이다.

이런 상황에서 지금까지 재테크가 다른 세상 이야기라고 생각하고 있다면, 빨리 재테크에 관심을 갖고 공부를 시작해야 한다. 가난과 부자는 결국 상대적인 개념이다. 함께 제자리걸음을 걸었던 사람들이 레버리지를 이용하여 빅스텝을 걷기 시작한다면 자신은 상대적으로 가난해지는 것이다. 희망적인 사실은 직업과 나이, 어떤 상황이든 누구나 상관없이 관심을 갖고 행동하기 시작하면 놀라운 속도로 지식이 빠르게 늘어나고, 큰 성과가 나오게 하는 것이 바로 이 재테크 공부라는 점이다.

재테크에 관심을 갖고 꾸준히 공부해보자. 삶의 균형을 유지하며 자신의 속도를 만들어가면 된다. 꾸준히 관심을 갖고 공부해나가다 보면 좋은 기회가 찾아올 것이다. 그리고 미리 공부해두어야 기회가 올 때 이것이 '기회'임을, 나에게 온 행운의 순간임을 알게 된다. 그리고 그 기회를 잡을 수 있게 된다. 재테크는 삶을 더 풍요롭게 해주는 훌륭한 '도구'이다.

재테크는 이벤트가 아니라 일상이다

BIG STEP

나는 인터넷으로 다른 집 인테리어 사진들을 구경하는 것을 좋아한다. 인테리어 감각을 쌓기 위해 필요한 일이기도 하지만, 다른 사람들이 사는 모습을 보며 요즘 사람들의 가치관과 문화를 엿볼 수 있는 게 또 재미있다. 그런데 집 사진들을 보며 늘 의아하게 생각되는 부분이 하나 있다. 집 한편을 예쁘게 카페처럼 꾸며 놓고, "이제 여기에서 커피도 마시면서 책도 읽어야지" 하고 적혀 있을 때이다. 우선 저렇게 분위기를 만들어야 책을 읽을 수 있는지 고개가 갸우뚱해지며 계속 스크롤해 집을 구경한다. 그런데 집 어디에도 책이 꽂혀 있는 책장이 보이지 않는 경우가 많다. 가끔씩 아이들의 책이 꽂혀 있을 뿐이다. 책을 읽기 위한 장소를 꾸며 놓고 이제부터 책을 읽겠다고 다짐하는 것도 놀랍지만, 그런 집에 책이 보이지 않는다는 것이 또 놀랍다.

홈카페를 처음 보았을 때 정말 책을 너무 좋아하는 사람인가 보다 생각했었다. 얼마나 독서하는 시간을 사랑하기에 이렇게 공들여 장소를 꾸밀까 생각했다. 하지만 실체를 알게 된 후에는 이렇게 말하는 사람들이 독서가 아닌 커피와 책이 상징하는 여유와 지적인 모습 등을 동경하고, 이를 과시하고 싶은 표현임을 이해하게 되었다.

나는 '책은 눈에 보여야 읽는다'라고 생각한다. 작심하고 책을 읽을 수는 있지만, 결국 눈에 많이 띄어야 펼쳐 들게 된다. 이것이 책을 가장 많이 읽을 수 있는 방법이라고 생각한다. 그래서 우리 집에는 눈에 보이는 이곳저곳에 책들이 놓여 있다(물론 커다란 책장도 있다). 거실 테이블 위는 물론이고, 화장실에도 한 권, 주방 식탁과 침대 머리맡에, 그리고 핸드백에도 책 한 권이 들어 있다. 그렇게 눈에 띄기에 짬이 날 때 눈앞에 보이는 책을 집어들고 몇 페이지라도 읽게 된다. 우리 집 거실에 TV 대신 커다란 책장을 둔 이유는 바로 나와 아이들이 책을 많이 읽기를 바라는 바람이 담겨 있다. 아이들 책들도 눈에 띄는 곳에 꽂아두고, 쉽게 꺼내 볼 수 있도록 해 놓았다. 책은 특정한 장소를 예쁘게 꾸며서 보고 싶은 분위기를 만들어야 읽게 되는 것이면 안 된다고 생각한다. 그냥 눈에 잘 띄어서 읽게 만드는 것이 더 중요하지 않을까?

재테크도 마찬가지다. 특별히 재테크를 위한 준비가 필요한 것이 아니다. 지금부터 바로 시작할 수 있고, 하루하루 일상에서 틈틈이 할 수 있다. 우리 집 거실 벽에는 '수도권 광역전철 노선도'가 커다랗게 붙어 있다. 놀랍게도 이 지도 한 장으로 거실 한편은 바로 부동산중개소 분위기로 변신했다. 이것을 우려하여 원래는 잘 사용하지 않는 방 한편에 지도를 붙여 놓을까 생각했다. 손님들을 종종 집에 초대하는 경우가 많기 때문이다. 하지만 남에게 보이는 것을 별로 개의치 않아 하는 남편은 무조건 자주 보는 것이 중요하므로 가장 눈에 잘 띄는 거실 벽에 붙여야 한다고 했다. 그 덕에 집에 놀러 오시는 분들마다 한 말씀씩 하신다.

"이 집은 지도가 붙어 있네. 부동산 엄청 열심히 하시나 보다."

지도 한 장으로 그들에게 우리 부부는 매우 열정적인 부동산 투자자처럼 비춰졌다. 실상은 내가 워낙 지리에 무지하여 기본이라도 익히기 위해 붙여 놓은 목적인데 말이다. 여하튼 눈에 잘 띄는 곳에 지도를 붙여두니, 확실히 효과가 컸다. 차를 마실 때도 눈을 돌리면 벽에 딱 지도가 보이니, 강제적으로라도 자주 보게 된다. 그래서 이젠 수원, 광주의 위치나 기흥, 용인이 어디에 위치해 있는지, 도로와 지하철 노선도는 어떻게 되는지 알 수 있게 되었다. 그리고 부동산 기사를 볼 때에도 예전에는 지명만 봤었다면, 이젠 그곳이 어디쯤에 위치해 있는지 직접 지도를 보며 확인할 수 있어 이해하는 데 훨씬 도움이 된다. 결국 이런 작은 습관과 행동이 부동산 투자에 큰 도움이 되었다.

딸아이가 네 살 때, 가족여행으로 일본 디즈니랜드를 다녀왔다. 그때의 기억이 좋았던 딸은 또 가자고 조르기 시작했다. 그런 딸아이에게 다음에는 네가 열심히 저금해서 입장권을 살 돈을 마련해야 한다고 말하고 저금통을 하나 사주었다. 그렇게 딸아이는 디즈니랜드를 가겠다는 일념으로 2년 동안 열심히 용돈을 모았다.

"엄마, 나 이거 사고 싶어"라고 말하면, "수정아, 이걸 사면 디즈니랜드를 가는 게 더 늦어지거나 못 갈 수도 있어. 어떻게 할래? 이걸 사고 디즈니랜드는 나중에 갈래? 아니면 좀 참고, 디즈니랜드에 가서 더 예쁜 것을 살래?" 하고 말했다(물론 이런 연습은 딸아이가 현재 고른 물건이 금세 싫증날 것이 뻔해 절제하는 법을 배울 좋은 기회라고 생각될 때 질문한 것이다).

그러면 지금 물건을 사는 대신 훗날을 위해 저금통에 저금하는 것을 택했다. 딸아이는 이렇게 욕구를 절제하고, 목표를 세워 저금하는 방법을 배우고 있다. 그와 동시에 이건 예상하지 못했던 것인데, 할머니, 할아버지께 졸라서 원하는 것을 얻는 기술이 늘었다.

그렇게 열심히 모은 저금통을 2년 만에 개봉하는 날, 나는 일부러 딸아이가 직접 종류별로 동전을 나누게 하고 은행에 가서 직접 지폐로 바꾸도록 시켰다. 동전분리기에서 동전이 '다다다' 세어져 종이로 예쁘게 싸여 나오는 광경도 같이 보았다. 그렇게 2년 동안 딸아이가 모은 돈은 70만 원이 넘는 큰돈이었다. 이 돈을 창구에서 바로 일본 엔화로 바꿔 딸아이에게 보여주며 이렇게 말했다.

"우아, 수정이 부자네. 수정이가 열심히 돈을 모아서 이렇게 일본 돈으로 바꿀 수 있었어. 수정이가 열심히 저금한 덕분에 우리 가족이 이제 정말 디즈니랜드에 갈 수 있겠다. 정말 대단한데! 가서 엄마 선물도 하나 사줄 거야?"

딸아이와의 약속을 지키기 위해 다시 디즈니랜드에 갔고, 아이가 모은 돈으로 가족들의 디즈니랜드 입장권을 샀다. 여행경비에 실질적으로 큰 도움이 되었다. 약간의 돈을 딸의 지갑에 넣어주고, 여행을 하면서 자신이 사고 싶은 것을 직접 살 수 있도록 해주었다.

딸아이는 미래를 위해 현재의 욕구를 조절하는 법과 작은 돈이지만 열심히 모으면 큰돈이 되어 원하는 것을 할 수 있다는 것을 몸으로 배우고 있다. 재테크 교육이 따로 있는 것이 아니라고 생각한다. 이것이 체험하며 배우는 재테크 조기교육이 아닐까?

재테크든 독서든 자연스럽게 환경을 만들어 평소에 조금씩 좋은 습관을 만들어가는 것이 중요하다. 푼돈의 중요성을 배우며 동전을 저금통에 넣는 것, 눈이 가는 대로 틈틈이 책을 읽고, 지도를 익히는 것, 부동산이나 경제 기사가 나올 때마다 연예 기사 보는 것처럼 부담 없이 클릭하고 읽는 것이 재테크다. 이 정도면 충분하다고 생각한다.

리얼 부자가 되기 위한 재테크 방법은 현실의 즐거움을 놓치지 않는 행복한 재테크다. 이제 '일상'에서 재테크를 하겠다고 다짐해보자. 결의의 찬 표정으로 큰 계획을 세워 다짐하는 재테크 대신, 일상에서 조금씩 바로 시작하는 재테크를 권한다. 멀리 보며 공부를 해나가는 것이다. 시작은 좋은 상품보다 좋은 습관에 집중하는 것이다.

재테크는 어렵고 특별한 것이 아닌, 지금 일상에서 시작할 수 있는 것이다. 독서를 하겠다며 예쁜 테이블과 조명을 꾸미느라 시간을 보내지 말고, 그냥 지금 바로 책을 읽으면 된다. 지금 당신이 바로 실천할 수 있는 재테크 방법은 무엇인가?

지금 바로 실천할 수 있는 재테크 방법 QUICK TIPS

예 일주일에 재테크 관련 도서 한 권 읽기, 관심 지역 지도 붙이기, 한 달에 ○○만 원 모으기, 올해 ○○○만 원 모으기

T H I N K I N G

★★★ SoSo한 고민 ★★★

❖ 당신은 왜 부자가 되고 싶은가요?

❖ 당신이 그리는 부자의 모습은 어떤 모습인가요? 내가 원하는 미래의 모습은 무엇인가요? (최대한 구체적으로 상상하며 적어보세요.)

❖ 당신이 말하는 부자의 꿈을 이루기 위해 현재 무엇을 해야 할까요? 지금 당장 시작할 수 있는 것은 무엇인가요? (이것이 가장 중요한 핵심 질문. 행동이 따르지 않는 꿈은 절대 이뤄지지 않습니다!)

BIG STEP

STEP 2

은행을 활용하는 완벽한 방법

재무설계는 금융기관에 맡기는 게 아니다

BIG STEP

앞서 우리 가족이 평생 쓸 비용을 계산해보았다. 실제 나의 미래를 상상해보며 계산해본 느낌은 이렇게 하는 것이야말로 진짜 재무설계이자, 가장 정확한 맞춤 재무플랜이라는 것이다. 은퇴 이후를 가정하여 매월 필요한 생활자금을 ○○만 원 정도라는 평균치를 입력하고, 이를 준비하려면 지금부터 ○○만 원을 어디에 투자(주로 연금보험)해야 한다는 등 비슷한 결론이 도출되는 금융기관의 재무설계에 비해 나의 삶을 제대로 반영한 현실적인 재무설계라고 생각한다. 당신도 이번 기회에 꼭 계산해보는 시간을 가져보길 바란다. 자신이 원하는 삶의 모습을 훨씬 구체적으로 상상할 수 있을 것이다. 그리고 이를 통해 훨씬 구체적인 목표와 이를 이루기 위한 플랜도 자연스럽게 나올 수 있어 삶의 방향을 정비하고 실행해나가는 데 큰 도움이 될 것이다.

자녀에게 유산을 남겨줄 계획이 있거나, 사고 싶은 물건이 많은 사람들은 계산이 어려울 것이다. 사도 사도 줄어들지 않는 구매 욕구나, 재산이 내게서 끝나는 것이 아니라 쌓여서 자녀에게로 이어지게 하려면 이에 필요한 돈은 상한선이 없을 것이다. 이런 류의 끝이 나지 않는 욕구와 목표는 우선순위를 정해서 다시 고민해보라고 조언하고 싶다. 삶에서 가장 중요한 것이 무엇인지 진지하게 우선순위를 고민해본다면 충분히 대략의 금액을 산출할 수 있을 것이다.

내가 원하는 '부자의 라이프스타일'은 비교적 간단해서인지 쉽게 계산을 끝마칠 수 있었다. 그리고 내가 원하는 삶에 필요한 금액을 확인하고 나니 이를 만들기 위해 필요한 구체적인 수입 액수도 계산할 수 있었다. 노동수입과 불로소득 그리고 죽기 전에 처분할 자산 가치들을 계산해보았다. 그러자 내가 매달 만들어야 하는 현실적인 수입과 쌓아가야 하는 자산, 불로소득 목표치가 나왔다. 이제 보다 확신을 갖고 산출된 목표를 기억하며, 현재 삶의 즐거움을 유예하지 않고 여유를 갖으면서 빅스텝으로 걸어 나가면 되는 것이었다.

여기에서 나온 금액은 사람마다 천차만별이겠지만, 매우 진지하고 솔직하게 미래를 고민해서 계산한다면 대부분은 자신이 꿈꾸는 삶의 모습이 생각보다 적은 숫자로 가능하다는 것을, 그리고 이것이 막연한 꿈이 아니라 충분히 실현 가능한 꿈임을 알게 될 것이다.

여전히 막연하게 부자를 꿈꾸는 사람들을 본다. 1억 원을 만들어본 경험도 없이 10억, 50억 원을 쉽게 외치며 꿈이라고 말하는 사람들. 이들에게 그 금액이 나온 출처나 이를 이루기 위한 구체적인 플랜을 물어보면 답을 하지 못한다. 나의 미래를 계산해보는 것은 현실을 직시하고, 꿈을 작게 꾸라는 이야기가 절대 아니다. 자신이 원하는 삶의 모습을 더 빨리 실현하기 위해, 그리고 현재의 즐거움을 놓치지 않고 장기적으로 즐겁게 경주하기 위한 것이다. 현재의 즐거움을 만끽하느라 게을러지는 것이 아니라, 이 꿈을 이루기 위해 무엇을 공부해야 하고, 어떤 것을 만들어가야 하는지를 눈으로 볼 수 있어서 오히려 지금의 시간을 더 충실하게 보내게 될 것이다. 그리고 현재의 중요함을 깨닫게 될 것이다.

지금 잠시 이 책을 덮고 커다란 종이(나는 스케치북을 찢어 그렸다)를 준비해서 평생 예상되는 비용을 계산해보자. 그리고 어떤 플랜을 세워야 할지 고민해보자.

전문가에게 묻는 것보다 더 빠른 길

BIG STEP

"저는 지금 3,000만 원 정도가 청약통장에 들어 있는데요. 청약을 하는 게 맞을까요? 이를 해지해서 경매를 배워 투자를 할까요?"

"매월 50만 원씩 연금보험에 가입하고 있는데, 월급이 200만 원이라 좀 부담이 돼요. 금액을 줄일까요?"

"월급에서 얼마를 저금하는 게 적당할까요?"

아침에 눈을 떠서 제일 먼저 하는 일은 내가 운영하고 있는 '소사장소피아' 유튜브 채널에 새로 달린 댓글들을 확인하는 것이다. 재테크 관련 영상들 밑에 빠지지 않고 달리는 댓글은 자신의 상황을 구체적으로 말하고, 내게 답을 얻고자 한다. "전문가의 말은 참고만 하고, 스스로 공부해서 자신이 결정을 내려야 한다"라고 말하는 영상 밑에도 나에게 결정해달라는 댓글들이 달린다. 이런 류의 수많은 질문에 대한 나의 대답은 한 가지다.

"왜 스스로에게 묻지 않고 제게 묻나요? 언제까지 삶의 중요한 선택과 삶에 대한 책임을 타인에게 전가하며 살아갈 것인가요?"

너무 냉정하다며 서운하게 생각할 것 같아 한 번도 대놓고 해보지는 못한 답글이지만 이것이 나의 본마음이다. 스스로 결정을 내리지 못하고, 스스로를 확신하지 못하고 불안해하는 사람들을 보면 한편으로 이해가 되면서도 안타까운 게 사실이다. 자신의 무지에서 오는 불안감을 타인에게 의지함으로써 없애보려는 것임을 알기에 더욱 그렇다. 스스로 공부하지 않아서 확신을 갖지 못하면 여기저기 묻고 다니게 된다. 하지만 여전히 불안감은 사라지지 않을 것이다. 그러는 와중에 전문가라며 답을 내려주는 사람들도 만나게 될 것이다. 그 말을 맹신하여 투자한 후, 결과가 예상과 다르면 또 다시 억울함을 토로하며 다른 답을 내려줄 사람을 찾는 것을 반복한다.

스스로에게 확신을 갖는 가장 빠른 길은 공부해서 힘을 키우는 것이다. 가장 느려 보이는 길이 결국 가장 빠를 때가 많다. 재테크도 마찬가지다. 특정 상품, 금액 비율, 특정 투자처를 알아내기 위해 여기저기 묻고, 답을 찾는 것보다 스스로 이를 찾아내는 눈을 키우는 것이 지금은 어렵고 느려 보여도 결국에는 가장 빠른 길이다. 그리고 앞으로의 삶을 살아가는 데에도 반드시 장착해야 할 중요한 기술이다.

재테크 분야에서도 고기 잡는 법 대신 고기를 잡아주는 전문가라고 하는 사람들이 있다. 그리고 이들을 필요로 하는 사람들도 늘 존재한다. 때로는 기회를 잡을 수 있는 특정 시기가 있고, 이를 놓치면 안 되는 상황도 있다. 그러므로 이런 상황에서는 지식을 습득하는 시간이 부족하여 누군가에게 빨리 답을 얻는 것이 필요할 때도 분명 있다. 이를 통해 좋은 기회를 잡아 훌륭한 투자를 하는 사람들도 있을 것이다. 하지만 설령 이런 행운을 얻게 되더라도 그때뿐일 가능성이 크다. 게다가 이런 행동들이 반복되면 점차 내가 컨트롤하지 못하는 상황이 많아지게 되고, 점점 더 리스크가 커지게 된다.

처음에는 느려 보여도 고기를 잡는 법을 배우고, 연습을 통해 스스로의 경험과 실력을 쌓아가는 것만이 오래도록 많은 고기를 잡을 수 있는 유일한 길이다. 그렇게 고기를 잡다 보면 자연스럽게 대어를 잡을 확률도 높아진다. 경험과 실력을 착실하게 쌓아왔다면 이것이 대어임을 알고, 빠른 판단과 행동으로 놓치지 않고 건져 올릴 수 있을 것이다. 그렇게 해야 진짜 대어가 나의 것이라 말할 수 있고, 또 다른 대어도 계속해서 잡을 수 있게 된다.

재테크를 시작한다는 것은 내가 삶의 주도권을 갖고, 힘을 키우겠다는 뜻이어야 한다. 넘쳐나는 정보의 바닷속에서 나에게 필요한 정보가 무엇인지 선별하는 힘, 주변의 여러 조언과 제안에 흔들리지 않고 스스로 판단할 수 있는 힘, 불안감이 아닌 스스로를 믿고 확신할 수 있도록 힘을 키우는 것이다. 당연히 느리고 쉽지 않을 것이다.

처음에 재테크 책이나 경제경영서를 펼치면 낯선 단어들이 이해가 되지 않고 눈에 들어오지도 않을 것이다. 그래도 포기하지 말고, 천천히 읽어나가자. 경제 기사를 보고, 경제경영서도 읽어보고, 금융 상품에 가입할 때에는 상품 설명서를 요구해서 한 자도 빼놓지 말고 꼼꼼하게 읽어보자. 모르는 용어가 나오면 사전을 찾아 익혀나가 보자. 고기를 잡아주겠다고 말하는 사람을 의지하지 말고, 고기 잡는 법을 가르쳐주는 곳에 가서 배우자. 조바심을 버리고 내가 할 수 있는 것부터 하나씩 해나가자. 그러다 보면 어느덧 재테크, 법률 용어들에 익숙해져 있는 자신의 모습을 발견할 것이다.

빅스텝에도 기본기가 필요하다. 기초 체력이 좋은 사람들이 성큼성큼 발을 내디뎌 속도를 낼 수 있게 된다. 결국 장기 레이스다. 마지막에 웃는 사람이 진짜 승리자다. 특히 투자는 10번 연이어 성공했다고 해도 마지막 한 번에 회생 불가할 정도로 실패할 수도 있다. 내 옆을 빠르게 종종걸음으로 지나가는 사람을 보고도 흔들리지 말고 자신의 페이스를 유지하길 바란다. 우리의 목표는 마지막에 건강한 몸 상태로 결승선에 도착하여 행복하게 웃을 수 있는 사람이 되는 것이다. 레이스가 끝나갈수록 점점 숨이 차고 지쳐서 포기하는 사람, 또는 레이스 초반에 선두로 달리다 넘어져서 일어나지 못하는 사람이 되어서는 안 된다. 스스로에 대한 신뢰와 확신으로 여유 있게 결승선을 통과하는 사람이 되어야 한다. 그런 마음으로 열심히 재테크 공부를 해나가길 응원한다.

마이너스 통장의 악순환

B I G S T E P

빚의 굴레에 빠져본 경험이 있는가? 나는 부모님이 빚의 굴레에서 힘겹게 하루하루를 사는 모습을 곁에서 간접 체험했다. 그리고 결국 모든 재산이 사라지고 나서야 겨우 빚의 굴레를 빠져나오는 것을 보았다. 나 또한 빚의 굴레에 빠진 경험이 있다.

은행원 시절 지점의 대출 실적을 높이기 위해 대출이 없는 직원들에게 신용대출을 받으라는 지시가 떨어졌다. 당시 난 빚이라면 진절머리가 났을 때여서 당연히 대출금이 없었고, 대출을 받고 싶은 마음도 없었다. 하지만 상부의 지시를 거절할 수 없었다. 게다가 내 옆에 앉은 선배 은행원이 '마이너스 통장'을 개설해 놓고 쓰지 않으면 이자도 나가지 않으니, 하나 만들라고 권했다(후에 보니, 이 멘트는 대출받을 생각이 없는 우량고객에게 대출 영업을 할 때 쓰는 말과 동일했다).

그렇게 해서 타의로 2,000만 원 한도의 마이너스 통장을 만들게 되었다. 물론 저축을 열심히 할 때였기 때문에 마이너스 통장은 무조건 플러스 상태로 두면 된다고 생각했다. 그리고 나가는 이자도 없기 때문에 어려운 일이 아니라고 믿었다. 문제는 첫 시작을 했다는 것이다. 당시 나는 펀드와 적금 통장을 여러 개 갖고 있었는데, 투자를 하고 있었던 펀드의 수익률이 꽤 좋았다. 그러자 이런 생각이 들었다.

'펀드 수익률이 이 정도면, 지금 마이너스 통장의 돈을 빼서 넣는다고 해도 대출 이자를 빼고도 오히려 이만큼의 이익이 생기는 거잖아? 게다가 남의 돈으로 하는 것이니, 이게 바로 레버리지를 일으키는 것이고. 이를 하지 않는 건 바보 아닐까? 투자를 했다가 수익이 생기면 그때 원금을 빼서 갚으면 되지!'

이런 생각으로 드디어 통장에 마이너스(-) 표시가 생기기 시작했다. 사실 꼭 써야 했던 돈은 아니었고, 펀드 수익이 높아지자 갑자기 욕심이 생겨 대출에 손을 댄 것이었다. 처음에는 혹시나 펀드가 손실이 나더라도 다음 달 월급을 받으면 바로 메꿀 수 있는 수준으로 몇백만 원만 빼서 투자했다. 그렇게 하니 나의 저축 투자액이 확 늘어났고, 갑자기 부자가 된 느낌이 들었다.

이렇게 시작은 미미했으나, 이내 마이너스 통장에 자주 손이 가기 시작했다. 갑자기 집안에 일이 생겨 목돈이 필요하게 되면 저축이나 펀드를 해지하지 않고 간단하게 돈을 빼서 쓸 수 있는 마이너스 통장을 이용해 급한 일을 처리했다. 물론 돈을 인출할 때마다 곧바로 돈을 다시 집어넣겠다고 다짐했지만, 실상은 돈을 메꾸는 것보다 빼는 횟수가 많아졌다.

급기야 마이너스 통장에서 돈을 빼서 투자한 펀드의 수익률이 마이너스가 되어버렸다. 대출을 받아 투자한다는 것이 얼마나 위험한 일인지 그때 절실하게 깨달았다. 펀드의 수익률이 떨어지자 돈은 완전히 묶여버렸고, 마이너스 통장의 대출 이자까지 더해지니 손실은 배로 더 커진 느낌이었다. 그렇게 나의 마이너스 통장의 잔액은 -2,000만 원이 되었다. 결국 대출 한도액 모두를 사용한 것이다.

매달 나름 저축도 열심히 해왔던 나의 월급은 어느새 마이너스 통장을 메우는 용도로 바뀌어 있었다. 그리고 예전과 비슷하게 소비하고 있었지만 생활은 더 팍팍해진 느낌이었다. 나는 왜 생활이 이렇게 팍팍해졌는지 이해가 되지 않았다. 그제야 내가 '빚의 굴레'에 빠졌음을 알게 되었다. 이를 빠져나가지 못한 채 아무리 열심히 투자한다고 해도 나의 재무 상황은 결코 좋아질 수 없다는 것을 깨닫게 되었다. 정신이 번쩍 들면서 이제 남은 모든 것을 '빚의 굴레를 탈출하기'에 집중하기로 마음먹었다.

가장 먼저 한 일은 '신용카드 자르기'였다. 다음 달 신용카드 결제 대금이 남아 있었고, 이달에 사용할 현금은 부족할 것이 뻔했다. 하지만 미룰 수 없는 일이었다. 앞으로는 소비 실감이 나는 체크카드와 현금만을 쓰기로 결심했다. 그리고 월급이 들어오자마자, 최소한의 생활비만 남기고 마이너스 통장에 집어넣었다. 만약 대출 한도가 부여되어 입출금이 자유로운 마이너스 통장이 아닌, 돈을 직접 빌린 대출금을 없애는 것을 목표로 하고 있는 사람이라면 돈이 생길 때마다 은행에 가서 '상환'하면 된다. 그리고 '선결제'를 통해 신용카드 사용 금액은 바로바로 갚아나가면 된다.

그리고 잠시 저축과 투자를 중단하기로 했다. 대출 이자가 계속 나가는 상황에서 그보다 더 낮을 수밖에 없는 저축 금리는 의미가 없었다. 펀드 역시 마찬가지였다. 수익률 변동 리스크와 원금 손실 가능성, 높은 사업비까지 생각하면 애초에 빚을 내서 투자하면 안 되는 것이었다. 주식 역시 매입한 돈을 담보로 대출을 받아 다시 투자하는 사람들을 많이 보았는데, 과연 빚을 내서 투자할 때 얼마나 마인드 컨트롤을 잘할 수 있는지는 모르겠다. 보통의 사람들에게는 장밋빛 결과보다는 나쁜 결과로 마무리될 가능성이 크다고 생각한다. 여기에서 말하는 레버리지는 나를 더 빠르게 함정에 빠뜨리는 레버리지다.

이런 노력 끝에 결국 마이너스 통장을 없앨 수 있었다. 마이너스 통장 하나만 없앤 것뿐인데, 신기하리만치 돈이 빠른 속도로 불어났다. 신용카드만 잘라도 돈이 늘어나는 속도가 빨라진다. 정말 해보길 바란다. 신기할 정도다.

'빚의 굴레'를 빠져나오며 다시 한번 실감하게 되었다. 빚을 완전히 없애기까지는 내가 생각했던 것보다 훨씬 힘들고 고통스러웠다. 매일 용돈기입장을 쓰고, 열심히 재테크를 했지만 우연히 생긴 마이너스 통장으로 빚의 굴레에 빠지게 되었다. 그리고 이를 빠져나오는 일은 결코 쉽지 않았다. 하물며 평소 재테크에도 관심이 없고, 빚에 대해서도 무지한 채 대출을 받은 사람들은 얼마나 더 쉽게 빚의 굴레에 빠지고, 빠져나오기 힘들까?

'소사장소피아' 유튜브 채널에서 라이브를 하면서, 댓글을 볼 때마다 빚 때문에 힘든 생활을 하고 있는 사람들의 고민을 꼭 보게 된다. 그들은 희망이 안 보이는 답답한 심정을 내게 토로한다. 때로는 희망이 없어 죽고 싶다는 글도 있다. 나 역시 이 과정이 얼마나 힘든지 경험해보아서 잘 알고 있다. 깜깜한 동굴 속에 있는 느낌일 것이다. 하지만 그래도 힘을 내서 스스로 빠져나와야 한다. 하루하루를 충실하게 집중하면 결국 희망이 보이는 날이 올 것이다. 지금 현재 빚의 굴레에 빠져 있다면 하루빨리 온 정신을 '탈출하기'에만 집중하길 바란다. 이를 먼저 해내게 되면 향후 재테크를 통해 더 쉽게 원하는 목표를 이루게 될 것이다.

QUICK TIPS

빚의 굴레에서 탈출하는 법

1. 신용카드 사용 중지
2. 저축/투자 중단
3. 수입은 제일 먼저 빚을 갚는 데 사용하고 생활비 쓰기
4. '빚을 없앤다!' 오직 이 한 가지에만 집중하기

빚의 굴레에서 탈출하는 방법

BIG STEP

월급 200만 원을 받고 있는 김 모 씨는 월세 60만 원짜리 원룸에 살고 있다. 관리비는 10만 원 정도이고, 핸드폰 할부금, 식비, 차비로 매달 50만 원 정도를 사용한다. 여기에서 지난 달 쓴 카드 대금이 빠지고 나면 통장은 말 그대로 '텅장'이 되어 있다. 약간의 보험료까지 겨우 내고 나면 저축은 엄두도 못 낸다. 주로 소비는 적립이나 할인 혜택이 큰 신용카드를 사용하고, 조금 큰돈이라고 생각되는 물건을 구입할 때에는 3개월 무이자 할부를 이용한다. 나름 쓸데없는 곳에 쓰지 않고, 사치를 하는 편도 아니지만 생활은 늘 팍팍한 느낌이다. 남들처럼 해외여행도 다녀오고 싶지만, 통장을 바라보고 있으면 도통 엄두가 나지 않는다.

이는 나의 상상으로 그려본 한 사람의 이야기다. 하지만 우리 주변에 있음직한 인물 아닌가? 혹시 당신의 이야기는 아닌가? '월급은 내 통장을 스쳐 지나간다'라는 말을 들어보았을 것이다. 손꼽아 기다린 월급날, 제대로 써보지도 않았는데 사라져버리는 느낌이 든다면 무척 허무할 것이다. 나는 돈을 생쥐에 비유하곤 하는데, 잘 잡아 가둬두지 않으면 요리조리 잘도 빠져나가기 때문이다.

나의 통장은 늘 텅장이고, 월급은 소리 소문 없이 빠져나가는 사람이라면 재테크는 바로 여기서부터 시작해야 한다. 돈을 불릴 만한 수익률 좋은 투자 상품에 기웃거리는 것은 당장 그만두라. 우선 내 월급 통장을 통제하는 능력을 키우는 것부터 시작해야 한다. 재테크의 시작은 수익률 좋은 상품을 찾아내는 것에 있는 게 아니라 '내 돈을 통제하는 것!'에서부터 시작된다.

돈이 새는 곳을 찾는다

현실이 매달 적자이고, 이 상황에서 빠져나오고 싶다면 우선 내 수입이 어디로 새 나가고 있는지 살펴보아야 한다. 먼저 '고정지출' 부분부터 살펴보자. 월세나 관리비, 대출 이자처럼 매달 고정적으로 나가는 금액으로 나의 의지로 절약하거나 쉽게 변화를 줄 수 있는 부분이 아니다. 하지만 이 부분 역시 줄이는 것을 목표로 해야 한다. 꾸준히 월세를 줄이는 방법을 찾고, 빚을 활용하여 내 집을 마련할 수 있도록 공부해야 한다. 이때 '내 월급으로 어떻게 집을 살 수 있겠어?'라는 생각은 버려야 한다. 1,000만 원도 안 되는 돈으로 집을 사는 사람은 많으니까 말이다. 부자가 되려면 월세를 내지 말고, 받는 입장이 되어야 한다. 내 집 마련을 위한 이야기는 뒤에서 다시 다루도록 하겠다.

고정지출을 정확하게 파악한 후에는 이제 '내 의지로 변화시킬 수 있는 변동지출' 부분을 살펴보아야 한다. 여기에서 새는 부분을 계속해서 찾아내야 한다. 이를 위해 가계부를 쓰는 것을 추천한다. 스스로 정말 꼭 필요했던 소비였는지 자문해보며 더 줄일 수 있었던 소비나 무심코 생각 없이 했던 소비를 찾아내고, 지출을 줄일 수 있는 방법들을 고민해보는 것이다. 이렇게 세부적으로 체크하고 찾아보는 것만으로도 지출하는 데 상당히 컨트롤되는 것을 확인하게 될 것이다. 돈은 생쥐와 같아서 붙잡아두지 않으면 어느새 빠져나가 버린다. 구멍을 찾아 생쥐처럼 빠져나가려는 돈을 막는 것이 먼저다.

나쁜 빚을 하나씩 정리한다

다음으로 사용 중인 빚을 정리해나가는 것이다. 여기에서 말하는 '빚'은 나쁜 빚을 의미한다(뒤에서 나쁜 빚과 좋은 빚을 다시 설명하겠다). 예를 들면, 생활비에 쓰려고 만들어둔 마이너스 통장이나 신용대출은 물론이고, 카드 값, 카드 현금서비스, 휴대폰 할부금, 학자금

대출 같은 것이 있다. 이것을 줄여나가면서 결국에는 없애는 것을 첫 번째 목표로 삼아야 한다. 즉 (나쁜) 빚을 없애는 것이 저축, 투자보다 우선순위라는 말이다. 이것을 성공시키는 것만으로도 돈이 모이기 시작할 것이다. 다시 말하면 이를 성공시키지 못하면 당신은 결코 돈을 모을 수 없을 것이다.

수익률이 높은 펀드에 가입해서 투자한 돈이 두 배가 되었다고 하더라도 빚을 통제하지 못한다면 결국에는 다시 빈곤해질 것이다. 그럴 수밖에 없는 것이 돈을 통제하지 못하는 사람은 힘들게 찾아온 행운도 통제할 수 없기 때문이다.

대출금이 도통 줄어들 생각을 하지 않는다면 강제성을 동원할 필요가 있다. 먼저 신용카드를 잘라버리는 것이다. 납부해야 할 신용카드 대금이 있고, 현금이 없는 상황에서 신용카드를 자른 첫 달은 매우 힘이 들 것이다. 하지만 버텨내야 한다. 이것이 재테크의 시작이다. 신용카드 대신 체크카드를 사용하고, 갚아야 할 할부금이나 현금서비스가 남아 있다면 월급이 들어오자마자 우선적으로 갚도록 한다. 신용카드 현금서비스의 이자는 대부분 은행 신용대출 금리보다 훨씬 높기 때문에 이를 먼저 없애야 한다.

그리고 수입이 생길 때 제일 먼저 빚을 갚는다. 생활비로 먼저 쓰는 것이 아니라 빚을 먼저 갚아야 한다. '빚 없애기'가 모든 것의 우선순위에 있음을 기억하자. 매달 빚을 조금씩 없애나가는 것에 집중해야 한다. 기존의 신용카드 대금이나 할부, 현금서비스를 정리하는 것이 먼저고, 그다음에 신용대출(마이너스 통장)을 없애는 것에 집중하면 된다. 금리가 높은 것을 먼저 정리하는 것이다. 마이너스 통장이 있는데, 열심히 노력해서 잔액을 플러스(+) 상태로 만들게 되었다면 그 즉시 한도도 없애버리자. 혹시 모를 비상시를 대비해 한도를 남겨두는 행동은 다시 마이너스 통장의 악순환에 빠지겠다는 뜻이다. 무심코 만든 마이너스 통장 때문에 대출의 굴레에서 빠져나오지 못하는 사람들을 무수히 많이 보았다.

빚을 갚아나가는 시간은 지루하고 힘겨울 것이다. 게다가 주변 사람들은 열심히 저축하고 투자하면서 앞으로 나가고 있는 것 같은데, 나는 저축이나 투자는커녕 빚만 갚고 있으니 더더욱 느리고 뒤처진 느낌이 들 것이다. 하지만 다시 강조하지만, 이를 정리하는 것이 우선순위이다. 이를 정리하지 않으면 재테크를 시작할 수 없다. 내 돈을 통제하지 못해서 늘 빚에 허덕이고, 월급은 내 통장을 스쳐 지나가 버리는데, 어떻게 투자를 하고 돈을 불릴 수 있단 말인가!

빚의 굴레에서 빠져나오면 특별히 무언가를 하지 않았음에도 갑자기 돈이 모이는 놀라운 경험도 하게 될 것이다. 그 후에 저축과 투자를 해도 늦지 않는다.

빅스텝을 내딛기 위한 첫걸음

BIG STEP

은행원이 신용카드 발급을 권하는 이유

월급을 처음 받으면 학생 시절에는 만져보지 못했던 목돈이기에 갑자기 여유로움이 느껴지게 된다. 하지만 바른 소비 습관이 장착되어 있지 않는 사람이라면 처음엔 많아 보였던 월급이 금세 부족하다고 느끼게 될 것이다.

만약 첫 월급을 받는 것과 동시에 신용카드를 만들어 한 해를 보낸 사람이라면 첫 번째 연말정산을 할 때 자신이 쓴 총 카드 금액을 보고 놀라움을 금치 못할 것이다. '내가 언제 이렇게 많이 썼지? 그렇다고 사고 싶은 거 펑펑 산 것도 아닌데.' 억울한 느낌마저 들 것이다. 게다가 내가 1년 동안 수령한 월급의 총 액수를 보면 또 놀라움을 금치 못한다. 이 역시 내가 느낀 실제 체감액보다 많기 때문이다. 이렇게 많이 받지 않은 것 같은 데 말이다. 또 저축액은 어떤가? 월급을 받으면 금세 몇천만 원은 모으게 될 줄 알았는데, 생각처럼 쉽지 않다는 것을 깨닫게 된다. 결국 이렇게 말하게 된다.

"내 돈은 다 어디로 간 거야!"

은행에서는 월급 통장을 개설하려고 방문한 고객에게 신용카드 발급도 같이 권한다. 이렇게 보통 직장생활이 시작됨과 동시에 신용카드 생활을 시작하게 된다. 처음 신용카드를 쓰기 시작하면 소비를 해도 현금이 줄지 않기 때문에 여유로움마저 느끼게 된다. 현재의 잔고에 바로바로 영향을 미치지 않는다는 점이 소비 감각을 무디게 만든다. 이렇게 사용하게 된 카드 청구서가 쌓여 계산기를 두드려 보면 '내가 언제 이 돈을 다 썼지?' 하는 생각이 드는 것이다.

회사에 들어가 신용카드 발급 자격이 주어진다고 하더라도 자신의 소비 패턴이 완전히 완성되기 전까지는 절대 신용카드를 만들면 안 된다. 주거래 통장을 갖고 있는데 신용카드가 없는 고객이 은행 창구에 앉으면 은행원들의 모니터 창에는 '신용카드 발급 권유'라는 메시지가 뜬다. 고객들은 기본적인 은행 업무를 하기 위해 창구에 앉은 것이지만, 은행원들은 고객의 업무를 처리하는 동시에 고객 정보를 빨리 파악해내려고 노력한다. 내가 은행원이었던 시절만 해도 고객의 통장을 기계에 넣는 순간, 이 고객에게 권유하면 좋을 만한 상품들이 동시에 팝업창으로 모니터에 떴다. 여기에는 고객에 대한 기본 정보는 물론이고, 이전에 불만을 제기했다거나 고객의 업무 처리와 관련된 특징 같은 내용까지 표시되었다. 고객 맞춤 서비스가 가능하도록 시스템화되어 있는 것이다. 그로부터 10년이 더 지났으니, 지금은 훨씬 더 정교해진 고객 영업 마케팅 시스템을 갖추고 있을 것이다. 즉 더 정확하고 자세한 고객 정보와 영업 포인트가 은행원에게 전달되고 있을 것이다. 그렇기 때문에 신용카드 발급 기준이 되는데, 신용카드가 없는 사람이 은행을 방문하면 은행원은 계속 신용카드 발급을 권유하게 되어 있다(물론 영업에 관심이 없어 이런 메시지를 무시하는 은행원들도 있겠지만).

반복적인 신용카드 발급 권유가 부담스럽고 귀찮더라도 타인의 권유로 신용카드를 만들어서는 안 된다. 올바른 소비 습관이 자리 잡힌 후, 자기 스스로 이제 카드를 사용해도 되겠다는 확신이 들 때 자신에게 꼭 맞는 카드를 골라 만들어야 한다.

자산과 부채 재무상태표 만들기

소비를 컨트롤하겠다고 마음먹고, 앞으로의 목표를 계산해서 나의 재무플랜을 짜겠다고 마음먹었다면 가장 먼저 해야 할 일은 바로 자신의 자산과 부채를 파악하는 것이다. 다음 표는 내가 대학 때부터 만들어 매달 사용해왔던 것이다. 재무상태표 형식을 빌려온 것인데, 나의 자산 현황을 보기 쉽게 정리할 수 있다. 다음 표를 기입하면서 자신의 재무 상황을 파악해보자. 재테크를 시작하는 데 매우 중요한 첫 단계이므로, 반드시 시간을 내서 꼼꼼하게 작성해보도록 하자. 그리고 재테크를 해나가는 과정에서도 몇 달에 한 번씩 다시 체크하며 이전과 비교해보면 좋다.

자산			부채	
금융자산	예금 / 적금		대출(한도액/잔액)	
	펀드 / 평가액		카드대금	
	주식 / 현재가		할부금	
	보험 (저축성)			
부동산 자산				
	계		계	
내 재산 (자산 – 부채)				

자산은 금융자산과 부동산자산을 나눠 적는다. 금융자산 중 펀드와 주식란에는 실제 입금액뿐만 아니라 현재 평가 금액도 같이 적어둔다. 현재의 수익률을 체크하는 시간을 갖는 의미도 있고, 만약 평가 가치가 실제 내가 입금한 돈보다 크다면 내 돈이 나를 위해 열심히 수익을 내고 있다는 생각에 뿌듯해질 것이다. 물론 수익률이 안 좋을 때는 가슴이 쓰리기도 하지만.

보험은 숨어 있는 돈이라고 할 수 있는데, 통장처럼 손에 쥐고 바로 잔액을 확인할 수 없기 때문에 정리해 놓지 않으면 잊어버리기 쉬운 항목이다. 이곳에 적는 보험은 연금저축, 저축보험, 변액연금, 변액유니버셜 같은 저축/투자형 보험을 말한다. 보험은 현재까지 입금한 금액을 적어두자. 보험은 중도에 해약하면 해약환급금이 어처구니없을 정도로 적기 때문에 가치평가액을 적어두는 것은 별 의미가 없다(그래서 보험은 가입할 때 중도에 해약하는 일이 없도록 특히 신중하게 가입해야 한다). 보험은 지금 바로 융통할 수 있는 돈은 아니지만, 나의 돈이 이동했다는 의미로 적어두도록 하자. 보장성 보험은 이곳이 아니라 소비에 적어두고, 보장내역은 따로 정리해둔다. 보장성 보험은 훗날 올지도 모를 위험에 대비하는 소중한 것이지만, 현재 아무 일 없는 나에게는 소비로 봐야 한다.

부동산자산은 현재 부동산 시세, 혹은 보증금의 내용이 있다면 적어두면 된다. 주택, 토지, 상가, 분양권 등의 내용도 살 때와 현재 시세를 같이 적어두면 좋다. 물론 시세와 현재 가치는 변동성으로 인해 정확하다고 할 수 없지만, 이렇게 함으로써 대략적으로 나의 자산을 파악해둘 수 있다. 처음 작업은 시간이 꽤 소요될 것이다. 하지만 그 후에는 매달 한 번씩 체크해두면 자산의 변동을 한눈에 쉽게 파악할 수 있어 좋다.

부채 부분은 특히 자주 체크하고, 정확한 금액을 적어두어야 한다. 상환을 계획 중이라면 목표를 빨리 이루게 해줄 것이다. 금액을 적어두는 것만으로도 스스로 경각심을 일깨워주는 데 도움이 되기도 한다. 신용으로 받은 마이너스 통장의 한도가 1,000만 원인데 현재 마이너스 600만 원이라면 그 둘을 나눠서 표시한다.

신용카드 대금란에는 다음 달에 결제할 금액을 적는다. 그리고 앞으로 갚아야 할 학자금대출, 핸드폰 할부금, 자동차 할부금, 개인적으로 빌린 돈까지 모두 적어 놓아야 한다. 만약 전세로 세를 주었다면 이 금액은 부채로 적어둬야 한다. 세입자가 나갈 때 줘야 하는(내 호주머니에서 나가는) 돈이기 때문이다. 자산과 부채의 총액을 합산한 후 자산에서 부채를 빼면 내 재산이 나온다. 이렇게 자신만의 재무상태표를 완성해본다.

처음 할 때는 복잡할 수 있으나, 재테크를 시작하는 사람이라면 반드시 해야 하는 필수적인 단계이다. 나의 현재 재무 상황부터 정확히 파악해야 제대로 된 재테크를 시작할 수 있다. 정확한 나의 자산과 부채를 파악함으로써 저축 목표, 상환 계획도 세울 수 있다. 그리고 목표가 생겨야 추진력을 갖고 돈을 더 모을 수 있다.

지출을 통제하는 힘 기르기

돈을 늘리는 방법은 지출보다 수입을 많게 하는 것이다. 하지만 수입을 늘리는 것은 금세 되지 않을 수 있다. 특히 수입이 노동수입(월급)에만 한정되어 있다면 더더욱 어려운 일일 것이다. 나의 시간과 노동력은 한정된 자원이므로 수입도 한정될 수밖에 없다. 그래서 많은 사람이 월세를 받을 수 있는 건물주를 꿈꾸는 것 아닐까. 결국에 내 노동력이 투입되지 않아도 수입이 생기는 시스템을 만드는 것,

이것이 빅스텝의 핵심 포인트다. 이를 만들기 위한 노력이 필요하다. 쉽다고 할 수 없지만, 결코 어려운 일도 아니다.

수입을 늘리는 일은 상황의 한계나 시간이 소요되는 일이므로 그것은 차츰 공부하며 노력해나가자. 그리고 우선은 지금 바로 할 수 있는 '지출을 통제하는 것'에 집중하자. 재테크를 시작할 때 바른 소비 습관을 만들고 지출을 통제하는 것은 탑을 쌓을 때 밑받침을 튼튼하게 만드는 것과 같다. 가장 중요한 기본이다. 이 기본을 탄탄하게 만들지 못한 상태라면 수입이 늘어나는 상황이 오더라도 지출 역시 더 늘어나 결국에는 돈이 쌓이지 않을 확률이 크다.

내가 은행원 시절 근무했던 지점은 방송국 내에 있었기에 많은 연예인의 통장을 들여다볼 수 있는 기회가 있었다. 그들 중에는 월급쟁이로서는 불가능한 돈을 단 하루 만에 버는 사람도 있었다. 내 생각보다 훨씬 많은 수입이 비규칙적으로 통장에 찍혀 있었다. 하지만 그들 중 잘 관리해서 돈을 모으는 사람들은 놀랍게도 너무 드물었다. 10년이 지난 지금 당시의 연예인들을 떠올리면 나의 생각이 맞다는 것을 알게 된다. 돈은 버는 것 이전에 지출을 통제할 수 있어야 한다. 수입을 조금만 신경 쓰고 관리한다면 금방 부자가 될 것 같았는데, 그들 중 지금 부자인 사람들은 별로 없는 것 같다. 월급이 많은 사람들도 마찬가지다. 월급의 증가만큼 소비도 늘어나기 때문에 저축액은 늘지 않는다. 그래서 그들은 직장을 포기할 수 없는 것이다. 수입 이전에 올바른 소비 습관 정립이 먼저임을 기억하자.

올바른 소비 습관을 만들기 위한 가장 좋은 방법은 가계부, 용돈기입장을 쓰는 것이다. 나는 대학 시절부터 집세와 용돈을 스스로 벌어 썼기 때문에 미리미리 지불할 돈을 마련하고 계획하에 지출해야 했다. 그래서 반강제적으로 자연스럽게 용돈기입장을 쓰게 되었다. 그때부터 쓰기 시작한 용돈기입장은 지출을 통제할 수 있는 좋은 습관이 되었고, 직장인이 되어 월급을 받기 시작한 후에는 훨씬 큰 도움을 받았다. 학생 때 용돈기입장을 쓰는 것은 지출을 줄이는 목적이었다. 이후 수입이 많아지고 재테크를 할 수 있는 직장인이 되어 용돈기입장을 쓰는 것은 저축을 늘리는 목표가 더해져서 훨씬 더 재미있었다.

지금은 따로 용돈기입장을 쓰고 있지 않다. 1년에 한두 번 남편과 함께 자산과 부채를 파악하는 시간을 갖고 있을 뿐, 하루하루의 지출을 기록하지 않는다. 오랜 기간 용돈기입장을 썼던 습관으로 이제 지출에 대한 통제가 몸에 배어 있어 지출을 통제하기 위한 용동기입장 쓰는 건 더 이상 별 의미가 없기 때문이다. 이젠 지출을 반성하는 시간을 갖는 대신, 자산을 늘리는 쪽에 더 노력을 집중해도 될 만한 소비 습관이 장착되어 있다고 생각한다.

나이에 상관없이 지출 습관이 제대로 자리 잡지 못한 사람들을 주변에서 많이 볼 수 있다. 그들은 자신의 삶이 나아지지 않는 것은 돈을 적게 벌기 때문이라고 생각한다. 그리고 바른 소비 습관을 위한 노력 대신, 수입을 늘리기 위해 애를 쓴다. 그 결과 수입이 늘어나는 경우도 있지만, 바른 소비 습관이 없는 상태라면 번 돈은 또 쉽게 사라질 것이기 때문에 그들의 재무 상황은 좀처럼 나아지지 않는다.

많은 사람이 재테크에 특별한 노하우가 있다고 생각한다. 하지만 그 노하우가 '용돈기입장 쓰기'라고 말하면 인정하지 않는다. 초등학생들도 쓸 수 있는 용돈기입장같이 시시한 것보다는 뭔가 자신이 모르는 특별한 노하우가 있을 것이라고 믿고 싶은 것 같다. 특별한 요령과 노하우가 있어야 그들의 성공이 수긍이 가고, 그래서 나는 못 이뤘음을 정당화시키고 싶어 하는 듯 보일 때가 있다. 하지만 운이 너무 좋았던 극히 일부의 경우를 제외하고 재테크에 성공한 사람들에게 우리가 기대하는 특별한 노하우 같은 것은 없다. 새는 돈을 막고, 꾸준히 저축하고, 공부해서 투자하여 조금씩 불려나간 것뿐이다. 그리고 그런 것이 습관이 된 사람들이다. 그렇기 때문에 누구나 지금 당장 시작할 수 있는 것이다. 아직 용돈기입장이 없고, 이를 써본 적이 없다면 지금 당장 용돈기입장 쓰기부터 시작해보자.

'나'라는 기업의 재무경영자

B I G S T E P

똑같은 일을 하면서도 어떤 의미를 부여하느냐에 따라 결과는 크게 달라질 수 있다. 나는 초등학생도 쓸 수 있는 간단한 형식의 용돈기입장을 썼다. 하지만 나 스스로 그럴싸하고 멋진 의미를 부여하여 용돈기입장을 썼다.

그것은 나를 하나의 기업으로 보고, 내가 그 기업의 CFO Chief Financial Officer(최고재무경영자)라고 생각하는 것이다. 그러므로 나는 'CFO'로서 '나'라는 기업의 이익을 위해 자금관리에 힘써야 한다. 깨끗하고 투명한 자금관리를 위해 용돈기입장을 열심히 써야 하고, 결산도 잘해야 하는 사명감이 생긴다. 그래서 실제 나의 용돈기입장은 '재무상태표'와 '손익계산서'의 형태를 띠고 있다. 전혀 어려울 것은 없으나, 이름 하나로 매우 근사한 느낌이 들어 좋다.

앞에서 스스로의 자산과 부채를 적어보며 자신의 '재무상태표'를 완성했다면, 한 달 동안 용돈기입장을 쓴 후에 마무리하며 적는 것이 '손익계산서'이다. 나 혼자 꾸리는 회사이지만, 매달 자산도 확실하게 파악해 놓고, 결산도 하고, 반성하면서 다음 달을 계획한다. 자산과 부채가 이번 달에는 어떻게 변했는지, 앞으로의 목표는 어느 정도로 설정하면 좋을지 생각하다 보면, 실제 CFO로서의 막중한 책임감이 느껴진다. 또한 나의 계획대로 부채가 줄어들고, 자산이 늘어나는 것을 직접 체험하며 '나'라는 기업이 성장하고 있음을 보게 되면 책임자로서 뿌듯함까지 느껴진다. 그냥 용돈기입장을 쓰며 자산관리를 하는 것과 '나'라는 기업의 CFO가 되어 자산관리를 하는 것에는 분명 차이가 있을 것이다.

이제부터 용돈기입장 쓰는 법을 알려주겠다. 여러분도 '나'라는 기업의 CFO가 되어 작성해보길 권한다. 재테크 목표 달성 확률을 높여주고, 무엇보다 용돈기입장 쓰는 일이 절대 하찮은 일로 느껴지지 않을 것이다. 그리고 가장 중요한 것은 용돈기입장을 쓰고 결산하는 과정이 무척 재미있어진다는 것이다.

❶ 지출은 모두 기록한다

이제부터는 모든 지출을 기록하겠다고 마음을 먹자. 그리고 가장 휴대하기 좋은 용돈기입장을 준비한다. 가계부, 메모지, 다이어리, 앱이든 어떤 방식으로 쓰든 상관없다. 중요한 것은 나의 지출을 빠짐없이 기록할 수 있도록 바로바로 꺼낼 수 있는 것, 내가 사용하기에 가장 편리한 것이어야 한다. 앱을 사용할 경우 체크카드를 쓴다면 바로 메시지가 전송되고 자동으로 기입될 것이다. 단, 현금을 쓸 때는 꼬박꼬박 기록해두도록 한다. 길에서 호떡을 사먹었다면 '호떡 1,000원'이라고 바로 적는 것이다. 자신의 기억력을 믿지 말고, 현금을 지출할 때마다 바로바로 기입하는 습관을 들이도록 하자. 적는데 필요한 시간은 10초도 되지 않는다. 귀찮을 것 같지만 굉장히 빠르고, 순식간에 끝나는 행동이다. 이렇게 한 달 동안 나의 지출을 빠짐없이 적는다.

❷ 자신에게 최적화된 방식으로 쓴다

용돈기입장을 쓰다 보면 점차 부족한 점도 생기고, 스스로에게 필요한 부분이 보일 것이다. 차츰 보완해서 완벽한 자신의 스타일을 만들어간다. 급여생활자의 경우는 수입을 쓰는 날은 한 달에 한두 번으로 정해져 있을 것이고, 거기에 더한다면 보너스가 나오는 날이 될 것이다. 결국 대부분의 날이 지출로만 이루어질 것이기에, 굳이 매일 쓰지도 않을 '수입' 칸을 만들어 놓을 필요가 없다. 즉 지출 부분이 잘 보이는 용돈기입장의 모습이 될 것이다.

그에 반해 수입이 불규칙하거나, 자영업자여서 매일매일 수입이 생기는 경우는 수입을 자세히 쓸 수 있는 공간이 필요하다. 그리고 불필요한 지출이나 과소비한 부분은 다른 색으로 쓰거나 형광펜으로 표시해 놓는 것도 좋은 방법이다. 그러면 지출한 부분이 눈에 잘 띄어 자신에게 경각심을 줄 수 있게 된다.

❸ 반드시 반성하는 시간을 갖는다

용돈기입장을 쓰는 목적은 지출과 소비를 확인하고 관리해서 목돈을 만들고, 돈을 불리기 위해서다. 이 목적을 달성하기 위해서 꼭 필요한 것이 바로 '반성의 시간'이다. 한 달 동안 용돈기입장을 열심히 작성했다면, 이제 결산을 해서 나를 돌아보고 새로운 재테크를 다짐해보는 시간을 반드시 가져야 한다. 이것이 용돈기입장의 하이라이트이자, 용돈기입장을 쓰는 이유이다. 내가 매월 반성할 때 이용했던 용돈기입장의 한 페이지를 소개하겠다. 재무제표의 손익계산서 형태를 띠고 있다.

월말 결산 시간에는 한 달 동안 빠짐없이 적은 지출과 체크카드 명세서를 준비해서 손익계산서에 명시된 지출의 종류별로 금액을 분류하여 정리한다. 항목의 내용은 자신의 상황에 맞게 바꾸면 된다. 내가 쓴 항목 중에는 재미있게도 '미모 유지비'가 있었다. 여기에는 옷이나 화장품을 구매하거나 미용실에서 쓴 돈을 적었다. 이처럼 각자의 항목을 만들 수 있다.

참고로 신용카드 결제일은 18일로 하는 것이 좋다. 1일부터 말일까지 쓴 내역이 청구되는 날짜이기 때문에 한 달씩 결산할 때 편하다. 다음 달 청구명세서가 곧 이번 달 쓴 내역이 되기 때문이다. 미리 신용카드 청구서를 홈페이지에서 다운받거나, 은행에 요청해 뽑아달라고 할 수도 있다.

수입			지출		
노동소득	월급여		소비적 지출	식대	
	상여			차비	
	아르바이트			유흥비	
자산소득	예금 이자			미모 유지비	
	펀드 차액			경조사비	
	주식 차액			…	
	연금소득		고정 지출	대출 이자/보험	
부동산 소득	임대수입			월세	
				세금	
			생산적 지출	강연비	
				도서비	
				저축	
총수입			총지출		

나는 1년에 한 번 재무상태표와 손익계산서를 평소에 휴대하는 포켓용 수첩에 쏙 들어갈 수 있도록 12장을 프린트해 놓고, 월말 결산 때마다 한 장씩 떼어 사용하였다. 매달 정리를 잘해 놓으면 이전 달과 비교해보며 평가하기도 쉽다.

목표를 점검하고, 더 줄일 수 있는 지출과 항목은 없었는지 반성하는 시간을 갖는다. 그리고 다음 달의 목표와 계획을 세운다. 이 항목의 지출은 이만큼 줄여서 다음 달에는 이만큼 저축하겠다는 목표를 적는 것으로도 충분하다. 가끔 바쁘다는 핑계로 반성의 시간을 갖지 않고 넘어가는 달이 있는데, 그 달은 실제 지출이 늘어나고 확실히 저축도 잘 되지 않았다. 반성의 시간을 갖는지의 여부에 따라 결과의 차이가 너무나 크다는 것을 오랜 기간 용돈기입장을 쓰면서 절실히 깨달았다.

이렇게 월별로 반성/계획을 하면서 재무상태표와 손익계산서를 만들어 놓으면 한 해를 마감하는 12월에는 나의 씀씀이와 자산, 부채의 늘고 줄어듦을 한눈에 볼 수 있다. 이를 통해 한 해를 반성하고, 다음 1년의 계획을 세울 수 있다. 매달 잘 정리해둔 손익계산서와 재무상태표가 있기에 나는 한 해 결산도 쉽고 재미있게 할 수 있었다. 그리고 다시 내년 목표를 정하고, 계획을 짤 수 있었다.

반성 및 목표 세우기

____년 ____월

수입: 300만 원	
저축: 200만 원	(-30만 원)
지출: 100만 원	(+25만 원)
고정지출 30만 원	(+5만 원)
식대 20만 원	(+2만 원)
차비 10만 원	(-1만 원)
유흥비 20만 원	(+12만 원)
경조사 10만 원	(+5만 원)
기타 10만 원	(+2만 원)

• 빨간 색으로 이번 달에 초과되거나 남긴 차액을 표시하며 반성한다.

미래를 생각하며 계획을 짜는 시간은 이미 내가 부자가 된 듯한 느낌을 주는 즐거운 상상의 시간이다. 그럴싸해 보이면서도 쉽고 간단한 즐거운 용돈기입장 쓰기로 여러분도 이런 기분을 느껴보길 바란다. 시작만 한다면 다음 달엔 분명 저축액이 늘어나고 소비가 줄어들 것이다.

QUICK TIPS

빅스텝을 위한 준비 운동

1. 나의 자산과 부채를 정확히 파악하기
2. 신용카드 만들기는 소비 습관이 완성될 때로 미루기 : 월급쟁이의 시작은 체크카드로 한다.
3. 지출을 빠짐없이 기록하기 : 휴대성과 사용하기 좋은 용돈기입장을 준비해서 현금을 지출할 때마다 바로바로 쓰는 습관을 들이자.
4. 나만의 용돈기입장 만들기 : 자신이 가장 쓰기 편하고 알아보기 쉬운 완벽한 나만의 용돈기입장을 만들어간다.
5. 결산과 반성의 시간 갖기 : 용돈기입장을 쓰는 목적이자 하이라이트. 올바른 재테크 습관을 만들어나가는 데 큰 도움이 된다.
6. 목표 설정 : 이달의 지출과 저축 목표를 적는다. 눈에 보이는 확실한 목표여야 달성하기 쉬워진다.
7. 행동과 실천 : 당장 지금 시작하고 행동하는 것이 중요하다.

월급만으로 1억 만들기

BIG STEP

지금도 기억에 남는 인상적인 고객이 있다. 당시 나와 나이가 비슷했던 20대 후반의 여성 고객으로 은행을 자주 방문했었다. 그녀의 월급은 150만 원 정도로 많은 편이 아니었지만, 그녀의 저축액은 1억 원에 가까웠다. 내가 그녀를 주의 깊게 본 것은 그 저축액을 순전히 월급으로 만들었다는 사실을 알게 된 후부터다.

처음에는 원래 부자인 줄 알았다. 그래서 이미 그 정도의 돈을 갖고 있다고 생각했다. 그녀의 월급으로 어떻게 1억 원을 만들 수 있단 말인가. 난 애초에 그녀의 월급으로 1억 원을 만드는 것은 불가능한 일이라는 전제를 깔고 바라보았던 것이다. 하지만 오랜 기간 그녀를 지켜보며 엄청난 재테크 노하우를 배울 수 있었다. 그녀는 예금과 적금 통장을 여러 개 갖고 있었는데, 오로지 예금과 적금만으로 돈을 모았다. 그녀의 노하우는 이랬다.

먼저 월급이 들어온 날, 바로 적금 통장에 돈을 넣는다. 정확한 금액은 생각나지 않지만, 남은 돈으로 생활이 가능할까 싶을 정도의 액수를 적금에 납입했다. 그리고 적금이 만기가 되면 그 돈을 다시 가장 금리가 높은 특판 예금 상품을 찾아 예금으로 묶어두는 것을 반복했다.

어느 날 그녀에게 이렇게 물어보았다.

"월급에서 이렇게 많은 돈을 적금으로 넣다가 혹시 급한 일이나 갑자기 큰돈이 필요한 일이 생기면 어떡해요?"

"저도 처음에는 그럴 때를 대비해서 적금을 줄이고, 여윳돈을 따로 빼놓은 적이 있었어요. 그랬더니 결국에는 여윳돈으로 빼놓은 돈까지 다 써버리게 되더라고요. 그래서 무슨 일이 생기면 그때 가서 생각하자는 마음으로 최대한 많은 돈을 적금에 넣고 있어요. 그런데 정말 생각지도 못한 지출이 생기는 경우가 있더라고요. 그러면 생활비가 모자라잖아요? 그때부터는 다음 월급날까지 우선 최대한 버텨보는 거예요. 그랬더니 또 버텨지더라고요. 그때 깨달았어요. '아, 다 방법이 생기는구나.' 그래서 우선 최대한 금액을 떼어서 적금부터 넣어둬요."

한창 사고 싶은 것, 먹고 싶은 것도 많은 나이인데 그녀의 자제력과 의지가 정말 대단하다고 생각했다. 그뿐만이 아니었다. 다음 월급날이 올 때쯤에는 또 다시 동전들을 들고 와서 이 돈을 또 통장에 넣어버린다(여윳돈으로 저축하는 것이 아니기에 정말 넣어버리는 표현이 맞다).

"동전도 열심히 모으시나 봐요?"

"네, 전 신용카드를 안 쓰고, 무조건 현금만 쓰거든요. 그럼 동전들이 생기잖아요. 그 동전은 쓰지 않고 일부러 모아요. 한 달 동안 동전을 모아보면 또 꽤 되더라고요."

그녀는 이미 빠듯한 생활비를 이런 식으로 또 한 번 줄이고 있었다. 이렇게 매달 한 번씩 가져오는 동전이 꽤 되었다. 푼돈의 소중함을 느낄 수 있었다.

하지만 오로지 예금, 적금만으로 돈을 모으는 그녀가 한편으로는 미련하고 안쓰럽다고 생각한 적도 있었다. 당시는 펀드가 생긴 초창기로 20퍼센트 수익률이 나오던 펀드도 많았다. 그래서 그녀에게 수익률이 좋은 펀드를 권유했다.

"펀드도 해보세요. 수익률이 20퍼센트가 넘는 펀드들도 있어요."

"아, 전 펀드 안 해요. 금리가 낮아도 예금, 적금이 속 편해요."

일절 고민도 없이 거절하는 그녀를 보며 안타까운 마음이 들었다. 다른 사람들은 펀드로 몇십 퍼센트의 수익률을 가져가고 있는 상황에서 다른 상품은 아예 관심도 갖지 않고, 오직 예금과 적금만 고집하다니! '나이도 젊은데, 다양한 상품을 공부한다면 더 빨리 돈이 불어날 수 있을 텐데' 하고 생각했다.

그런데 시간이 한참 흐른 후 보니 그녀는 오직 예금과 적금만으로 1억 원의 종잣돈을 만들어 놓았다. 그녀보다 배로 많은 월급을 받고 있던 나의 종잣돈 만들기는 플러스, 마이너스를 반복하며 요동치다가 계속 제자리였다. 빠르다고 생각했던 나의 종잣돈 만들기는 결과적으로 그녀보다 느렸다. 금세 수익이 나서 크게 불어났다가도 수익률이 마이너스로 바뀌면 수수료까지 더해져 원금이 순식간에 사라지기도 했다. 결국 나의 재테크 성적은 그녀보다 좋지 못했다. 수익률과 금리를 좇아 이곳저곳 기웃거리며 잘난 척했던 나 자신이 부끄러워졌다.

그녀의 저축하는 모습은 시간이 지난 후에도 내게 많은 가르침을 주고 있다. 종잣돈을 만드는 데 금리나 수익률보다 '묶어두는 것'이 우위에 있음을 알게 해주었다. 그리고 푼돈을 소중히 여기는 것, 소비보다 저축을 먼저 행하는 모습 등이 인상적이었다.

그녀는 지금 어떻게 살고 있을까? 여전히 적금과 예금만 하고 있을까? 여전히 열심히 푼돈까지 싹싹 모아 저금하고 있을까? 왠지 지금도 돈 모으는 재미에 푹 빠져 즐겁게 저축하고 있을 것 같다. 내가 확신할 수 있는 것은 그 어떤 방법으로 요리조리 잘 빠져나가는 생쥐 같은 돈도 그녀에게만 가면 꼼짝없이 잡혀 묶여버린다는 것이다. 그리고 그녀의 종잣돈 만드는 방식이 10년이 지난 지금도 여전히 유효하고, 가장 빠른 길이라는 사실이다.

은행에서 금리 흥정이 가능하다고?

B I G S T E P

갈수록 은행 지점이 줄어들고 있다. 케이뱅크나 카카오뱅크 같은 인터넷은행도 많은 사람이 이용하고 있고, 점차 은행창구에서 대면하는 업무들이 줄어들고 있다. 앞으로 몇 년 안에는 은행이 아예 사라질 것이고, 은행원이라는 직업 역시 미래에는 없어질 직업군 중 하나라는 전망도 있다. 하지만 10년 전에도 그랬고, 지금도 여전히 은행은 모든 재테크의 시발점이다. 여전히 대다수의 회사가 은행을 통해 월급을 보내주고 있고, 대출을 받기 위해 사람들은 은행창구에 앉는다. 나 역시 인터넷뱅크를 이용하고 있지만, 이체 한도나 출금 등의 제약과 불편함을 느낀 후로 주거래 은행의 지점을 직접 방문한다. 그렇기 때문에 아직까지는 재테크를 할 때 은행을 이해하는 것이 매우 중요하다고 생각한다.

나의 첫 재테크 책인 『은행의 사생활』은 은행에 갓 입사한 병아리 은행원이 은행거래 고수를 만나는 장면으로 시작한다. 적금에 가입하러 온 고객이 금리를 더 달라고 요청한다. 그러자 병아리 은행원이었던 나는 '적금 금리는 정해져 있는데, 어떻게 더 달라고 요청하지?' 하며 당황한다. 그때 이상한 낌새를 눈치 챈 선배 은행원이 달려와서 고객에게 추가 금리를 주는 것으로 이야기가 전개된다.

은행에 들어와 보니, 대출 금리는 물론이고, 예/적금 금리도 고객마다 다를 수 있다는 사실을 알게 되었다. 부자들과 일반 고객들이 은행에서 거래하는 모습이 달랐다. 그리고 은행 역시 고객에 따라 같은 상품일지라도 다르게 판매했고, 응대 역시 차이가 있었다. 이렇게 은행원이 되어서야 알게 된 사실들을 글로 썼고, 이를 본 사람들의 반응은 생각보다 훨씬 좋았다. 책을 읽은 후 예금을 가입할 때 은행원에게 금리를 더 줄 수 있느냐고 요청했더니, 정말 더 주었다는 경험담부터 은행은 그렇게 돈이 있고 없음으로 사람들을 차별한다는 부당함과 그간의 억울함을 토로하는 이야기들이 이어졌다.

첫 재테크 책이 출간되고, 10년이 지났다. 하지만 은행을 이용하는 사람들의 모습이나 은행은 그때나 지금이나 별로 달라진 것이 없어 보인다. 여전히 은행은 부자들에게는 친절하고, 가난한 사람들에게는 어려운 곳이다. 은행을 자신에게 유리하게 이용하는 사람들은 여전히 소수인 것 같다.

예전 은행원 시절에 겪었던 대출 상황은 이랬다.

어느 날 고객의 대출문의 전화를 받았다.

"저 ○○○이라고 하는데요. 대출문의를 하고 싶어서요. 1억 원 정도 필요한데, 여기 은행은 제게 금리를 몇 퍼센트까지 줄 수 있나요? 제 주민번호는……."

병아리 시절이 지나 조금 눈치가 생긴 나는 대출 요청을 하면서 자신의 금리를 당당하게 물으며, 다른 곳과 비교 중이라는 이 고객에게 내 선에서 함부로 답변을 하면 안 된다는 것을 직감했다. 다시 전화를 드리겠다고 한 후, 이 내용을 팀장님께 넘겼다. 팀장님은 부랴부랴 계산기를 두드리더니, 지금껏 내가 본 적도 없었던 금리를 만들어냈다.

보통 일반 사람들이 대출을 받는 과정은 은행이 요구하는 필요 서류들을 잔뜩 가져온 후, 은행에서 정해준 대출 한도와 금리를 은행이 연락해줄 때까지 묵묵히 기다려야 한다. 그리고 고객은 은행이 결정한 한도와 금리를 받아들일 수밖에 없다. 하지만 이 고객은 자신의 금리를 물어보면서도 '한도'를 스스로 정해서 통보했고, 대출의 결정권은 자신에게 있다는 느낌으로 문의하고 있었다. 이를 전달받은 팀장님은 그때까지 내가 한 번도 경험해보지 못한 금리(대체 어떻게 이 금리가 나오는지 이해가 되지 않는 수준)를 보여주면서 고객에게 답변하라고 했다. 나는 고객에게 전화를 걸어 이렇게 말했다.

"고객님, 저희 팀장님께서 최대한 감면을 해서 1억 원을 ○○퍼센트까지 드릴 수 있다고 합니다. 저희 은행에서 최저 금리예요."

그러자 고객의 답변은 다시 한번 나를 놀라게 했다.

"아, 그게 최선인가요? ××은행은 ○○퍼센트까지 해준다고 했거든요. 여기가 제 주거래 은행이기도 하고, 거래가 편하니까 여기에서 받고 싶어서 전화를 드린 건데……."

나는 시장에서 흥정할 때 들었음직한 이런 이야기에 당황하며 다시 고객에게 양해를 구한 후, 이 이야기를 팀장님께 전했다. 그러자 팀장님은 이렇게 말했다.

"그래? 아이, 그럼 어쩔 수 없네. 아, 이거 완전 노마진인데. 그럼 우리도 ○○퍼센트까지 맞춰드리겠다고 해. 뭐 어쩔 수 없지."

이렇게 정말 노마진의 금리가 나가게 되었다.

"손님, 정말 이거 팔아서 남는 거 하나도 없어요. 노마진이에요!"

결국 그 고객은 자신이 말한 금리로 원하는 금액을 대출받았다.

고객이 금리를 '흥정'하는 모습이 놀랍지 않은가? 나는 이 상황을 처음 접했을 때 무척 황당했다. 신용대출 500만 원을 요청하는 고객에게 복잡한 여러 서류를 요구하고, 꽤 높은 금리로 이득을 보며 대출해주면서도 그렇게 생색을 냈던 은행 아니었던가! 그런데 지금 이 고객에게는 이게 가능한가 싶을 정도의 금리로, 그것도 고객에게 쩔쩔매면서 해주고 있지 않은가 말이다. 한도와 금리를 자신이 결정하는 고객의 모습을 보고 많은 생각이 들었다.

물론 그 고객이 이렇게 할 수 있었던 것은 그동안의 신용도와 거래 상황들과 관련이 있을 것이다. 하지만 높은 신용이 있고, 충분히 요구하고 흥정할 수 있는 상황에 있는 고객들이 모두 이렇게 요구하여 받아가지는 않는다. 그렇기 때문에 신용도를 떠나 그 고객은 은행거래 고수라고 말할 수 있는 것이다.

우리가 어릴 때부터 이용해왔던 금융기관인 은행은 우리에게 가장 익숙하고 잘 알고 있다고 생각하는 곳이지만, 은행을 잘 알고 자신에게 유리하게 이용하는 사람들은 실제로 많지 않다. 대부분 수동적인 입장에서 거래하고 있다. 이 은행거래 고수처럼 능동적으로 은행에게 묻고 요청해서 챙겨가는 사람들은 별로 없다. 이런 사람들이 있다고 이야기해줘도 "나는 은행에 잔고가 많지 않고, 신용도가 좋지 않은데 어떻게 은행거래 고수가 될 수 있는가?"라고 말하는 사람들이 대부분이다. 하지만 모든 일에는 시작 단계가 있는 것이고, 지금부터 내가 할 수 있는 범위 내에서 은행에 묻고 요구하는 연습을 할 필요가 있다. 그래야 자신의 힘(신용)과 비례해서 거래 노하우를 쌓을 수 있다.

재테크를 이야기하면서 10년 전이나 지금이나 은행 이야기를 하는 것은 은행에서 VIP 대접을 받는 사람이 되자는 뜻이 아니다. 은행은 아직까지도 우리에게 가장 익숙하고 손쉽게 접근할 수 재테크 공간이다. 나의 재테크는 이젠 은행 상품들을 떠나 부동산 등으로 다양해졌지만, 여전히 은행거래는 필요하다. 은행은 재테크의 시발점이고, 부동산이든 다른 재테크를 하는 데에도 꼭 필요한 것이 은행거래 노하우라고 생각한다.

은행에서 이렇게 거래하고 있는 사람들의 존재를 알고 있는 것과 모르는 것에는 큰 차이가 있다. 은행의 요구사항에 질문을 던질 수 있고, 이전에는 몰라서 챙기지 못했던 것들을 이젠 요구하고 얻어낼 수 있게 될 것이다. 은행 앞에서 비굴해지지 않을 수도 있다. 결국 무엇이든 아는 만큼 요구하고 챙겨갈 수 있는 것이다. 빅스텝을 밟기 위해 우리는 은행을 잘 이해하는 것부터 시작해야 한다. '은행거래 고수되기'는 빅스텝을 위한 밑 작업임을 기억하고, 보다 유리하게 은행을 이용할 수 있도록 하자.

은행은 서민의 우산을 빼앗는다

BIG STEP

'서민의 우산이 되어 주겠습니다'라는 은행 광고가 있다. 이 외에도 은행의 광고들을 보면 '서민의 든든한 파트너'라며 '우리가 곁에서 든든하게 지켜줄게! 걱정하지 마'라는 내용들이다. 이런 광고들이 효과가 있었던지 나는 은행원이 되기 전까지 은행은 정말 서민들을 위한 공익적인 곳이라고 생각했었다.

부모님이 은행에 빚을 진 후, 연체로 인한 엄청난 수준의 이자율을 얻게 되고, 늘 빚을 갚기 위해 노력했지만 안타깝게도 결국 집은 경매로 넘어가는 경험을 했을 때에도, 이렇게 된 것은 은행 탓이 아닌 순전히 부모님의 탓이라고만 생각했다. 은행은 우리를 위한 '이롭고 착한 곳'이라고 생각하고 있었기 때문이다. 하지만 은행원이 된 후 이런 생각이 달라졌다. 은행이 서민의 우산을 뺏어가는 경우를 많이 보았기 때문이다.

은행원 시절 대출 업무를 담당하고 있을 때의 일이다. 고객의 대출 신청이 들어오면 관련 서류를 받아 이 내용을 은행 자동화 시스템에 입력한다. 그러면 이 고객에게 대출 가능한 금액과 금리가 자동으로 산출되어 나온다. 이렇게 나온 내용을 상부에 보고를 올리고, 승인이 떨어지면 대출이 나가는 게 일반적인 순서이다. 이때 상황에 따라 대출 금액과 금리를 임의로 조정하기도 한다.

신용 상태가 그다지 좋지 않은 고객이 대출을 신청했다. 그런 사람들이 늘 그렇듯 저축액은 거의 없었고, 월급은 카드 값과 대출금, 대출 이자를 갚느라 빠듯한 재무 상황이었다. 이를 반영한 듯 다른 사람들보다 적은 대출 한도와 높은 금리가 산출되어 나왔다. 대출로 인해 현금흐름에 문제가 생긴 사람들은 또 다른 대출(마이너스 통장, 신용카드, 현금서비스 등)로 일시적으로나마 현실을 도피하려고 한다. 그래서 이 사람도 은행을 찾은 것이다. 이런 재무 상황에서 대출 요청을 받을 때마다 늘 이런 생각이 들었다.

'지금 이 상황이 정말 힘들겠지만, 대출을 받으면 안 되는데……. 더 절약하든 추가로 일을 하든 다른 방식으로 해결해야 할 텐데……. 높은 금리로 또 대출을 받으면 앞으로는 더더욱 힘들어질 게 뻔한데, 어쩌나.'

이런 오지랖과 우려 섞인 생각으로 서류들을 취합해서 뒷자리 팀장님께 대출 승인을 올렸다. 그런데 승인을 받아 내려온 서류에는 플러스 추가 금리가 표시되어 있는 게 아닌가! 전산으로 나와 있는 금리에서 금리를 더 추가해서 대출을 하라는 표시였다. 나는 깜짝 놀라서 반문했다.

"팀장님, 여기에 금리를 더 올려서 대출을 나가라고요?"

"응, 그렇게 해."

"이분은 신용도가 좋지 않아서 원래도 금리가 높은 편인데, 여기에서 더 올리면 어떡해요? 이 금리는 완전 고리대부, 사채업체 수준인데요?"

"그래도 다른 곳보다는 여기가 낫지. 어차피 그 사람은 여기서 대출받을 수밖에 없을 거야. 그냥 그대로 대출 실행해!"

보통 이런 고객의 경우 금리를 조정할 여력이 되지 않는다. 우선 눈앞에 현금을 만드는 것이 무엇보다 절실하기 때문에 높은 금리라도 제1금융권에서 해주는 것만으로도 다행으로 여기는 경우가 많다. 그래도 제1금융권이니 사채보다는 나을 것이라고 생각하고 있는 것이다. 하지만 은행은 절실한 고객의 사정에 추가 금리로 대응하고 있다.

주택담보대출처럼 안전한 담보물이 있는 대출도 마찬가지였다. 대출을 연장하는 시기에 재무 상황이 좋지 않으면 추가로 금리를 더 올려서 대출을 연장해주는 것이다. 이때 금리는 전산으로 계산되어 나온 것일 수도 있지만, 사람이 임의로 올리기도 한다.

"팀장님, 주택담보대출인데도 이렇게 금리가 높아요?"

"어. 그 사람은 그 금리로 올려도 다른 은행으로 간다는 소리 못 할 거야. 죽었다 깨어나도 그 돈 못 갚아. 결국엔 그 집 경매로 넘어가게 될 거야. 그냥 그 금리로 올려!"

그 순간 나는 우리 부모님이 생각났다. 부모님은 오랫동안 살아왔던 단독주택을 헐고 상가건물을 짓느라 대출을 받았다. 그리고 IMF가 터졌고, 금리는 끝도 없이 올라갔다. 제1금융권에서 빌린 주택담보대출이었음에도 불구하고 한 번 연체가 되자 대출 이자율은 놀랄만큼 올라갔다. 결국 연체 이자가 복리로 엄청나게 빨리 불어 원금 이상이 되는 지경에 이르렀다. 그리고 결국 힘들게 만든 우리의 상가건물은 경매로 넘어갔다.

전 재산이 넘어가는 상황에서도, 그리고 집을 지키기 위해 끊임없이 빚과 힘겨운 싸움을 하면서도 이런 모든 상황이 우리의 잘못이라고 여겼다. 부모님은 이자를 못 갚아 연체를 하게 된 것이고, 금리가 높은 것은 연체를 한 우리 잘못이므로 이 상황은 어쩔 수 없는 일이라고만 생각했다. 그리고 팀장님 말씀처럼 아무리 이자율이 높아도 이미 나빠진 재무 상황 때문에 다른 곳으로의 대출 이전은 상상할 수도 없었던 것이 당시 우리 부모님의 현실이었다.

돌아보면 우리 가족의 이런 상황을 은행은 이미 파악하고 있었던 것이다. 은행은 우산이 없어 비를 맞고 있는 고객의 상황은 전혀 안중에도 없었던 것이다. 은행은 어차피 갚지 못할 게 뻔한 상황, 경매처리가 되기 전까지 이자라도 최대한 많이 가져가기 위해 마지막까지도 계산기를 두드리고 있었던 것이다.

팀장님이 고객의 이자를 올리는 것을 보고 경매로 사라진 우리 집이 떠올랐고, 갑자기 너무 화가 나고 억울한 생각이 들었다. 당시 부모님은 은행 이자를 갚기 위해 몇 년 동안 정말 최선을 다하며 노력했다. 하지만 결국 이자가 불어나는 속도를 이기기에는 역부족이었다. 그렇게 부모님의 평생 재산이자, 오랜 기간 준비하여 힘들게 완성했던 우리의 멋진 상가건물은 한순간에 남의 손으로 헐값에 넘어갔다.

감사한 것은 은행에서의 이 경험을 통해 그동안 부모님을 원망했던 나의 마음을 고쳐먹을 수 있었다는 것이다. 이전까지는 재무 상황이 어려운 사람을 순전히 그들이 게을러서, 과도한 소비 때문에 또는 무계획적인 습관 때문이라고 여겼었다. 하지만 은행에서 여러 상황의 고객들을 만나게 되면서 그들 자체의 문제 외에도 '은행'을 몰랐다는 것, 금융 공부가 부족한 탓이 크다는 것을 깨닫게 되었다.

'이렇게 진행된다면 그때 우리 부모님도 어쩔 수 없었겠구나. 은행이 착한 곳이 아니구나. 남의 재산(특히 어려운 상황의 사람들의 재산)을 이토록 쉽게 빼앗을 수도 있는 거구나. 돈이란 참 무서운 것이구나.'

은행원으로 재직하며 이런 생각을 하게 되었다.

대출 이자가 불어서 원금을 잡아먹는 상황이 악덕 대부업체에서만 일어나는 일인 줄 알았다. 하지만 이런 일은 제1금융권을 포함하여 많은 곳에서, 지금도 현재진행형으로 일어나고 있다. 비를 맞고 있는 서민의 우산을 빼앗아, 이미 여러 개의 좋은 우산을 갖고 있어비 한 방울 맞지 않는 부자들에게 하나를 더 쥐여주는 것이 은행이었다. 은행원 생활을 하며 나는 앞으로 내 우산을 은행이든 누구에게든 절대 빼앗기지 않겠다고, 우산을 지킬 수 있는 내 힘을 키우겠다고 다짐했다.

은행을 유리하게 이용하는 방법

BIG STEP

비가 쏟아져 튼튼한 우산이 너무도 절실한데, 그나마 갖고 있었던 작은 우산마저 뺏어간다면 얼마나 화가 나고 속상하겠는가? 이런 상황을 마주하기 싫다면 자신의 힘을 키워야 한다. 우산을 뺏겨 비를 쫄딱 맞아 감기에 걸렸다며 억울하다고 엉엉 운다고 해서 들어줄 사람은 아무도 없다. 우산을 남에게 뺏기지 않는 방법을 배워야 하고, 비가 내릴 때 우산을 빌릴 수 있는 힘, 즉 내가 은행을 유리하게 이용할 수 있어야 한다.

연체는 절대 하지 않는다

연체를 하게 되면 대출 금리는 높아질 수 있다. 높은 금리 자체도 문제지만, 나는 금융기관이 당신을 함부로 대할 수 있도록 명분을 준다는 점을 지적하고 싶다. 은행, 카드사, 보험사 등 모든 금융기관은 연체를 시작한 고객에게 무지막지하게 금리를 올린다(법령이 정한 한도 내에서 정하는 것이겠지만 무지막지한 느낌이 드는 게 사실이다). 내가 앞서 예로 든 것처럼 임의로 추가로 올리는 경우도 있다. 이런 부분이 이제 사람들에게 많이 알려져서 고객의 금리를 임의로 올리는 것에 대해 사람들도 민감하고, 나라에서도 규정과 재제를 하는 것으로 알고 있다. 하지만 그렇다고 하더라도 돈을 빌린 고객의 입장에서 자신이 받고 있는 이자율이 정당한지 따져보기란 쉽지 않을 것이다. 거기에 연체를 한다는 것은 금융기관의 호구가 되겠다고 선언하는 것이라고 나는 생각한다. 거래를 하는 데 불리할 수밖에 없는 상황을 스스로 만들어서는 절대 안 된다.

연체를 일부러 하는 사람은 없겠지만, 심각성을 인지하고 연체를 하지 않도록 사전에 미리미리 준비를 해야 한다. 하루, 이틀 짧은 기간의 연체나 소액 연체를 쉽게 생각하는 사람들도 꽤 많이 보았다. 하지만 절대 이를 우습게 보면 안 된다. 이런 소소한 연체 이력이 훗날 나의 우산을 뺏어갈 명분이 될 수 있다. 연체를 습관처럼 하는 사람이라면 이 버릇을 고칠 때까지는 어떤 대출(신용카드도 대출이다)도 받지 말아야 한다. 자신의 소비 습관을 알고, 계획적인 재무관리가 가능해질 때 대출을 시작해야 한다. 연체를 하지 않아야 한다는 것은 대출을 받을 때 기본 전제조건이며, 아무리 강조해도 지나치지 않는다.

은행에 적극적으로 금리 조정을 요청한다

대출 금리는 ① 대출이 시작될 때, 그리고 ② 기간을 연장할 때 정해져서 대출 기간 동안(상품에 따라 1년, 혹은 그 이상이 될 수도 있다) 그 금리가 적용된다. 대부분의 사람은 대출을 처음 받을 때에는 여기저기 금융기관을 다니며 금리와 조건을 비교해보기도 하며 신중하게 선택한다. 하지만 일단 대출이 시작된 후에는 곧 무관심해진다. 대출 연장을 하더라도 당연히 이전과 동일한 금리일 것이라고 생각하고 별도로 체크하지 않는다. 또한 시중금리가 올라갔다는 뉴스를 보고도 별 차이가 없을 것이라고 생각하고 관심을 두지 않는다. 요즘에는 장기간 '고정금리'를 주는 대출 상품을 찾아보기 쉽지 않다. 대부분 일정 기간이 지나면 금리가 변동되는 '변동금리' 상품들이다. 그렇기 때문에 대출 기간을 연장할 때는 연장 여부만 말하지 말고, 반드시 변동되는 대출 금리가 얼마인지 확인해야 한다.

만약 금리가 올랐다면 반드시 그 이유를 물어보도록 하자. 그리고 금리 조정도 요청해보자. 물론 이때 대출 이자를 연체하지 않고, 좋은 신용 상태를 유지하고 있는 것이 기본 전제조건이다.

금리 조정 방법에는 여러 가지가 있는데, 먼저 단순하게 금리를 깎아달라고 말해보는 것이다. 다른 은행의 금리를 제시하거나, 대출금을 갚아버리겠다는 협박(?)도 할 줄 알아야 한다.

"○○은행에서는 ○○금리로 해준다고 했는데, 여긴 왜 이렇게 금리가 높아요?"

"금리 조율이 안 되면 타행으로 이전하는 것도 고민해야죠."

이때 은행원에게 말할 때는 화를 내는 어조가 아닌, 부탁조의 진지한 어투가 좋다. 협상은 원하는 것을 얻어내는 것이 목표임을 기억하고, 좋은 분위기를 유지하며 원하는 것을 이끌어내도록 하자. 훨씬 수월한 제안 방법은 은행원에게 구체적인 명분을 만들어주는 것이다.

"금리를 좀 낮출 수 있는 방법이 없을까요? 적금을 하나 더 들면 금리가 좀 낮아질까요?"

이런 식으로 물어보는 것이다. 윗사람에게 금리 변경에 대한 승인을 받아야 하는 은행원에게 금리를 낮출 '명분'을 찾게 한다면 대화가 훨씬 수월해진다. 이때는 이런 답변이 돌아올 가능성이 크다.

"적금이나 보험을 하나 가입하시면 금리를 0.2퍼센트 더 낮춰드릴 수 있어요."

정식 용어로는 교차 판매, 흔히 '꺾기'라고 하는데, 이를 나쁘게만 볼 것이 아니라 때로는 나에게 유리하다면 이용할 필요도 있다고 생각한다. 이때에도 무조건 은행원의 말을 들을 것이 아니라 나에게 필요한 상품인지, 적금이나 보험을 하나 가입하고 금리를 낮추는 게 더 유리한지 비교해보고 생각해본 후 결정하면 된다. 적금 같은 경우에는 첫 달 돈을 넣어 가입한 후, 그 후에는 입금을 하지 않더라도 불이익이 없으니 가입에 별다른 부담을 가질 필요는 없다. 거꾸로 생각해보면 어차피 하나 가입하려고 했었던 금융 상품이 있을 때 이를 이용해서 대출 금리 조정을 요청할 수 있다.

내가 대출 금리에 늘 신경을 쓰고 있는 것을 금융기관에 알리는 것은 그 자체로도 의미가 있다. 평소 자주 은행원과 금리에 대해 묻고, 이야기를 나누는 것은 '내가 금리에 예민하고 많은 관심을 갖고 있는 사람이니, 나의 대출 금리를 함부로 올리면 안 돼!'라는 뜻을 은행원에게 주입시키는 것이다. 고분고분 말 잘 듣는 착한 고객들에게는 억울할 수도 있는 이야기지만, 자신이 원하는 것을 요구하고 은행원을 귀찮게 하고 까다롭게 구는 고객이 결국에는 더 챙겨가게 되어 있다. 은행이 물건 값 흥정하는 시장도 아닌데 이런 이야기를 하나 생각할 수도 있다. 하지만 은행도 결국에는 사람들이 서로 흥정하며 일을 처리하는 곳이다. 시장과 별반 다를 것도 없다는 게 내 생각이다.

은행도 결국 사람이 일하는 곳이다

B I G S T E P

은행에서 하는 대출이든 적금, 환전 등 우리가 고정되어 있다고 생각했던 것들은 결국 사람이 하는 것이고, 어느 정도 조정이 가능하다. 하지만 일반 사람들에게는 은행에 가자마자 이런 것들을 요구하기에는 어쩐지 부끄럽거나 자신이 없어지는 것이 사실이다. 이때 내가 하는 제안은 미리미리 은행원과 친해지라는 것이다. 은행을 방앗간 삼아 자주 가보는 것이 도움이 된다.

은행을 카페처럼 드나들기

예전 내가 근무했던 은행 지점은 모 방송국 내에 있었기 때문에 아나운서나 PD 같은 방송국 직원뿐만 아니라, 연예인 고객들도 많이 볼 수 있었다. 그중 인상 깊었던 연예인 고객 중 한 명은 개그맨 박명수 씨였는데, 실제 모습은 방송을 통해 본 느낌과 매우 달랐다. 방송에서는 약간 어리숙하고 쉽게 흥분하며 호통 치는 모습만 보여주었지만, 실제 은행에서 본 느낌은 굉장히 친절하고 현명하며 똑똑한 사람이었다. 2~3일이 멀다 하고 자주 은행에 왔는데, 자주 방문하는 만큼 은행 윗분들과도 친했다. 늘 새로운 상품에 대해 질문하였고, 재테크에 많은 관심을 보였다. 그리고 몇 년 후, 박명수 씨 부부가 빌딩을 사서 리모델링하여 큰 수익을 낸 이야기를 기사를 통해 보게 되었다. 열심히 재테크를 하고 노력하는 모습을 봤었기 때문에 이 기사를 읽으며 고개가 절로 끄덕여지며 당연한 결과라는 생각이 들었다.

이 일을 잊고 있었다가 재테크 유튜버로서 방송 출연을 하게 되며 다시 그의 이야기를 듣게 되었다. 방송 중 '은행거래 고수' 이야기가 나왔는데, 마침 패널로 출연한 개그맨 한 명이 자신이 아는 은행거래 고수로 박명수 씨를 이야기한 것이다. 그 개그맨이 들려준 일화는 이랬다.

"박명수 선배님이 '너 커피 마실래?' 물으시기에 '네!' 하고 대답했더니 글쎄 은행에 데리고 가는 거예요. 그곳에서 커피를 타서 주시더라고요. 박명수 선배님은 커피도 그냥 사서 마시지 않고, 은행이나 부동산에 가서 드신대요.”

여전히 박명수 씨는 은행거래 고수로서 관심을 갖고 은행을 자주 들여다보며, 금융기관이나 부동산을 자신에게 유리하게 잘 이용하고 있다는 생각이 들었다. 지금의 부는 결코 그냥 얻어진 것이 아니라 이런 노력들이 쌓인 것이다.

은행이나 금융기관에 자주 들리는 것만으로도 재테크에 대한 관심을 유지하고, 목표를 위한 집중력을 높일 수 있다고 생각한다. 회사나 집에서 가까운 은행을 주거래 은행으로 삼고, 방앗간처럼 자주 들러보자. 은행에 볼 일이 있을 때에는 ATM 대신 창구에 들러 업무를 보면서 은행원과 이야기를 나눠보자. 처음에는 어떤 말을 꺼내야 할까 망설여지겠지만, 사실 은행원보다는 말을 건네기 편한 입장이라는 것을 명심하자. 가벼운 인사말로 천천히 안면을 터보도록 하자. 자주 보고 편해지면 말을 건네고 질문하기에도 점점 편해질 것이다.

은행원 입장에서도 고객과 친해지고, 편한 고객들이 많아진다는 것은 좋은 일이다. 어떤 업무를 처리하든 친한 사람이 있다는 것은 생각보다 큰 힘이 된다. 친한 은행원이 있다는 사실은 향후 재테크를 하는 데 실질적으로 도움을 받을 수 있다. 우리가 생각하는 것보다 은행원이 할 수 있는 일은 많다. 단 사람이 많은 월급날이나 말일, 연휴가 끝난 다음 날은 피하는 것이 센스다.

은행원에게 먼저 말 걸기

2018년 여름은 정말 무더웠다. 당시 기사에서 더위에 지친 사람들에게 휴식공간으로 은행을 제안하며 시원한 생수를 제공하기도 하고, 요구르트를 준비한다는 모 은행의 사례를 보았다. 은행이 평소 얼마나 고객 유치를 위해 힘쓰고 있는지 알 수 있는 부분이다. 고객은 처리해야 할 일이 있을 때 은행에 가는 것이 일반적이기 때문에 빨리 처리하고 다음 사람에게 자리를 내줘야 한다고 생각한다. 물론 은행원 입장에서도 고객은 처리해야 하는 일의 동의어가 될 수도 있다. 하지만 조금 멀리 보면 나의 실적과 미래를 위한 영업 대상, 즉 기회를 뜻한다. 은행원이 영업 목적이 뻔한 이야기를 먼저 꺼내는 것이 쉬울까, 고객이 먼저 인사를 건네는 것이 쉬울까. 은행원 입장에서는 가까워지고 싶은 고객이 먼저 말을 걸어준다면 그 자체로 큰 힘이 되고 감사한 일이다.

은행원과 은행은 늘 고객 유치를 위해 소소한 요구르트부터 크게는 상품개발까지 다방면에서 열심히 노력 중이다. 그것을 이해한다면 은행에 자주 들르고, 은행원에게 말을 걸기가 훨씬 쉬워질 것이다. 은행이라는 곳을 잘 이해하고, 이 장소를 친근하게 만들고, 필요할 때 최대한 유리하게 이용할 수 있어야 한다.

T H I N K I N G

★★★ SoSo한 고민 ★★★

◈ 나는 어떤 삶을 원하는가?

예 내 집 마련
: 어느 동네, 얼마짜리의 집인지 구체적으로 적는다.

예 갖고 싶은 것

: 1년에 한 번씩 해외여행, 일주일에 두세 번 외식비를 포함한 한 달 생활비 등을 적는다.

내가 꿈꾸는 삶을 위한 생활비를 토대로 매달 얻어야 하는 수입과 만들어나가야 하는 불로소득, 자산을 계획해본다. 이를 다시 매달의 저축액이나 투자액으로 목표를 세분화하여 기억하고 이를 이루기 위해 집중한다. 이것이 본격적인 빅스텝을 위한 출발점이다.

BIG STEP

STEP 3

부는 종잣돈에서 시작한다

먼저 지출을 줄인 다음 수입을 늘려가자

BIG STEP

가장 빨리 부자가 되는 방법은 무엇일까? 어떻게 하면 부자가 될 수 있을까?

정답은 '지출보다 수입이 많고, 수입과 지출의 차이를 크게 만들수록 빨리 부자가 될 수 있다!'이다.

이보다 더 확실한 답이 있을까? 너무 당연해서 허탈할지도 모른다. 여하튼 위 명제를 부정하긴 힘들 것이다. 부자들을 살펴보면 결국 수입이 엄청나게 많은 사람들이다. 그리고 당연하게 수입이 지출보다 많고 그 차이가 크다. 수입이 아무리 많다고 하더라도 지출이 그보다 더 많으면 파산하게 된다. 한때 엄청 잘 나갔던 스포츠 스타가 노후에는 파산했다는 이야기나, 큰 기업이 부채가 늘어 순식간에 무너지는 상황을 많이 보았다.

그래서 부자가 되는 방법은 두 가지 결론이 나온다.

> ❶ 수입 > 지출 → 수입을 늘리기
> 지출을 줄이기
>
> ❷ 수입 – 지출 → 차이를 늘려나가기

자, 이제 당신에게 묻겠다. ❶ 번의 '지출보다 수입을 늘리기' 위해 당신이 먼저 시작할 수 있는 것은 수입을 늘리는 것인가, 지출을 줄이는 것인가? 어느 쪽이 더 쉬워 보이는가? 프리랜서나 자신이 일한 만큼 수당을 받는 경우가 아니라면 보통의 샐러리맨들은 수입을 늘리는 데 한계가 있다. 때문에 대부분 지출을 줄이는 방법을 선택할 것이다. 그리고 우선은 수입을 늘리는 것보다 지출을 줄이는 것이 즉각적으로 할 수 있고, 훨씬 쉽게 느껴진다. 우리는 앞서 지출을 줄이는 방법을 찾아봤다.

'❷ 수입과 지출의 차이를 늘리기' 위해서는 우선적으로 지출을 줄여서 둘의 차이를 늘려야 한다. 그 폭이 미미하게 느껴지고 분명한 한계가 있다고 하더라도 우선 그렇게 시작해야 한다. 지출을 줄이는 것은 내 소비를 조절하는 힘을 키우는 것을 의미하며, 이 능력은 미리 갖춰 놓아야 한다. 수입이 늘어났음에도 지출을 통제하지 못한다면 '수입-지출의 차' 역시 늘어나지 않기 때문에 부자가 되기 힘들 것이다. 향후 수입이 늘어날 때를 준비하면서 미리 지출을 통제하는 힘을 키워 놓자. 팍팍해진 삶에 희망이라는 힘을 더할 수 있을 것이다.

그 후 수입을 늘려나갈 방법을 찾아보자. 수입을 늘리기 위해 가장 빨리 적용할 수 있는 건 '노동수입' 부분이다. 프리랜서나 자신의 능력치에 따라 급여가 달라지는 상황이라면 자신의 성과를 높일 수 있는 방법을 찾고, 자신의 가치를 높이기 위한 노력을 해야 한다. 빅스텝은 결국 '높은 수익률로 돈을 불리는 것'에 있는 것이 아니라, '수입'을 늘리고 '지출을 통제하는 힘을 기르는 것'에 방점이 있다.

샐러리맨들 역시 월급 외 수입을 추가할 수 있는 방법을 연구해야 한다. 나의 지인들 중에는 샐러리맨이면서도 주말이나 퇴근 후 스윙강사를 하는 사람, 경매 강의를 하는 사람, 대리운전, 온라인 쇼핑몰을 운영하며 월급 외 추가 수입을 얻는 사람들이 있다. 주위를 조금만 살펴보면 많은 사람이 다양한 방법으로 월급 외 수입을 얻고 있음을 보게 된다.

하지만 노동수입을 늘리는 것, 지출을 최대한 줄이는 것에는 분명히 한계가 있다. 노동을 투입하기 위한 한 사람의 시간과 에너지에는 한계가 있기 때문이다. 대리운전을 하느라 피로가 누적되어 다음 날 본업에 집중하지 못한다면 이는 시작하느니만 못하다. 게다가 노동수입은 내가 아프거나 노동력을 투입할 수 없는 상황이 오면 중단된다. 그렇기 때문에 수입을 늘리는 노력은 최종적으로 '노동 외 수익(불로소득)'을 늘리는 것이 되어야 한다. 이 역시 여러 가지 방법이 있다.

나를 예로 들면 먼저 책의 인세를 받는다. 물론 책을 출간하기까지 많은 노동력과 시간을 투입해야 하지만, 일단 출간이 되면 그 후에는 나의 시간과 노동력 투입 없이 수입이 들어온다. 나의 첫 번째 책의 인세는 출간 후 9년 동안 통장으로 들어왔다. 책은 인세를 넘어 추후 강연 수입이나 칼럼 등의 추가 수익으로 연결할 수 있는 훌륭한 수단이다.

내가 운영하고 있는 유튜브 역시 마찬가지다. 15분 남짓의 영상을 한 번 업로드하면, 그 영상은 스스로 계속해서 수익을 발생시킨다. 나의 영상 중 '재테크를 할 때 기억해야 하는 5가지'라는 제목의 영상은 2018년 1월에 촬영했지만, 2년이 다 된 지금까지도 꾸준하게 수익이 나오고 있다(물론 유튜브 광고 수익은 굉장히 미미한 수준이다). 지금 나의 유튜브 채널은 광고 수익 외에도 협찬 수익, 강연 수익 등으로 점점 그 수익의 범위와 금액이 늘어나고 있다.

그 외 부동산 임대수익이 있다. 이 책에서 여러분에게 가장 추천하는 방법도 이것이다. 이 방법은 누구나 할 수 있기 때문이다. 나의 경우 경매를 통해 시세보다 싸게 집을 매입하고(대출을 이용하여), 리모델링을 한 후 세입자를 받는다. 세입자의 보증금과 월세는 대출이자를 제하고 약간 남는 수준이다.

부동산 수익을 얻기 위해 꼭 경매를 배워야 하는 것은 아니다. 경매를 모른다고 하더라도 부동산중개소에 문의하면 임대수익을 얻는 방법을 알려줄 것이다. 경매는 부동산을 조금 더 싸게 사는 한 가지 방법일 뿐이다.

집을 사지 않고 임대한 후, 이를 재임대하여 수익을 내는 경우도 있다. 실제로 셰어하우스나 에어비앤비를 운영하는 사람들 중에는 집을 사지 않고, 임대한 집을 재임대하여 투자금 대비 높은 임대료 수익을 얻는 경우가 많다. 투자 금액 대비 수익률도 어떤 방식을 택하느냐에 따라 크게 달라진다.

세상에는 다양한 방법으로 돈을 벌고 있는 사람들이 있다. 예전에는 그 방법이 베일에 싸여 있었지만, 지금은 얼마든지 의지에 따라 쉽게 정보를 얻고 배울 수 있는 세상이 되었다. 월급 외 수익을 내고 있는 사람들의 존재가, 그리고 그들이 특별한 사람들이 아니라 평범한 우리 이웃이라는 사실이 당신의 마음을 편하게 해줄 것이다. 문제는 자신이 세상에 뿌려져 있는 다양한 방법들을 수용할 마음가짐이 되어 있는지이다.

공부를 하는 만큼 보이는 법이다. 부자가 되는 방법은 당신이 이미 알고 있는 이 방법뿐이다!

❶ 수입을 늘리고, 지출을 줄여 '수입 – 지출'의 차이를 늘리는 것
❷ 한계가 있는 노동수입보다는 불로소득을 늘려나가는 것

간단하다! 자, 이제 이 명제를 자신의 상황에 대입시켜 지금 당장 할 수 있는 것이 무엇인지, 어떤 공부가 필요한지 생각해보자.

어쨌거나 시작은 종잣돈이다

B I G S T E P

재테크 기술보다 습관이 먼저다

퇴근하고 돌아온 남편은 나와 인사를 하자마자 바로 호주머니를 뒤적여서 동전을 꺼내 저금통 앞으로 간다.

'찰그락, 찰그락.'

잔돈을 털어 저금통에 넣은 후 욕실로 씻으러 들어가는 게 남편의 루틴이다. 집에는 남편과 딸아이의 돼지저금통이 나란히 있다. 남편은 딸아이에게도 평소 스스로 저축하는 습관을 들이도록 행동으로 보여주며 가르친다. 올해 8살이 된 딸아이는 5살 때부터 저금통에 동전 넣는 것을 시작해서 이미 두 개의 돼지저금통을 꽉 채운 이력이 있다. 딸아이는 소비의 절제를 알고, 그것을 당연하게 받아들이고 있다. 그리고 원하는 것을 이루기 위해서는 매일 조금씩 노력해야 한다는 것을 이해하고 있다. 남편은 의도적으로 딸아이와 누가 더 빨리, 많이 저금을 하는지 경쟁모드를 만들었고, 나는 딸아이가 저금을 할 때마다 열심히 칭찬해준다.

남편은 잔돈은 잔돈대로 모으고, 평소 푼돈 하나 허투로 쓰는 법이 없다. 돈을 모아야 하는 목표 금액이 생기면 뒤도 돌아보지 않고 모으기 시작한다. 그리고 어느 정도 시간이 지나면 큰 목돈이 턱 하니 만들어져 있어 놀라게 한다.

결혼을 해서 그동안 나와 전혀 다른 환경에서 자라온 사람과 살아보니, 저축이나 절약이라는 습관 역시 부모님으로부터 일정 부분은 배우고 물려받는 것 같다는 생각이 든다. 남편의 절약과 저축 습관은 시부모님의 모습과 그대로 닮아 있기 때문이다. 그의 절약, 저축은 몸에 배어서 자연스럽게 나오는 습관이다. 그리고 습관에서 나오는 힘은 엄청난 속도를 가지고 있다.

자신의 습관을 되돌아보자. 그리고 부모님의 모습을 떠올려보자. 어떤가, 닮아 있는가? 만약 부모님이 훌륭한 습관을 갖고 있다면 아마도 그 모습을 닮아 있을 가능성이 크다. 하지만 그렇지 못한 경우라면 좋은 습관을 만들도록 절제하며 무던히 노력해야 한다.

나는 절약과 저축과는 거리가 먼 생활을 하신 부모님을 바라보며 살아왔기에 성인이 된 후 많은 시행착오를 겪으며 스스로 배워나갈 수밖에 없었다. 어떤 것이 옳은 것인지 몰랐고, 좋은 습관을 만들지도 못했다. 그러다 보니 잘하다가도 잠깐 방심하면 어느새 돈이 어디론가 확 빠져나가 버렸다. 돈에 대해 좋은 습관을 갖추지 못하면 종잣돈 만들기는 속도가 날 수 없다. 종잣돈은 좋은 습관과 함께 만들어가는 것이다. 좋은 습관을 만들어두면 돈은 스스로 불어날 것이다. 그 어떤 재테크 기술보다 습관이 먼저다.

가난한 사람들은 왜 푼돈을 우습게 여길까

은행원 시절 수많은 사람의 월급 통장을 봤다. 어떤 사람들이 돈을 빨리 모을까? 월급이 많은 사람들이 돈을 빨리 모을 것 같지만, 현실은 그렇지 않았다. 내가 근무했던 지점은 여의도 증권가에 있었기 때문에 증권맨들이 자주 왔었다. 그들은 깔끔하게 정장을 입고, 명품 벨트나 구두, 지갑 등으로 꾸미고 다녔다. 겉으로 보기에는 성공가도를 달리는 멋진 도심의 샐러리맨 같았다.

하지만 이런 환상은 그들의 통장 잔고를 보고 산산이 깨졌다. 저축 금액은 거의 없고, 자동차 할부대금을 포함한 엄청난 카드 사용금액과 한도를 꽉 채운 마이너스 통장을 갖고 있는 경우가 많았기 때문이다. 물론 그들은 자신이 다니는 증권사를 통해 투자를 하고 있을 가능성이 크지만, 허울만 번지르르한 사람들도 많았다.

한 번은 증권사에 다니는 사람과 소개팅을 한 적이 있었다. 그는 증권사에서 엄청난 수익률 등락과 큰 금액으로 대박이 나는 현장에 있어서인지 푼돈이나 낮은 은행 이자율의 상품을 무시했고, 늘 한방을 노리고 있었다. 안정된 적금 통장은 애초에 하나도 갖고 있지 않다는 것을 보고 놀랐다. 그는 은행의 낮은 금리인 예금, 적금으로 돈을 모으는 것은 어리석고 바보 같은 행동이라는 생각을 갖고 있었다. 주식 투자를 하면 그것을 담보로 또 계속 대출을 받을 수 있는데, 이렇게 레버리지를 일으켜서 투자해서 수익이 나면 적은 돈으로도 엄청나게 큰돈을 벌 수 있다고 했다. 잘하면 수익률은 몇백 퍼센트가 된다고 설명했다.

데이트를 해보니, 그는 돈을 물 쓰듯 썼다. 처음에는 이런 모습을 보고 정말 돈을 잘 벌고, 투자도 잘하고 있다고 생각했다. 하지만 곧 허황된 꿈에 갇혀 눈앞의 실제 자신의 '저축도 거의 없는 대출 인생'인 현실은 부정하며 한방을 꿈꾸며 살고 있는 사람이라는 것을 알게 되었다. 아마 내가 은행원이 아니었다면, 이 사람의 겉모습만 보고 월급 많고, 좋은 회사에 다니고, 투자도 잘하는 능력 있고 돈 많은 사람이라고 착각했을 것이다. 하지만 이 사람은 실제 자신의 현실을 숨기기라도 하듯 일부러 과도한 소비 행동과 명품 치장, 허세를 부리고 있었다.

은행원 시절 여러 부류 사람들의 겉모습과 그들의 월급 통장, 신용카드 사용 습관, 저축하는 모습을 가까이 지켜볼 수 있었다는 것은 정말 소중한 경험이었다. 그리고 사람들은 돈 앞에 솔직해질 수밖에 없다는 생각을 하게 되었다. 돈이 많고 적음에 따라 사람의 모습은 달라지고, 결국 그 사람의 진짜 모습을 볼 수 있었다.

은행을 다니기 전에는 부자들은 돈을 펑펑 쓸 것이라고 생각했었다. 하지만 실제로 만난 부자들은 검소했고, 아무리 작은 돈이라도 함부로 쓰지 않았다. 돈을 무조건 아끼기만 하는 자린고비라고 생각했지만 어느 날 갑자기 엄청난 금액의 돈을 사업이나 상품, 집에 투자하기도 했다. 쓸 땐 누구보다 빠르고 과감하게 결정하여 큰돈을 쓰고 있었다. 그런데 가난한 사람들은 반대다. 금액이 커지면 아무리 확실한 수익을 보장해주는 상황이라도 겁이 나 주춤거리면서 기회를 놓치곤 한다. 그러고는 천 원, 만 원은 푼돈이라고 여기며 쓸데없는 소비재들과 너무 쉽게 교환해버린다. 지금도 내 주변에서 흔히 볼 수 있는 모습이다.

한 번은 남편이 돼지저금통에 매일 동전을 넣는 것을 보고 내가 이렇게 말한 적이 있다.

"여보, 동전을 뭘 그렇게 매일 모아. 그냥 매달 얼마씩 떼서 적금을 들든가 해서 모으지."

"아니야. 적금은 적금이고 이건 달라. 이건 습관이야. 매일 꾸준하게 잔돈을 모으고, 그리고 그것을 다 모으고 난 후 만들어진 금액을 보고 느끼는 것. 작은 것도 꾸준히 모으면 크게 된다는 것을 알게 되는 게 중요해. 그래서 아이들에게도 그것을 알려줘야 해."

남편이 커다란 돼지저금통을 꽉 채울 때까지 보통 1년 반 정도가 걸린다. 돼지저금통이 가득 차면 배를 가르고 딸아이와 앉아 돈을 분류하며 액수를 센다. 이 역시 은행에 가면 기계가 알아서 총액을 알려주는데 왜 세고 있느냐고 말하면 이렇게 답한다.

"이 순간이 얼마나 행복한데, 이 시간을 왜 은행이 하게 해?"

이렇게 말하며 남편은 행복한 표정으로 돈을 센다. 모아보면 사실 그렇게 큰돈은 아니다. 하지만 금액이 중요한 것이 아니다. 우리 집의 돼지저금통은 푼돈을 소중히 여기는 마음가짐과 매일의 습관을 의미한다. 우리 가족의 소중한 저축 선생님인 셈이다.

지금까지 살아오며 깨달은 것은 '대박을 노리는 사람, 푼돈을 우습게 보는 사람'은 절대 부자가 될 수 없다는 것이다. 푼돈을 무시하고 있는 것은 아닌지 돌아보자. 푼돈을 소중히 생각하는 사람에게 목돈이 만들어진다.

대체 종잣돈으로 얼마나 모아야 할까?

BIG STEP

"종잣돈은 얼마나 모아야 할까요?"

이 질문에 "당신은 무엇을 하길 원하는데요?"라고 반문할 수밖에 없다. 자신이 무엇을 하고 싶은지, 무엇을 할 수 있는지에 대한 생각이 선행되어야 한다. 간절한 목적이 있다면 종잣돈의 목표 금액은 저절로 만들어질 것이고, 강력한 동기부여로 실행 가능성도 높아질 것이다. 예를 들어 원하는 것이 자동차라면 계약 금액과 월 할부금을 계산하면 종잣돈 목표 금액이 바로 나올 것이다. 목표 금액이 나온다면 내 월급으로 어느 정도 기간에 만들 수 있는지 세부 계획도 같이 나오게 될 것이다.

사람들의 궁극적 목표인 내 집 마련에 필요한 종잣돈에 대해 말해보겠다. 물론 집의 종류, 위치에 따라 가격은 달라지겠지만, 내가 살 집이 아닌 그냥 '집'을 살 수 있는 최소한의 종잣돈이라고 한다면 1,000만 원이면 가능하다. 이 돈으로 살 수 있는 집들도 많다. 물론 서울, 수도권에서도 가능한 이야기이고, 지방의 경우는 그보다 더 적은 돈으로 집을 사는 사례도 많다.

'소사장소피아' 유튜브 채널에 올렸던 입찰 후기 편에 나온 오피스텔로 예를 들어보자. 시세가 1억 2,000만~1억 3,000만 원의 오피스텔이었는데, 이를 9,000만 원 정도에 낙찰받기 위해 입찰했다. 그 후 낙찰가의 80퍼센트를 경락자금 대출을 받아 납부하고 수수료를 내면 실제 내 주머니에서 나가는 돈은 1,900만 원 정도가 된다. 그리고 다시 시세대로 세입자를 얻으면 보증금 500만 원을 받고, 월세 50만 원을 받게 된다. 여기서 받은 보증금을 빼면 실제 내가 투입한 비용은 1,400만 원 정도가 되고, 매월 대출 이자를 제하고도 약 30만 원의 수익을 얻을 수 있다는 계산이 나온다.

이 오피스텔은 상태나 위치도 꽤 괜찮았던 물건이었음에도 이 정도 투자 금액으로 구매할 수 있었다.

물론 이런 집의 경우 내가 꿈꿔왔던, 내가 살고 싶은 모습의 집은 아닐 수 있다. 또는 교통이 불편한 지역이거나, 노후화되었거나, 아파트가 아닌 빌라나 주택일 수도 있다. 가격이 낮은 데에는 다 그럴 만한 이유가 있는 법이다.

여기서 말하고자 하는 것은 1,000만 원의 종잣돈으로 집을 살 수 있다는 것이다. 그리고 세상에는 다양한 집이 있고, 그곳에 사는 다양한 삶이 있다. 이런 경험을 하면서 계속 종잣돈을 키워나가면 된다. 내가 갖고 있는 종잣돈이 클수록 더 좋은 기회를 잡을 수 있다는 것을 모두 알고 있을 것이다. 그래서 이런 시도와 경험들이 더 빨리 종잣돈을 모으게 하는 데 좋은 동기부여가 될 수 있다.

돈이 도망가지 못하게 묶어두자

BIG STEP

어느 정도 금액까지는 금리를 너무 따지지 말고, 그저 '돈을 묶어 놓는다'는 한 가지 사실만 집중해서 저축해야 한다. 저금리 시대에 물가 상승률보다 낮은 은행 금리를 받으며 예금과 적금만 하라는 것은 어리석은 선택이 아니냐고 반문할지도 모른다. 하지만 내가 경험하고 수많은 고객을 보고 내린 결론이니 들어보시라.

은행원 시절 나는 월급을 조금이라도 더 높은 금리에 저축해야 한다는 생각에 점심시간에 다른 은행을 찾아갔을 정도로 금리에 예민하고 재테크에 극성맞았다. 점심을 굶고 은행 유니폼을 입은 채 근처 제2금융권에 가서 적금에 가입한 적도 있다. 그곳의 적금 금리가 내가 다니던 은행보다 0.2퍼센트 더 높았기 때문이다. 명동 본사 중

권사까지 가서 해외펀드에 가입하고 온 적도 있었다. 우리 은행에서는 취급하지 않았던 상품이어서 먼 길을 가서 가입하고 온 것이었다. 이곳저곳 다니며 상품을 가입하는 게 일반 직장인들에게는 어쩌면 당연한 일이라 생각할지 모른다. 하지만 은행원들은 보통 자신이 소속된 은행의 상품을 가입하고 돈을 관리하는 게 일반적이지, 타행에 가서 그것도 수익성 상품을 가입하는 일은 거의 없다. 그만큼 나는 금리와 수익률에 유난스러웠고, 높은 금리와 수익률은 당시 나의 재테크에서 가장 중요한 부분이었다. 이를 위해서라면 점심쯤은 굶을 수 있었고, 누가 보든 말든 은행 유니폼을 입은 채 타 금융기관에 가서 상품을 가입하는 일도 마다하지 않았다.

하지만 이렇게 해보니 내 투자 금액과 저축 금액이 금융기관별, 통장별로 분산되어 있어 한눈에 들어오지 않았다. 그리고 매달 가계부를 결산할 때 일일이 검색해서 따로 취합해야 하니 불편했다. 게다가 점심까지 굶고 멀리까지 가서 야심차게 가입했던 증권사 펀드의 수익률은 몇 달째 마이너스에 머무르고 있어서 당시 나의 종잣돈 만들기는 도통 속도가 붙지 않았다. 돈이 이곳저곳에 분산되어 있는 만큼 내 에너지도 분산된다는 것을 알게 되었다.

그때 앞서 말한 오직 예금과 적금만으로 돈을 관리하던 고객을 보며 나와 비교할 수 있었다. 당시 내 월급의 절반 정도 수준의 월급으로 1억 원의 종잣돈을 20대 후반에 만들어 놓았던 고객. 한 번도 펀드나 다른 상품에 한눈팔지 않고, 오직 적금과 예금만으로 그 돈을 모았다. 참으로 단순하고, 반복적으로 한 길을 고수했던 그녀가 시간이 흘러 결국 1억 원을 만들어내는 것을 보고 난 크게 놀랐다.

재테크를 잘하는 사람의 공통점은 금리나 수익률보다 '묶어두는 것'을 우위에 둔 사람들이었다. 높은 수익률이라고 하더라도 불안정하고 원금 손실 가능성이 있으며 마음대로 해지할 수 없다면, 낮지만 정확한 확정 금리와 만기일을 갖고 있는 상품이 종잣돈을 만들고 관리하는 데 훨씬 효율적이라는 것을 알게 되었다.

실제로 2,000만~3,000만 원까지는 금리 몇 퍼센트를 더 받는 것이 별로 의미가 없다. 특히 지금처럼 저금리 상황에서는 더 그렇다. 금리를 생각하지 말고, 이젠 마음을 비우고 생쥐를 잡아 가둔다는 생각으로 묶어 놓자. 은행 예금 금리가 너무 낮다 보니 많은 사람이 P2P, 주식, 펀드 등 투자 상품에 관심을 갖는다. 하지만 종잣돈 만들기를 목표로 한다면 권하고 싶지 않다.

수익률이 확정되지 않은 상품의 경우 수익률 변동을 수시로 체크하며 보내는 시간과 에너지도 무시할 수 없다. 에너지를 분산시킬수록 속도도 늦어진다는 것을 경험상 알게 되었다. 게다가 수익률이 낮아지기라도 하면 목표 설정과 향후 투자 계획에 차질이 생길 수 있다. 뿐만 아니라 추가 매수 기회라고 생각해서 돈을 추가하는 등 재무 계획이 즉흥적으로 바뀔 가능성도 있다. 물론 한시적으로 적금과 비교가 안 될 정도로 수익률이 높아 신이 날 때도 있을 것이다. 이런 상황을 마주하게 되면 그 후로는 더더욱 낮은 금리의 예금과 적금은 성에 차지 않게 되고, 더 위험한 상품을 찾아 배회하게 된다. 그리고 다시 적금으로 돌아오기 힘들어진다.

이런 의미에서 어쩌면 돈을 까먹는 경험이 처음 재테크를 시작하는 사람에게는 도움이 될 수도 있다고 생각한다. '초심자의 행운'이라는 말이 있다. 투자나 도박을 처음 한 사람이 돈을 딴다는 것인데, 이를 자신의 실력이라고 착각하는 직장 초년생들을 많이 보았다(나 역시 그랬다). 하지만 시간이 지나면서 욕심과 마인드 컨트롤이 쉽지 않고, 수익률도 생각처럼 꾸준한 것이 아니다. 이런 상황에서 확실한 재무플랜을 짜는 것은 힘들다는 사실을 깨닫게 될 것이다. 차라리 처음 투자 금액을 잃어보는 경험을 함으로써 겸손해질 수 있다. 그리고 자신의 투자 계획도 바르게 다시 세울 수 있어 더 도움이 될 것이라고 생각한다.

목표 금액을 만들 때까지는 그냥 '묶어두는 것', 이 한 가지만 집중하자. 재테크를 시작할 때 종잣돈을 만드는 것은 매우 큰 의미를 갖는다. 종잣돈을 만들어야 그것으로 투자를 하거나, 내 집 마련 등의 더 큰 목표로 나아갈 수 있다. 첫 번째 계단을 올라야 다음 계단으로 오를 수 있는 것이다. 목표를 '○○○만 원 종잣돈 만들기'라고 정하고 오직 이 한 가지에만 에너지를 집중하자. 『원씽 The one thing』을 보면 오직 한 가지 목표를 설정하고, 이를 이루기 위해 하루에 단 한 가지만 하는 것이 목표를 이룰 수 있는 가장 확실한 방법이라고 한다.

적금이나 예금 등 금리가 확정된 상품에 가입하여 매달 월급의 최대치를 떼어 집어넣자. 그리고 만기가 되면 다시 이를 묶어 적금보다 더 금리가 높은 예금 상품(특판 예금, 정기예금, RP 또는 중금채 등)

에 다시 묶어두도록 하자. 예금을 할 때는 반드시 은행원에게 가장 높은 금리의 상품이 무엇인지 물어보고 가입하도록 한다. 적금 만기 즈음에는 은행원에게 '특판 금리 상품'이 나오면 알려달라고 미리 말해두는 것도 좋다. 은행도 백화점처럼 특정 기간에 세일을 하는데, 종종 특판 금리 상품으로 프로모션하기도 한다. 이런 상품은 은행 자체의 마진을 줄여서 판매하는 것이어서 평소보다 금리가 좋다. 그리고 다시 월급에서 최대치를 떼어내어 새로운 적금을 만들어 저축을 하는 것이다. 목표한 종잣돈이 만들어질 때까지 이를 계속 반복한다. 생쥐 같은 돈이 어디로 도망가지 못하도록 온 신경을 집중하여 꼭 붙들어 매 놓아야 한다. 종잣돈을 만들 때까지 에너지를 하나로 집중하자!

전문가의 조언은 참고만 할 뿐

BIG STEP

타인을 믿지 마라. 특히 자신을 '전문가'라고 말하는 사람의 말을 믿지 말아야 한다. 나 역시 은행원이었고, 고객들에게는 전문가 대우를 받는 위치에 있었다. 그렇다면 나는 전문가였을까? 은행원 4년 차일 때 재테크 책까지 쓰게 되었지만, 이는 내가 전문가여서가 아니다. 개인적인 빚에 대한 경험과 그로 인해 돈에 관심을 갖게 되면서 혼자 공부한 것을 기반으로 책을 쓸 수 있었다.

사실 나는 은행원이 되기 전에는 은행원들은 모두 재테크 전문가이고, 재테크를 아주 잘하는 사람들일 거라 생각했다. 하지만 은행원이 되어 보니 그들은 재테크에 관심이 있는 사람들이 아니라, 연봉이나 복지 등 '직장'으로서 은행이 좋아 선택한 회사원일 뿐이었다.

직장인으로서 자신의 업무인 영업 상품(금융 상품)을 팔기 위해 공부하고, 자격을 취득하기 위해 자격증을 따는 것이다. 보험이나 펀드를 팔기 위해서는 자격증이 필요한데, 이 역시 누구나 조금만 공부하면 취득할 수 있다. 말 그대로 상품을 판매할 수 있는 '자격'을 줄 뿐이지, 그 자격증이 있다고 전문가임을 증명하는 것은 아니다. '자격증=전문가'라고 혼동해서는 안 된다.

그런데 요즘 SNS에서 스스로를 전문가로 칭하는 수많은 재무설계사, 보험설계사들의 계정들을 보게 된다. 그들은 사람들의 이목을 끌 만한 내용들, 오해를 불러일으키는 사진들로 마케팅을 하고 있어 선한 사람들의 피해가 우려된다. 나의 유튜브 채널 '소사장소피아'에서 수십만 조회 수를 기록했던 '재테크를 할 때 기억해야 하는 5가지'라는 제목의 영상은 사실 어느 재무설계사의 SNS를 보고 화가 나서 찍은 것이다. 재무설계사인 그녀는 SNS에서 높은 연봉을 받고 자유롭게 일할 수 있다며 사람들을 끌어모았다. 고객에게 재무설계를 해주기도 하지만(결국 금융 상품을 판매하는 것), 영업을 할 판매인을 구하는 데 더 열심인 것 같았다. 그도 그럴 것이 영업 판매인들이 많아지면 우선 그들부터 자신들의 보험에 가입할 것이다. 그리고 팀원들이 많아질수록 총 영업 실적은 높아지는 구조이기 때문이다. 사람을 유치하면 그 사람에 대한 수당 역시 받게 되므로 열심히 사람들을 모으는 것이다.

이들의 SNS에는 높은 영업 실적으로 받았다는 트로피 사진, 의도적으로 로고를 노출시키며 어필하는 수입 자동차, 좋은 실적을 올려

떠난다는 여유로운 여행 모습, 고급스러운 장소에서의 회식 파티 등의 사진들이 공통적으로 올라온다. 이런 삶이 기다리고 있으니, 어서 당신도 빨리 이 직업에 합류하라고 지원을 독려한다. 학력, 직업, 나이를 불문하고 누구나 연봉 1억 원은 쉽게 가져갈 수 있다며 자신들이 이 분야 최고의 팀이니 함께하자고 독려한다. 아랫사람을 유치하면 그 수익이 위로 분배되는 다단계와 비슷한 느낌이다.

아래는 그 사람의 SNS 내용 중 하나이다. 내가 영상을 찍어야겠다고 발끈하게 만든 글이기도 하다.

계약자 적립 금액: 1,658만 5,266원

펀드 투입 금액: 1,497만 1,684원

수익률: 27.47퍼센트

11월 수익률 21퍼센트, 12월 수익률 27퍼센트(6퍼센트 증가)

이런 데이터를 보여주면서 말한다.

"열심히 관리한 덕분에 한 달 만에 6퍼센트 수익을 얻었네요!"

이들은 수익률 그래프에서 주로 가파르게 상승한 부분만을 잘라 클로즈업한 이미지를 보여주었다. 그리고 이를 마치 그 수익률이 1년 내내 계속되는 것처럼 말하고 있었다. 수익률은 경기에 따라 오르기도 하고 내리기도 한다. 그런데 짧은 시간으로 범위를 정하면 순간적으로 엄청난 수익률을 거둔 것처럼 보일 수 있다. 이를 고의적으로 오해할 수 있게 만들어 광고하고 있었다. 게다가 자신들이 관리를 잘해서 높은 수익이 난 것처럼 적어 놓고 있었다. 사실 이들이 수익률에 관여할 수 있는 부분은 거의 없다. 운용하는 사람들은 따로 있기 때문이다. 이들은 그저 고객의 투자 성향에 맞춰서 상품을 판매할 뿐이다. 하지만 이들은 자신들이 관리해서 수익률이 높아진 것처럼 말하는 것을 서슴지 않는다. 도대체 무엇을 관리했다는 말인가? 짧은 시기의 일시적인 수익률이 전체의 수익률인 것마냥 선전하는 것을 보며 화가 나는 것을 넘어 이를 보고 선의의 피해자가 생길까 우려되었다.

팩트는 이것이다. 이 사람이 말한 내용을 자세히 살펴보면 계약자가 적립한 금액에서 펀드 투입 금액은 160만 원 정도가 줄어든다. 그럼 160만 원은 어디로 갔을까? 이 돈은 수수료로 사라진 것이다. 그리고 그들이 말하는 수익률은 수수료를 제하고 남은 금액(투입 금액)만을 기준으로 계산한 것이다. 이는 원래 모든 보험이나 펀드가 계산하는 방식이지만, 고객이 받아들이는 부분은 이와 다를 수 있다. 설명이 불충분할 수밖에 없는 짧은 SNS에서 특히 오해할 수 있는 부분이다. 고객 입장에서는 당연히 내가 넣은 돈이 기준일 것이다. 만약 판매인이 10퍼센트 수익률이 났다고 말한다면 일반적으로 사람들은 자신이 입금한 100만 원이 110만 원 정도 되었다고 생각할 것이다. 하지만 이들이 말하는 수익은 수수료를 미리 제한 후 실제 투입한 금액을 기준으로 한 수익률이다. 그래서 고객이 받는 실제 금액은 예상과는 차이가 날 수 있다. 게다가 이 사람은 1년, 2년,

3년의 평균 수익률을 제시하지 않고, 매우 짧은 시간을 잘라 그 시기의 수익률만을 보여주고 있었다.

고객이 적립한 금액으로 다시 수익률을 계산해보면 실제 수익률은 절반 수준이 된다. 게다가 계약 기간 전에 해지하게 되면 해지 수수료도 있기 때문에 실제 고객의 손에 들어가는 금액은 또 줄어들 것이다. 그에 대한 설명과 수수료, 중도에 해지할 때의 해지 금액에 대한 설명도 전혀 없다. 오직 유리하고 자극적으로 보일 수 있도록 날짜를 정해 (단 '이틀'을 잘라서 보여준 피드도 있었다) 잘라서 급상승하는 그래프를 그려 보여준다. 이는 너무 위험한 일이다.

최소 1년 이상 운용된 펀드의 수익률을 따져보아야 한다. 그래야 정말 이 상품이 잘 운용되고 있는지 알 수 있다. 게다가 해지에 대한 조건과 내용은 실제 고객이 받는 금액에 영향을 미치는 요소이므로 매우 중요하다. 한때 높은 수익률을 자랑했던 상품이더라도 하락 시기에 해지하게 되면 손실이 날 수 있다. 설명이 너무 짧고 자극적으로만 편집되어 잘 모르는 사람들은 혹할 수 있는 위험한 홍보다. 그리고 인터넷에서 이렇게 모객을 하는 사람들이 늘어나고 있어 우려스럽다.

내가 이런 수익형 상품을 또 좋아하지 않는 이유는 이들은 수익이 나든 손실이 나든 자신들의 높은 수수료는 아주 '정확히! 고정적으로! 우선적으로!' 가져가기 때문이다. 고객보다 우위에 있는 금융기관이 무엇을 좋아하는지 답이 나왔다고 생각한다.

그 외에도 P2P 상품, 보험 상품, 주식, 펀드 등 높은 수익률을 제시하며 무지한 사회 초년생들을 유혹하는 금융 상품들의 광고가 넘쳐흐른다. 이런 정보의 홍수 속에서 스스로의 힘을 키우고 굳건한 마음을 갖는 것이 더더욱 중요해지고 있다.

타인을 믿지 말자. 그들이 올바르고 충분한 정보를 제공하지 않아 자신이 피해를 봤다고 나중에 후회한들 그들만을 탓할 수 있을까? 스스로 조금만 공부한다면 뭐가 정답이고, 그들의 글에서 어떤 부분이 과장이고, 어떤 리스크를 갖고 있는지 파악할 수 있게 된다.

물론 진짜 전문가는 분명 존재한다. 실제 전문가를 만나본 적도 있다. 수많은 경험과 능력으로 일반 사람들을 뛰어넘는 통찰력을 갖고 있는 사람들 말이다. 하지만 그런 사람들은 너무 드물다. 그리고 당신이 일반 금융기관에서 만나게 될 확률은 거의 없다. 그들은 진짜 자산가들을 만나고 있기 때문이다.

그렇기 때문에 진짜 전문가를 만나기 전까지, 그들이 진짜인지 구분할 수 있게 될 때까지 스스로의 힘을 키우도록 하자. 물론 은행 직원이나 재무설계사, 보험설계사들에게 조언은 받아도 된다. 특정 상품에 대해서는 그들도 많이 공부하여 준비한 부분이 있기 때문이다. 그들에게 상품에 대한 이해를 구하고, 궁금한 점을 물어볼 수 있을 것이다. 그들에게 기대하는 것은 이 정도면 충분하다.

전문가라고 하는 사람들을 무조건적으로 믿으며, 자신의 월급을 다 맡기고, 그들이 권하는 구체적인 지시(예를 들면, '월급의 몇 퍼센트는 무조건 연금에 넣어두세요. ○○만 원은 저축보험에 ○○만 원은 ○○ 상품에 넣으세요')를 따르는 것은 주의해야 한다. 그들의 조언은 참고만 하고 마지막 중요한 결정은 자기 스스로 할 수 있도록 공부하자. 결국 자신의 재무 계획은 스스로의 생각과 확신으로부터 나와야 한다. 훗날 재테크 결과의 책임은 온전히 자신에게 있음을 꼭 기억하기 바란다.

내가 타인을 믿지 말라고 말하는 유튜브 영상 밑에 "그럼, 소피아 님도 믿으면 안 되는 거네요? 농담입니다. 소피아 님만 믿고 다 안 믿을 게요"라는 댓글이 달린 적이 있었다. 그 글에 나는 "아니요. 저도 믿지 마세요"라고 답글을 썼던 기억이 난다.

나는 세상에 믿을 사람은 오직 나 자신밖에 없다고 생각한다. 이것은 인간관계에서의 신뢰나 믿음과는 조금 다른 의미이다. '자생력', '힘'을 의미한다. 너무도 힘들게 일해서 번 돈을 타인의 말을 믿고 너무도 쉽게 턱턱 맡기는 사람들을 보면 놀랍기만 하다. 자신이 듣고 싶어 하는 내용들만 듣고 기억하는 것, 또는 기대와는 다른 결과가 나오면 그 사람을 탓하며 억울해하는 사람들을 볼 수 있다. 뒤늦게 후회한들 무슨 소용이 있을까. "내가 이렇게 어리석은 사람입니다"라고 외치는 것과 다름없다.

나 역시 여러 정보를 취합하고, 내 생각의 오류를 확인하고자 타인에게 묻고 조언을 구하는 경우도 많다. 하지만 이를 참고해서 나에게 필요한 정보를 선별한다. 그리고 최종적인 선택은 내가 하는 것이고, 이에 대한 책임도 나에게 있는 것이다. 타인의 이야기를 구별할 정도로 자신의 지식을 늘리고, 결정할 수 있도록 공부하고 힘을 키워보자. 그때가 되어서야 진짜 전문가를 구별할 수 있게 되고, 그들이 해주는 말이 정말 도움이 될 것이다.

내 집을 살까,
투자할 집을 살까?

BIG STEP

경매를 통해 부동산 공부를 하는 사람들이 주로 거치는 단계가 있다. 먼저 최소한의 금액(100만~1,000만 원)으로 투자 가능한 물건들에 투자해 수익을 창출하는 것이다. 수익은 대출 이자를 제하면 10만~30만 원 수준이지만, 입찰부터 명도, 수익 실현까지 경매의 전 과정을 경험하면서 불로소득을 창출해본다는 것은 의미 있는 경험이다. 그리고 월급에서 계속 저축해가면서 최소한의 종잣돈을 만들어 이런 투자를 반복해나가는 것이다.

그다음에는 매매를 통해 종잣돈을 키워 다음 도전할 물건의 크기를 늘려나가는 것이다. 또는 먼저 소액 투자로 적지만 안정된 불로소득을 만들어낸 경험을 해본 후 내 집 마련에 도전하는 것이다. 보통 집을 매매하게 되면 대출 이자가 생기고, 늘어난 이자만큼 생활비를 줄일 수밖에 없다. 때문에 월급 외에 불로소득을 만들어 이자 부담을 줄일 수 있다는 것은 너무 매력적인 일이다. 게다가 앞서 투자 경험을 통해 부동산을 보는 법, 법에 대한 이해, 계약까지의 전 과정을 이해함으로써 더 확신을 갖고 집을 구할 수 있게 되는 것이다.

하지만 지금은 전략을 달리 해야 한다. 현 정부에서는 규제 지역일 경우 첫 번째 주택에 대해서만 부동산담보대출을 해주고 있다. 추가 매매의 경우 규제 지역이라면 대출이 거의 불가능한 상황이다. 따라서 무주택자라면 첫 번째 대출 기회에 내 집 마련을 해야 한다. 이는 집값이 오를 것인가 내릴 것인가 하는 이야기와는 다른 것이다. 만일 집값이 떨어진다고 하더라도 내 집에 살면서 다시 경기가 좋아질 시기를 기다리면 된다. 그러므로 매입할 때부터 저렴하게 사는 방법을 찾고, 경기에 따른 리스크를 최대한 방어할 수 있는 지역을 선별하여 최선의 집을 사는 것이다.

다주택자들의 경우 대출로 인해 추가 매수가 여의치 않은 상황이지만, 정부의 정책이 무주택자들에게는 분명 좋은 기회라고 생각한다. 하지만 정부가 다시 안 올 이런 기회를 무주택자에게 주어도 '집값 거품론'을 들며 이 기회를 놓치는 사람들이 있다. 어떤 시기든 돈을 버는 사람들은 존재한다. 정부정책을 탓하고 욕하는 것보다는 시장 변화와 정책을 공부하며 '이 상황을 어떻게 유리하게 이용할 수 있을까?'를 고민해보는 것이 바람직하다.

평생 한 집에서만 살겠다는 생각을 버려라

B I G S T E P

종잣돈을 모으려고 저축을 하다가 포기하는 이유 중 하나가 '내가 살고 싶은 집'과 '나의 월급으로 살 수 있는 집'의 차이에서 오는 괴리감 때문인 것도 있다. 희망이라는 것은 가능성이 보일 때 품을 수 있는 것인데, 가능성이 보이지 않게 되면 포기하게 된다. 게다가 사람의 욕심은 점점 커지고, 눈은 자꾸 높아진다. 이럴 경우에는 어떻게 하면 좋을까?

먼저 집을 한 채 사서 평생 그곳에서만 살겠다는 생각을 버리는 것이다. '평생 살 집'을 구하겠다고 목표를 세우면 구매가 더 어려워진다. 결혼을 염두에 두고, 추후 아이를 낳을 것까지 생각한다면 필요한 평수는 더 넓어진다. 바라는 조건이 점점 늘어나면 늘어날수록 시간은 더 걸리고, 집을 사기는 점점 더 어려워진다. 조금만 더 돈을 모아서 사야겠다고 시기를 미루게 되면, 그 사이 집값은 더 오른다. 그리고 나의 종잣돈은 생각보다 느리게 불어나니 좌절하게 되는 것이다. 여기에 그때라도 샀어야 한다는 후회가 더해진다.

평생 살 집이 아닌 몇 년 정도 잠시 살 집을 사겠다고 마음을 바꾸면 훨씬 가볍게 선택할 수 있게 된다. 또는 내가 살기에는 만족스럽지 못하더라도 세입자를 구할 수 있는 집이라면 관심을 갖고 고려해 볼 수 있다. 이 조건이면 살겠다는 사람이 분명 있을 것이라는 확신이 든다면 내가 살지 못하는 상황이 왔을 때 세입자를 구하면 되는 것이다.

사람들은 전세, 월세는 이사를 늘 염두에 두고 비교적 쉽게 결정을 내리지만, 일단 내 집을 사면 그곳에서는 오래(때론 평생) 살아야 한다고 생각한다. 그래서 집을 사는 것이 더 어려워지고, 시간이 걸린다. 나는 지인이 집을 산다고 하면 이렇게 조언한다.

"지금 좀 부담이 되더라도 할 수 있는 모든 수단을 동원해서 돈을 모으고, 대출을 받아서 네가 살 수 있는 가장 좋은 위치의 가장 좋은 집을 선택해!"

이렇게 조언하는 이유는 이 사람이 집을 사게 되면 그곳에 평생 살 생각을 갖고 있는 사람이기 때문이다. 이 경우 리스크를 줄이는 것은 가장 좋은 위치의 좋은 부동산을 소유하는 것뿐이다. 투자자가 될 마음이 없는 사람이기에 이렇게 조언하는 것이다.

하지만 부동산 투자자가 되어 내 집 마련을 넘어 불로소득을 얻는 것을 꿈꾸는 사람이라면 생각에 유연성을 가질 필요가 있다. 투자자로서 경제적 자유를 얻길 원한다면 이사를 두려워하지 말고, 집 한 채에 평생 머물겠다는 생각은 버려야 한다.

나의 경우 이사에 대한 두려움이 없다. 오히려 몇 년 살면 지겨워지는 집의 구조와 살림을 이사를 통해 바꿀 수 있어 좋다고 생각한다. 실제 살면서는 아무래도 인테리어를 크게 바꾸기가 힘들기 때문에 이사를 통해 새로운 인테리어를 해보는 재미도 있다. 여러 지역에 살면서 그곳의 지식을 얻을 수 있는 것도 좋다. 점점 사람들이 선호하는 집과 지역에 대한 이해도가 높아진다. 물론 아이가 학교에 들어가게 되어서 앞으로는 자주 이사하는 것이 힘들 수 있다고 생각한다. 하지만 상황에 따라 필요하면 아이가 학교를 다니더라도 이사는 해야 한다고 생각하고 있다.

나에게 이사는 타인에 의한 수동적인 행위가 아니기 때문에 거부감이 없다. 수동적이고 강제적으로 하게 되는 이사는 매우 기분이 좋지 않다는 것은 전세에 살 때 겪어봐서 잘 알고 있다. 준비가 되지 않았는데, 정해진 날짜 안에 다른 곳으로 옮겨야 하는 압박감을 느꼈다. 게다가 내가 가진 돈은 이 집에 들어올 때와 비슷한 상황인데, 집값은 몇 년 새 많이 올라서 이사를 가려면 더 외각으로 가거나, 더 안 좋은 환경을 감당해야 하는 상황이라면 이사를 준비하는 심정은 얼마나 속상할 것인가.

지금은 주도적인 이사여서 괜찮다고 생각한다. 이사를 할 때마다 지금보다 더 나은 상황으로 가는 것이기 때문에(더 안 좋아지는 상황이라면 굳이 왜 이사를 하겠는가?) 기대가 되고 좋은 일인 것이다.

여기에서 중요한 것은 '점점 나은 곳으로 이사를 간다!'이다. 그렇게 마음을 먹고 부동산에 관심을 갖고 공부하며 저축해보자. 공부하면 할수록 적은 돈으로 집을 사는 것이 가능해지고, 빚에 대한 두려움도 점점 줄어든다.

종잣돈 자체에 목숨을 걸지 말자. 종잣돈에 맞는 최선의 집을 구하겠다는 마음으로 찾아보자. 그리고 이를 통해 본격적으로 자산을 불려나가는 것이다. 이제 정말 속도를 발휘할 시기가 된 것이다. 이때부터는 '종잣돈 모으기'에서 '종잣돈 불리기'로 빠르게 전환해야 한다.

T H I N K I N G

★★★ SoSo한 고민 ★★★

❖ 어떻게 지출을 더 줄일 수 있을까?

❖ 어떻게 수입을 더 늘릴 수 있을까?

❖ 이를 위해 내가 해야 하는 공부나 얻어야 할 정보는 무엇인가?

Q&A

지금 낡은 집을 살까요, 돈을 더 모아 좋은 집을 살까요?

이 질문에 유튜브 영상으로 답변했는데, 생각보다 조회 수가 높아서 많은 사람이 이 내용을 고민하고 있다는 것을 알게 되었다. 한편으로 이 질문은 지금 내 돈으로 살 수 있는 집은 마음에 들지 않는다는 뜻이 내포되어 있다. 만약 내가 충분히 살 수 있는 범위 내에 마음에 드는 완벽한 집이 눈앞에 있다면 고민도 없이 바로 살 것이다.

그럼 다시 질문을 파헤쳐보면 지금 자신이 가진 돈(물론 대출까지 포함해서)으로 살 수 있는 집은 위치나 평수, 구조, 노후화 등 어떤 아쉬움이 있는 집이다. 그리고 이런 집을 사자니 추후에 오른다는 확신도 들지 않아 망설여진다. 조금 돈을 더 모아 더 나은 집을 사는 게 나을까?

우리 부모님들은 열심히 은행에 저축해서 돈을 모아, 전세를 거쳐 집을 한 채 샀다. 그리고 그 집은 몇십 년 동안 어쩌면 평생을 사는 집이었다. 그들에게 '집'은 (한 번 터를 잡으면) '몇십 년을 살게 되는 곳'이었다. 그리고 지금 시대에도 여전히 계약 기간이 끝날 때마다 이사 다니는 게 지겨워서 내 집을 마련하겠다는 사람들이 많다. '내 집 마련'의 의미는 시대가 달라진 지금도 많은 사람에게 오래 정착할 곳, 이사를 가지 않아도 됨을 의미하고 있다.

은행 저축만으로 돈이 절대 불어나지 않는 시대이고, 수명은 길어졌고, 노후를 책임져줄 정년이 보장된 직장은 점점 사라지고 있다. 이에 따라 부동산은 평생 살 집의 개념을 넘어 나의 노후를 위한 불로소득을 상징하는 수단이 되었다. 집은 더 이상 평생 거주할 곳이 아닌, 상황에 맞춰 활용할 수 있는 수단이나 도구가 된 것이다. 평생 한 채만 소유할 이유도 없고, 한 곳에 몇십 년을 거주해야 할 필요도 없다.

물론 내 집 마련을 고민하는 지인들에게는 늘 이렇게 답한다.

"현재 모든 수단을 동원해서 당신이 살 수 있는 가장 좋은 위치의, 가장 좋은 집을 사세요."

부동산 투자가 목적이 아닌 내 집 한 채를 갖고 싶어 하는 사람들에게 해당되는 조언이지만, 기본적으로 누구나 기억해야 하는 내용이다. 할 수 있는 모든 방법을 알아보고 총동원해서 내가 선택할 수 있는 집 중에서 가장 좋은 집을 사는 것! 이것은 부동산 투자에도 중요한 개념이라고 생각한다. 늘 가장 최선의 선택을 해야 한다.

부동산은 위치를 바꿀 수 없는 자산이기 때문에 무엇보다도 위치가 가장 중요하다. 내·외부는 수리, 리모델링을 통해 어느 정도 개선이 가능하지만, 위치는 한 번 정해지면 바꿀 수 없다. 그래서 욕심을 내서 좋은 위치의 부동산을 소유해야 한다. 부동산 상승기에 좋은 위치의 부동산은 다른 곳보다 더 크게 상승하고, 부동산 하락기에도 타격이 덜하다. 이를 알아보기 위해서라도 평소 부동산에 관심을 갖고 있어야 한다. 경매 과정에서 입지, 부동산을 보는 방법도 배울 수 있으니, 입찰하고 낙찰받는 게 목표가 아니더라도 경매는 꼭 배워두길 추천한다.

만약 부동산을 투자 수단으로 생각하는 사람이라면 이렇게 조언하겠다. "투자 대비 수익률이 높은 것을 사라." 이는 좋은 부동산을 사는 것과 다른 의미이다. 실제 내가 투자한 물건 중 반지하의 빌라가 있는데, 이 물건이 투자 대비 수익률이 가장 높았다. 아파트의 경우 집값에 비해 월세는 낮게 책정되어 있으며, 월세 금액에 대한 사람들의 심리적 마지노선이 존재하는 것 같다. 투자 대비 수익률에 집중하면 비싼 아파트 한 채 대신 원룸 여러 채가 있는 건물을 선택하게 될 것이다. 그리고 이 경우 집은 이제 내가 평생 거주할 곳이 아닌, 수익을 창출하는 수단으로 바뀐다.

상황에 따라서는 약간의 차이가 있겠지만, 내가 하고 싶은 말은 최대한 빨리 당신이 할 수 있는 범위 내에서 최선의 집을 사라는 것이다. 내 집 마련을 미룰 이유는 하나도 없다. 집을 샀는데 집값이 하락하면, 집을 팔지 않고 살면 된다. 머뭇거리는 사이 상황은 또 달라질 것이다. 돈을 더 모아서 사겠다고 시간을 미루면 내 돈보다 집값이 더 빨리 올라서 과거에 못 산 것을 후회하게 될 것이다.

평생 한 집에서만 살겠다고 생각하지 말자. 지금 나의 상황으로는 만족스럽지 못한 집을 살 수밖에 없을지 모른다. 하지만 집에 대한 고정관념을 깨고 많은 경험을 쌓아나가겠다고 다짐하자. 그러면 결국엔 꿈에 그리던 그 집에서 살게 될 날이 올 것이다. 분명한 사실은 돈을 더 모아서 원하는 집을 사겠다며 집을 사는 시기를 미루는 것보다는 100퍼센트 만족스럽지는 않지만 지금 살 수 있는 그 집을 사는 것이 꿈을 이루는 데 더 효과적이다. 완벽한 때와 완벽한 기회를 기다리는 사람이 되지 말고, 스스로 기회를 만들어 행동함으로써 꿈을 이뤄가도록 하자.

BIG STEP

STEP 4

빚은 '지는' 게 아니라 '이용'하는 것

부동산에도 인연이 있다

BIG STEP

빚과의 싸움을 해보지 않은 사람은 모른다. 빚과의 싸움이 얼마나 사람을 피가 마르게 하고 피폐하게 하는지, 빚이란 것이 얼마나 빨리 불어나서 재산을 삼켜버릴 수 있는지 말이다. 부모님이 평생을 헌신해서 힘들게 장만한 집은 빚이 불어나기 시작하자, 걷잡을 수 없이 빠르고 무섭게 숨을 조여왔다. 집을 지키기 위해 온 가족이 발버둥 쳤지만, 하늘까지 올라 내리꽂히는 파도같이 빚은 한순간에 집을 집어삼켜 버렸다.

책을 쓰다가 불현듯 예전 경매로 넘어갔던 우리 집이 지금 어떤 모습일지 궁금해졌다. '다음뷰'로 검색해보았더니 이전 모습과 별반 달라지지 않은 옛날 우리 집이 나왔다. 아빠가 평생 살 집이라는 생각에 좋은 자재들을 사용해 아주 꼼꼼하게 체크하며 건축했던 모습이 떠올랐다.

지하에는 내가 인테리어를 했던, 당시 부모님이 운영했던 노래방이 간판은 바뀌었지만 예전 상호 그대로 있었다. 상호가 아직까지도 그대로인 이유는 강력한 인테리어 콘셉트를 따서 지은 것이었기 때문이다. 그러고 보니 나는 꽤 일찍 인테리어 경험을 했다는 생각이 든다. 내가 인테리어한 노래방이 여전히 사용되고 있다는 생각에 뿌듯한 마음이 들었다. 하지만 그 좋았던 기분도 잠시, 이내 곧 씁쓸한 느낌이 들기 시작했다. 현재 그 건물에는 1층부터 3층까지는 건물주라면 모두가 탐낼 만한 좋은 업종들이 들어와서 운영하고 있었다. 4층, 5층은 가정집이다. '저기 보이는 창문이 바로 내 방 창문이었는데' 하는 생각이 들었다.

내가 더 놀랐던 건 그 상가 주변의 모습이었다. 상가를 가운데 두고 사방에 아파트 단지가 생긴 것이었다. 뒤편에 있었던 단독주택들이 지금은 몇천 세대의 아파트 단지로 바뀌어 있었다. 부동산에 관심이 생기고 투자도 하고 있는 지금 내 눈으로 이 집을 다시 보니, 너무도 탐이 나는 건물이었다. 이 건물은 지금 얼마 정도할까, 내가 다시 살 수 있을까?

부동산을 하다 보면 부동산도 사람과 인연이 있다는 생각이 든다. 열심히 조사하고 확신을 갖고 입찰했는데 허무하게 패찰되거나, 기대하지 않았던 것을 운 좋게 낙찰받았는데 기대보다 훨씬 마음에 드는 경우도 있다. 이런 게 반복되면서 '나와 인연이 닿은 부동산이라면 결국 내 것이 될 것이다. 그리고 아무리 노력해도 내 것이 아닌 것이 있다'라는 세상 통달한 것 같은 생각을 하게 된다.

『부자의 그릇』이라는 책을 보면 '돈은 그 사람을 비추는 거울'이고, 결국 자신의 그릇 크기에 따라 돈이 담긴다고 한다. 일시적으로 돈을 많이 벌 수 있지만, 그릇이 작다면 그 돈은 넘쳐서 곧 사라진다는 것이다. 그동안 재테크를 해온 나는 크게 공감이 되었다. 그리고 사람의 그릇은 경험을 통해 커질 수 있다.

예전 우리 가족이 살았던 이 건물은 부모님의 것이 아니었던 것이다. 건축을 하는 시간과 아직 상권이 발달되지 않아 세입자를 구하기 힘들었던 그 시기, 전례가 없었던 IMF라는 힘든 시간까지 우리 가족은 힘들게 버텼다. 하지만 결국 그 건물은 다른 사람에게 넘어갔다. 그 후 주변 지역은 개발되어 멋진 상권이 형성되었고, 지금의 건물주는 부모님이 건축 당시 상상하지도 못했던 몇 배는 불어난 임대수익을 거두고 있을 것이다. 누가 더 피땀 어린 노력을 투입했느냐와 상관없이 이득을 얻는 자, 그 집의 임자는 따로 있는 것이다. 그런 건물을 소유하고 운영하기에 당시 부모님의 내공과 그릇은 부족했었던 것이라고 생각한다.

돌아보면 그 건물 이전에 벽돌집을 지어 돈을 번 경험이 부모님에게는 도리어 하지 않았다면 좋았을 경험이었다. 그리고 건물을 새로 지으며 큰 빚을 져 힘들고 고통의 시간을 보냈던 것은 나에게는 소중하고 감사한 경험이라는 생각이 든다. 다시금 인생사 새옹지마이고, 좋은 게 좋은 게 아닐 수 있고, 나쁜 게 나쁜 게 아닐 수 있다는 생각이 든다. 그리고 우리가 지금 겪는 이 경험들이 훗날 어떻게 결론이 날지 모르기에 어쩌면 삶이 더 재미있는 것이라고 생각한다.

은행원이 되어 대출 업무를 보면서 우리 부모님이 겪었던 상황과 비슷하거나, 혹은 그보다 훨씬 심각한 상황들을 많이 보게 되었다. 대출을 받으러 오는 그 순간, 훗날의 안 좋은 상황이 예견되는 고객도 보였다. 빚은 무지한 만큼 위험하다. 빚은 스스로 불어나는 힘이 파도와 같아 순식간에 삶을 망가뜨릴 수 있다.

대출을 받기 전에 '빚'에 대해 반드시 이해하고 시작해야 한다. 그리고 공부와 경험을 통해 그릇(내공)을 키워야 한다. 능력이 부족한 상태에서 생긴 재산은 곧 사라질 수 있다. 반대로 내공이 쌓여 있는 사람에게는 현재 돈이 없더라도 미래에 곧 부가 쌓이게 될 것이라고 믿는다. 스스로 내가 어느 정도의 재산을 감당할 수 있는 사람인지, 어느 정도 그릇의 사람인지 생각해보자.

나도 신용불량자가 될 수 있다

BIG STEP

'신용불량자'라는 단어를 떠올리면 어떤 모습이 떠오르는가? 나는 신용불량자라고 하면 대책 없이 과도한 빚을 얻어 파산한 사람, 사치스러운 소비를 하는 사람, 나태한 삶을 살며 카드빚이나 대출에 의존해서 한심하게 하루하루를 보내는 사람 같은 이미지를 갖고 있었다. 우리 부모님에게 신용불량자 딱지가 붙기 전까지는 말이다.

부모님은 빚을 얻어 집을 지었고, IMF가 터져 대출 금리가 올랐고, 열심히 이자(빚)를 갚기 위해 하루하루 열심히 노력했다. 그런데 어느 날 보니, 신용불량자가 되어 있었다. 전혀 사치스럽지 않았고, 오히려 빚이 생긴 후 더 열심히 살았는데도 말이다. 이 신용불량자 딱지가 붙자 다른 사람들의 선입견도 느껴졌고, 대우가 달라졌다. 억울한 생각까지 들었다.

주위 선후배 은행원들도 예전 내가 그랬듯 신용불량자를 소비절제가 안 되고 무작정 대출을 받은 한심한 사람이라는 시선을 갖고 있었다. 나 역시 우리 부모님의 경험이 없었다면 사회가 언론에 투영해서 만들어 놓은 고정관념이나 선입견으로 신용불량자를 바라보고 있을 것이다. 그래서 모든 경험은 소중하고 감사하다.

나는 부모님의 경험 덕분에 은행에서 신용불량자를 만났을 때 먼저 드는 생각은 '어쩌다 이렇게 되셨을까? 지금 얼마나 힘든 시간을 보내고 계실까?'였다. 물론 이들 중에는 잘못된 선택(대책 없이 과도한 대출을 받고, 사치스러운 생활을 해서)으로 신용불량자가 된 경우도 있을 것이다. 하지만 대부분은 그렇지 않다고 생각한다.

대출에 대해 무지한 상태에서 대출(카드 포함)을 받기 시작하게 된 것이 가장 큰 원인이다. 또 자신의 수입과 소비 수준을 정확히 파악하지 못하는 데서 발생한 상환 문제가 원인일 수 있다. 또는 대출의 위험성을 잘 알고 있지만, 대출을 받지 않으면 안 되는 피치 못할 상황을 마주한 경우일 수도 있다. 갑자기 가족이 큰 병에 걸려 치료비를 마련해야 하는 등의 경우 말이다. 게다가 은행에서 근무하면서 처음에는 매우 평범했던 고객이 점차 신용불량자가 되는 과정을 보기도 했다. 결국 신용불량자는 평범한 사람들인 것이다. 이런 사람들에게 방법을 알려주어 신용불량자가 될 가능성이 있는 상황을 미연에 방지하는 데 도움이 되었으면 좋겠다.

고객들 중에는 소비 습관을 보았을 때 대출을 말리고 싶은 생각이 드는 경우가 있다. 대출 신청서를 보며 이런저런 오지랖 넓은 걱정을 하기도 했다.

'이분은 지금 힘들어도 대출을 받지 않는 게 나을 텐데…….'

카드 관련 고객 업무를 볼 때에도 카드를 잘라버렸으면 하는 생각이 드는 고객들이 있다. 카드를 사용하는 모습을 보면 재무 상황이 대충 느껴진다. 연체를 자주 해서 살펴보면 카드 할부, 현금서비스를 자주 이용하는 경우가 그렇다. 처음에는 풍족한 느낌을 받으며 카드를 썼겠지만, 이내 곧 빚의 굴레에 빠져 허우적대면서 이 카드에서 돈을 빼서 저 카드 대금을 처리하는 등 빚의 노예로 하루하루를 힘겹게 살게 된다.

신용불량자의 시작은 미미할 수 있다. 무심코 시작한 300만 원의 대출이, 늦은 밤 택시비가 없어 처음 받아본 5만 원의 현금서비스가, 사고 싶은 코트가 있어 용기를 내어 처음 해본 백화점 3개월 할부가 사람을 신용불량자로 만들 수 있다. 빚의 이자는 당신의 생각보다 더 빠르게 불어난다. 큰일 났다는 생각이 들고 시간을 다시 과거로 돌렸으면 하는 마음이 들 때 즈음에는 이미 빚의 굴레에 빠졌거나, 신용불량자 신세가 된 후일 것이다.

신용불량자는 우리 곁에 있다. 주변에 생각지도 못했던 사람이 이미 신용불량자일 수도 있다. 그리고 당신도 신용불량자가 될 수 있다. 목적이 없고, 상환 계획이 서지 않는 대출은 애초에 받지 말아야 한다. 신용카드를 쓴다면 계획적으로 매달 사용 금액을 정해 놓고, 현금서비스나 할부는 절대 아예 시작도 하지 말아야 한다. 피치 못한 상황에서 현금서비스나 할부를 했다면 바로 다음 날 눈 뜨자마자 선결제로 갚아야 한다. 가볍게 시작했다가 훗날 헤어 나올 수 없는 지경에 빠지게 된 사람들을 너무도 많이 봐왔다. 어려운 상황을 이유로 어쩔 수 없이 대출을 받게 되었다면 빨리 상환 계획부터 세워야 한다. 수입을 대출 상환에 최대한 사용하기로 결정하고, 추가 수입을 늘리는 방법도 강구해야 한다.

유튜브 방송에서 구독자들과 재테크에 대한 이야기를 나누고 있을 때였다. 각자의 재무 계획을 공개하고, 목표 저축 금액도 선언해 보았다.

"전 보증금 500만 원을 만드는 게 목표예요!"

"전 집 담보대출 1억 원 상환이 올해 목표랍니다!"

이때 한 분이 이렇게 말했다.

"전 개인회생 중이라 빚을 갚고 있는데, 참 힘든 하루하루네요."

여전히 우리 주변에는 이렇게 매일 빚을 갚기 위해 힘든 삶을 살고 있는 사람들이 있다. 이분의 답답한 마음이 온라인에서도 전해졌다.

"님, 지금 너무 힘드시죠? 주변 사람들은 열심히 돈 모으고, 집 살 계획도 짜고 그러는데, 빚을 갚고 있어야 하는 상황이 답답하실 겁니다. 빚을 갚을 때까진 주변을 보지 마세요. 남과 비교하지 마시고, 오직 자신의 목표에만 집중하세요. '나는 무조건 이 빚을 다 갚겠다!'라는 생각만 하세요. 하실 수 있습니다. 지금의 목표를 잘 달성한 후에는 다시 저축 목표도 세우고, 일어설 수 있어요. 그때를 위한 연습을 지금 하신다고 생각하세요. 돌아보면 지금 이 시간이 감사하게 생각되는 날이 올 겁니다. 힘내세요! 하실 수 있어요!"

나의 말이 끝나자마자, 채팅창에서 응원의 말들이 쏟아졌다. 가슴 따뜻해지는 순간이었다.

빚의 굴레에 빠지면 희망이 보이지 않고, 비참해진다. 세상은 너무 매몰차고, 가혹하다는 생각이 들 것이다. 이는 현재 처한 상황에서 자신의 마음 상태로 세상을 바라보기 때문이다. 하지만 다시 보면 세상은 이처럼 따뜻한 곳이다. 오늘도 빚과의 힘겨운 싸움을 하고 있는 많은 사람이 하루빨리 이 싸움에서 승리하길 바란다. 그리고 신용불량자가 남의 이야기가 아님을 늘 기억하길 바란다.

빚을 대하는 세 가지 태도

BIG STEP

'가계대출' ○○○억! 언제 터질지 모르는 '뇌관'!
가계경제 위협하는 '대출'

뉴스 기사에는 하루가 멀다 하고 '빚'에 관련된 내용들이 뜬다. 대부분 우려 섞인 수식어들과 함께 묘사되는 기사 밑에는 이 상황을 만든 정부정책을 탓하거나 상황을 불안해하고 걱정하는 수많은 댓글이 달린다. 기사나 댓글에서 느껴지는 '빚'에 대한 반응은 대부분 '부정적'이다. 때로는 기사에 '좋은 빚(좋은 빚과 나쁜 빚에 대한 내용은 뒤에서 다루겠다)'의 훌륭한 사례가 담겨 있음에도 불구하고, 댓글들은 하나같이 부정적인 내용들이다.

당신은 '빚'을 떠올릴 때 어떤 생각이 드는가? 사람들이 빚을 대하는 태도는 세 가지로 구분할 수 있다.

❶ 빚을 두려워하는 사람들

빚은 무서운 것, 나쁜 상황을 초래하는 위험한 것이므로 아예 만들지 않으려고 한다. 그래서 자신의 가용 범위 내에서 월세나 전셋집을 구한다. 빚을 지지 않기 위해 더 열심히 절약하고 알뜰하게 생활한다. 열심히 저축하면 집을 살 수 있을 것이라는 꿈을 갖고 있다. 하지만 내가 돈을 모으는 속도보다 더 빠르게 집값이 오르는 게 현실이다. 알뜰살뜰 절약하여 힘겹게 모은 저축 금액은 재계약할 때마다 오르는 전세 가격을 맞추기에도 버겁다. 그때마다 '빚을 얻어 집을 살 걸 그랬나?' 하는 후회도 잠깐, 빚을 낸 후 더 팍팍해질 삶을 생각하면 빚 걱정 없는 지금이 더 낫다고 생각을 고쳐먹는다.

이들은 저축하는 금리보다 집값 상승률이 더 빨라서 힘이 빠지기도 하지만, 집을 사기에 현재 집값은 거품이라 생각한다. 지금이 좋은 매매 타이밍은 아니라고 생각한다. 빚을 만들지 않기 위해 노력하고, '빚을 얻더라도 감당 가능한 수준의 빚'만 지려고 한다. 대출을 받더라도 이를 '이용'하는 것이 아닌 '갚는 것'에 방점이 찍혀 있다. 이들에게 빚은 두려운 것이므로 빨리 없애버려야 하는 것이다. 빚이 없어야 두 발 편히 펴고 잠들 수 있는 사람이다.

❷ 빚을 지는 사람들

이들은 '쓸 돈'이 없어서 빚을 진다. 우선 급한 불을 끄기 위해 빚을 지는 것이고, 빚을 그다지 두려워하지도 않는다. 가까운 미래에 이 빚이 내 삶에 미칠지 모르는 엄청난 영향에 대해서도 무지하다(또는 골치 아픈 미래를 고민하기 싫어한다). 이런 사람들은 순간의 힘든 상황을 모면하고자 빚을 얻는다. 빚으로 그 상황을 잠시 모면하고 넘길 뿐, 앞으로 다가올 더 힘든 상황에 대한 대비책은 없다. 한시적으로 생긴 여유를 즐기며 소비를 더 늘리기까지 한다. 대부분 이런 사람들은 빚을 얻었다고 해서 생활비를 더 줄이거나 대출을 갚기 위한 노력을 열심히 하지 않는다. 때문에 향후의 재무 상황은 더 힘들어질 수밖에 없다.

빚은 점점 늘어나고, 결국 그 빚의 이자(또는 빚 자체)를 갚기 위해 또 다시 빚을 얻게 되기도 한다. 대출 금리는 당연히 점점 높아지고, 삶은 점점 더 팍팍하고 힘들어진다. 그제야 빚이 얼마나 무서운 것인지 깨닫고, '빚의 굴레'에서 벗어나고 싶다고 생각한다. 하지만 빠져나오기란 결코 쉽지 않다.

❸ 빚을 이용해서 부자가 되는 사람들

빚에 대해 호의적인 생각을 갖고 있고, 빚은 '좋은 것'이기 때문에 많을수록 좋다고 생각한다. 이들은 빚을 잘 이해하고 있고, 주로 '좋은 빚'을 가지고 있는 사람들이다. 빚은 대부분 생활비가 아닌 또 다른 수익을 만들어내기 위해 투자된다. 빚을 지렛대(레버리지) 삼아 사업 소득이나 부동산 수익 등을 얻는다. 이들은 빚을 많이 얻으면 얻을수록 더 빨리 수익이 늘어난다는 사실을 알고 있다. 그래서 더 많은 빚을 얻을 수 있는 방법을 고민한다. 빚을 지면 질수록 생활이 팍팍해지는 것이 아니라, 빚이 늘어날수록 더 여유가 생기는 사람들이다. 이들에게 빚은 '자본주의' 전쟁터에서 승리하기 위해 꼭 갖추어야 하는 효율적이고 강력한 무기이다. 이런 사람들은 더 강하고 크고 좋은 무기를 얻고자 노력한다.

자, 당신은 어디에 속하는가? 기억해야 할 것은 당신이 '부자'를 꿈꾼다면 '빚'에 대해 호의적인 태도를 가져야 한다는 것이다. 부자들 중 빚이 없이 오직 '자산'만 있는 사람들은 거의 없다. 우리가 상상할 수 없을 정도로 많은 빚을 가지고 있다. 예전에는 엄청난 빚을 갖고 있는 사람들을 보며 '저 빚을 지고 어떻게 두 발을 뻗고 잘 수 있을까' 싶었는데, 지금은 '우아! 부럽다' 하고 바라보게 된다.

자본주의 사회에서 '빚'을 얻을 수 있는 능력은 곧 자신의 '부'를 의미한다. 나는 은행에서 두 가지 상반된 모습을 보았다. 일반 고객에게는 고작 몇백, 몇천만 원을 빌려주면서 수많은 서류를 요청하고 오고 가게 했다. 반면 부자들에게는 은행원이 서류를 직접 들고 가 '금리를 이렇게 낮게 해드릴 테니, 제발 저희 은행의 돈을 써주세요' 라고 했다.

은행은 서민들에게는 대출 500만 원도 매우 까다로운 조건, 높은 금리로 겨우겨우 내준다. 하지만 부자들에게는 수십억, 수백억 원의 대출을 아주 쉬운 절차와 낮은 금리(때로는 노마진이나 역마진일 때도 있다)로 은행이 먼저 나서서 빌려주려고 한다. 왜 은행의 대출 태도는 이렇게 다를까?

만약 당신이 부자가 되겠다고 마음먹었다면 빚을 대하는 태도를 생각해보고, 이를 호의적으로 바꿔야 한다. 그리고 금융기관이 돈을 빌려주고 싶어 하는 위치가 되어야 한다.

빚을 얻은 노하우나 빚을 이용해 수익을 낸 경험담을 인터뷰한 기사나 책, 영상들을 볼 때면 먼저 '감사'한 마음이 든다. 결론적으로는 빚을 이용해 수익을 쉽게 얻은 듯 적혀 있지만, 그 이면에는 수많은 시행착오와 경험을 통해 얻은 노하우가 담겨 있음을 알기 때문이다.

노력을 통해 빚을 이해했고, 이를 얻는 방법을 열심히 찾았고, 빚을 활용하여 투자해 수익을 거둔 것이다. 그리고 이를 공개하며(그게 자랑일지라도) '당신도 해보세요!' 하는 그 마음 또한 이해한다. 가끔은 고객을 끌기 위한 목적이 보일 때도 있지만, 이를 공개하면서 감내해야 할 수많은 악플과 질투어린 시선을 생각해보면 기본적으로 타인을 위한 마음이 없다면 쉽지 않은 일이라고 생각한다.

세상에는 이미 빚을 잘 이해해서 이용하는 사람들의 이야기가 많다. 이를 질투하는 대신 그 노하우를 나에게 어떻게 대입하여 활용할 수 있을지 고민해보자. 당신은 앞으로 은행에서 어떤 대우를 받으면서 대출을 받고 싶은가? 빚을 무서워하여 수많은 기회를 놓치며 제자리걸음을 걸을 것인가, 빚을 활용해 빅스텝을 걸을 것인가?

레버리지를 모르면 결코 부자가 될 수 없다

BIG STEP

난 경매를 통해 집을 산 후로 주변 지인들에게 이 방법을 설명해주며 많이 권유하고 있다. 오랜 기간 월세와 전세로 잦은 이사를 하며 지쳐 있는 친구에게 경매 책을 한 권 내밀며 말했다.

"친구야, 너도 지금 갖고 있는 돈에 대출을 조금 받아서 집을 사. 지금 가진 돈이면 충분히 집을 살 수 있어. 아니면 경매를 공부해봐. 싸게 살 수 있는 기회도 많이 있어."

친구는 나의 설명을 듣고 아무래도 집을 사야겠다고 결심한 듯 보였다. 매우 희망에 찬 모습으로 책도 읽어보고 경매 공부도 시작해야겠다고 말했다. 그리고 몇 달이 지났을까, 어떻게 지내고 있나 궁금해서 연락해보니 그 친구가 말했다.

"경매는 좀 나랑 안 맞는 것 같아. 빚을 지고 집을 사는 것도 아직 좀 부담스럽고. 돈을 조금 더 모아서 나중에 집을 사려고 지금 열심히 저축하고 있어. 좀 더 모아서 분양을 받고 싶어. 나도 새 아파트에 살아보고 싶거든."

내심 기존의 생각이 바뀌지 않는 모습이 안타까웠지만, 내가 할 수 있는 것은 이 정도까지라고 생각하고 더 이상 권유하지 않았다. 그리고 몇 년이 흘렀다. 나의 권유로 경매를 시작한 지인들도 꽤 많이 늘어났다. 이들과 나는 레버리지를 이용하여 자산을 많이 늘렸고, 그 덕에 삶의 질도 훨씬 나아졌다. 레버리지를 이용하는 것이 얼마나 빠르고 효율적인지를 직접 체감했다.

하지만 돈을 더 모아서 새 집을 분양받겠다는 그 친구는 여전히 분양은커녕 또 다른 전셋집으로 이사를 준비하고 있었다. 그동안 열심히 저축해서 모은 돈은 오른 전세금을 메꿔야 했다. 지금도 하고 싶은 것을 하지 못하면서 월급의 최대치를 열심히 저축하고 있지만, 그 친구는 저축 금액을 더 늘릴 수 있는 방법을 찾고 있었다. 늘 소비를 억제하며 오직 '절약'에 맞춰져 있는 그 친구의 삶이 참 팍팍하고 힘겨워 보였다.

통계에 따르면 우리나라의 반은 집을 갖고 있고, 반은 집이 없다(2017년 통계청 기준 57.7퍼센트가 자가 보유자다). 세상의 반은 왜 집을 못 사는 것일까? 실제 돈이 없는 상황을 제외하고 집을 사지 못하는 이유는 두 가지로 볼 수 있다.

하나는 현재의 집값을 거품이라고 생각해서 이 가격으로 사면 손해를 볼 것 같아서이다. 둘째는 대출을 받은 후 빚을 갚아나가는 삶이 자신 없기 때문일 것이다. 부동산 가격의 상승과 하락은 예단할 수 없으므로 각자의 전망은 존중하기로 한다. 여기서는 대출 후 팍팍해지는 삶이 두려워서 집을 못 사는 사람들에 대해 이야기해보겠다. 이들은 빚을 얻어 집을 사더라도 최대한 대출 금액을 줄이려고 애쓴다. 그리고 두 발 편히 뻗고 잠들기 위해서라도 빚은 빨리 갚아버려야 한다고 생각한다. 이들에게 레버리지(대출)는 그냥 집을 사는 데 일조하는 정도의 의미 그뿐이다.

지인 중 수십 개의 원룸이 있는 건물을 갖고 있는 사람이 있다. 그는 일찍 은퇴를 했고, 매달 나오는 넉넉한 월세 수입으로 여유롭게 여행을 다니며 살고 있다. 언젠가 그에게 이렇게 물어본 적이 있다.

"앞으로 대출금은 어떻게 갚을 계획이세요?"

그러자 그는 황당하다는 표정으로 이렇게 대답했다.

"그걸 왜 갚아? 최대한 안 갚고 이용해야지. 죽을 때까지 안 갚고 싶은데?"

그 말을 듣는데, 정신이 번쩍 들었다.

'아 그렇구나! 빚을 지면 꼭 갚아야 한다는 생각도 고정관념이었구나! 이자만 꼬박꼬박 내고, 돈을 빌려준 상대가 원금은 아직 갚지 않아도 된다고 한다면 굳이 갚을 필요도 없는 것이구나. 그렇다면 최대한 많이 이용하면 되겠네!'

빚에 대한 견해의 차이가 사람마다 이토록 크다.

빚은 최대한 천천히 갚는 것

누군가는 이처럼 엄청난 빚을 지고도 갚을 생각조차 하지 않고(죽을 때 갚길 원한다), 레버리지를 이용하여 매달 수백만 원의 불로소득을 얻고 있다. 누군가는 이를 보고 투기꾼으로 비하하며 욕할지도 모르겠다. 하지만 이를 만들어내기까지 그 사람이 얼마나 레버리지를 공부하고, 조사하고, 돈을 끌어 모으고, 그 부담감을 감당해내며 건물의 완공과 임대까지 일어나는 수많은 과정을 하나하나 처리해나갔는지 그 노고를 안다면 함부로 폄하하지 못할 것이다. 그가 만든 불로소득은 그만큼 노력과 인내를 투입하여 정당하게 경주에 참여해 얻어낸 결과이다. 그 과정을 곁에서 지켜본 나의 생각은 '아, 저것도 아무나 하는 게 아니구나. 엄청난 노하우와 노력이 필요한 거구나' 였다.

'자본주의(資本主義)'는 재물, 즉 돈(資)이 근본(本)이 되는 사회이다. 이때 레버리지는 자신의 부를 빨리 증식시킬 수 있는 유용한 도구가 될 수 있다. 어쩌면 누군가는 모두 똑같은 경기를 하는데, 저 사람은 반칙을 하는 것 아니냐며 억울한 듯 항의할지도 모르겠다. 하지만 뭐 어쩌겠는가. 이미 경기에서 쓰이는 방법이고, 허용된 방법이다. 이를 이용하지 않고 경기에 임하는 사람이 이제는 어리석어 보이는 것은 나뿐일까?

부자들은 레버리지를 이용해서 투자하고, 사업을 하고, 집을 사는 등 다방면에서 활용하고 있다. 이를 모르고 두려워서 유용한 도구를 사용하지 못한다면 자본주의 사회라는 경주에서 점점 뒤처지고 힘들어질 것이다. 당신은 어떤 무기를 가지고 게임에 참가하고 있는가?

몇 년 사이 한국의 집값은 엄청나게 올랐다. 우리 부부는 집값 상승을 노리는 것보다는 현금흐름을 보고 투자하고 있지만, 전반적인 상승기에 우리도 역시 덕을 보았다. 예상보다도 더 빨리 자산이 불어나는 모습을 보고 놀랐다. 레버리지를 활용할 줄 모르고 전세를 살며 보냈던 시간이 아깝다는 생각까지 들었다. 빚 대신 저축을 택한 사람들은 가파르게 오르고 있는 집값을 바라보며 어떤 생각을 하고 있을까?

당신이 얻은 건 나쁜 빚인가, 좋은 빚인가?

B I G S T E P

빚을 무조건 나쁜 것이라고 생각하는 사람들이 있다. 하지만 빚에는 나쁜 빚과 좋은 빚이 있다. 이를 구별할 줄 아는 것은 매우 중요하다. 왜냐하면 나쁜 빚을 없애고 좋은 빚을 늘려가는 길이 부자가 되는 지름길이기 때문이다.

로버트 기요사키는 『부자 아빠 가난한 아빠』에서 나쁜 빚과 좋은 빚의 개념을 아주 쉽게 설명해주고 있다. 나쁜 빚은 '내 호주머니에서 돈이 나가는 것'이고, 좋은 빚은 '내 호주머니에 돈이 들어오는 것'이라고 설명한다. 정말 쉬운 비유 아닌가? 좀 더 자세하게 예를 들어 설명해보겠다.

나쁜 빚은 내 호주머니에서 돈이 나가는 것으로, 지금 당장의 만족을 위해 선택하는 경우가 많다. 새 자동차, 화질 좋은 대형 TV, 신상 명품백 등을 구입하기 위해 빚(카드/할부 결제)을 진다. 하지만 현재의 만족과 교환한 물건의 가치는 시간이 갈수록 점점 줄어든다. 전형적인 나쁜 빚이다. 대출받아 집을 샀는데, 매달 대출 이자를 내야 한다면(호주머니에서 돈이 나간다면) 이는 나쁜 빚이다.

좋은 빚은 내 호주머니로 돈이 들어오는 것이다. 대출을 받아 '배당(호주머니로 들어오는 돈)'이 잘 이루어지는 주식을 소유했다면, 빚을 얻어 사업체를 운영하고 있는데 이를 통해 수입이 발생되고 있다면 이는 좋은 빚이다. 빚을 얻어 집을 샀는데 월세를 받게 되어 이자를 제하고도 호주머니에 들어오는 돈이 있다면, 이는 좋은 빚이라고 할 수 있다. 똑같이 대출을 받아 산 집이라고 해도 나쁜 빚이 있고, 좋은 빚이 있는 것이다. 내 호주머니에 바로 돈을 넣어주는 것, 향후 가치가 점점 높아지는 상품들과 교환된 빚은 좋은 빚이라고 할 수 있다.

나쁜 빚은 호주머니에서 돈이 나가는 것이므로 당연히 삶은 팍팍해지고 점점 가난해질 것이다. 그래서 로버트 기요사키는 대출이 잔뜩 있어서 매달 내 호주머니에서 이자를 빼가는 집을 자산이 아닌 부채라고 말한다. 부채와 자산에 대한 그의 새로운 정의이다.

우리 집이 어려워진 것도 새로운 건물을 짓느라 나쁜 빚을 얻게 된 후부터였다. 멋진 집이 완성되면 우리는 곧 여유롭고 부유한 생활을 하게 될 줄 알았다. 그런데 실제 우리 가족의 삶은 점점 더 팍팍하고 힘들어져만 갔다. 빚을 갚기 위해(실제로 빚은커녕 빚의 이자를 갚기도 버거운 상태였다) 부모님은 열심히 일하셨지만, 결국 그 집은 다른 사람 손에 넘어가고 말았다. 돌이켜 생각해보면 이 건물은 분명 자산이 아닌 부채였고, 나쁜 빚이었다. 하지만 우리 가족은 자산이 늘어났다고 생각했고, 매우 뿌듯해했다.

지금 만약 내게 이 집의 소유권이 있다면 나쁜 빚을 좋은 빚으로 바꿀 자신이 있다. 하지만 당시 나와 우리 부모님은 빚에 대해 무지했고, 이 때문에 부모님이 치러야 했던 비용은 평생 동안 모은 전 재산이었다(지금은 그 덕에 배울 수 있어서 감사할 뿐이다).

지금 우리 부부는 그 어느 때보다도 큰 빚이 있지만, 전혀 걱정되거나 불안하지 않다. 우리는 나쁜 빚과 좋은 빚을 확실하게 구별할 수 있고, 우리가 갖고 있는 것은 좋은 빚이기 때문이다. 좋은 빚은 많을수록 내 호주머니가 채워지기 때문에(현금흐름이 늘어나기 때문에) 더 여유롭고 부유해진다. 일은 예전보다 덜 하지만, 수입은 더 많이 늘어나고 있다. 그래서 우리는 좋은 빚을 더 많이 늘려나가고 싶고, 어떻게 빚을 더 얻을 수 있을까 고민한다.

사람들은 빚을 지는 것을 두려워하고, 빚이 많다는 것은 가난과 동일어로 인식한다. 그럴 수밖에 없는 이유는 그들이 지금까지 알고 경험한 빚은 '나쁜 빚'이었기 때문이다. 그들에게는 빚이 생긴 후 삶이 더 힘들어진 경험밖에 없다. 그래서 빚을 두려워하고, 빚 없는 삶을 추구하는 것이다.

빚에 대해 무지하다면 아예 빚 없이 사는 것이 맞는 선택일 수 있다. 하지만 자본주의 사회에서 이 선택은 경기에서 제자리걸음을 걷는 것임을 기억하자. 빅스텝은 빚을 두려워하지 않는 것이다. 나쁜 빚과 좋은 빚을 구별할 수 있게 되면 더 이상 빚은 두려운 것이 아닌, 나를 더 행복하게 만들어주는 강력한 도구가 된다.

나쁜 빚은 없애고, 좋은 빚을 늘려나가야 한다. 빚을 얻었는데도 삶이 이전보다 더 여유로워지는 것을 직접 경험해보면 빚을 더 늘리고 싶다는 생각이 들 것이다. 부자들이 우리가 상상할 수 없을 정도로 엄청난 큰 빚을 갖고 있으면서도 걱정이 없고, 부유하고 여유로운 삶을 사는 이유이다.

지금 만일 당신에게 빚이 있다면 좋은 빚인지 나쁜 빚인지를 먼저 따져보자. 내 호주머니에서 돈을 빼가는가, 돈을 넣어주고 있는가? 돈을 빼가는 나쁜 빚이라면 빨리 없앨 수 있는 방법을 강구해서 최대한 빠른 시일 내에 없애도록 노력해야 한다. 생활비를 위한 마이너스 통장, 신용카드, 카드론, 카드 할부, 현금서비스, 보험 약관대출, 집 담보대출 등 나쁜 빚을 찾아내서 없애거나 좋은 빚으로 바꿀 수 있는 방법을 찾아보자. 나쁜 빚과 좋은 빚을 구별할 수 있게 된다면 이미 재테크의 반은 성공한 것이다. 빚이 있고 없음이 중요한 것이 아니라, 그 빚이 나쁜 빚인지 좋은 빚인지가 더 중요하다.

부자는 돈을 많이 빌릴 수 있는 사람이다

BIG STEP

"내게 10억 원이 있다면 이런 사업을 해볼 텐데……."

"돈이 돈을 버는 거지. 나한테도 그 돈이 있었어 봐. 난 더 많이 벌 자신 있어."

"여윳돈이 좀 있다면 ○○에 투자하고 싶다."

사람들은 지금보다 돈이 많아지면 많은 것을 할 수 있을 것이라고 말한다. 돈만 있다면 많은 것을 시도하고, 해낼 수 있을 것이라고 말한다. 그래서 지금 눈앞에 돈을 벌 수 있는 기회가 있음에도 놓치는 건 돈이 없기 때문이라며 안타까워한다. 자신의 삶에서 늘 돈이 부족한 이유는 아이러니하게도 '돈이 충분하지 않기 때문'이라고 말한다. 이렇게 말하는 사람들은 늘 자금의 부족함, 상황의 한계를 불평

한다. 그러면서도 돈을 만들기 위한 구체적인 계획이나 실행에 대한 계획을 세우지 않는다. 그런데 사람들이 여기에서 말하는 돈은 어떤 돈일까? 눈앞에 지폐의 모습으로 보이는 현금? 통장에 적혀 있는 숫자? 고급 자동차나 집 같은 물건일까?

은행원들은 은행 창구에 앉기 전 실습 과정을 거친다. 연수원에서 은행 창구에서 사용하는 컴퓨터와 프린터기를 익히기 위해 가짜 통장에 입력해보며 연습을 하는 것이다. 임의로 자신의 이름이 적힌 통장을 만들고, 금액도 입력해본다. 이때 우리들은 경쟁하듯 큰 금액을 찍어 서로 보여주곤 했다.

10,000,000,000원

이 숫자는 100억 원이다. 당신의 통장에 이런 숫자가 적혀 있다면 기분이 어떨까? 이제 막 입사해서 큰 숫자가 적혀 있는 자신의 가짜 통장을 만들어보며 즐거운 실습시간을 보냈던 병아리 은행원 시절이 기억이 난다. 가짜인 것을 알지만, 기분은 좋았다.

은행 지점에 발령받아 처음으로 창고에 들어가 보았을 때 무척 신기했다. 창고의 두꺼운 문을 열고 들어가 보니 은행털이범들이 나오는 영화 속 한 장면처럼 돈다발이 차곡차곡 쌓여 있었다. 만 원짜리로 묶어 놓은 1,000만 원 다발을 처음 보고 든 생각은 '요만한 게 1,000만 원이라고? 생각보다 작네'였다.

이젠 5만 원권도 생겼으니, 요즘 신입 은행원들은 분명 '5,000만 원이 생각보다 작네?'라고 생각할 것 같다. 액수에 비해 너무 작은

크리넥스 티슈갑만 한 실물의 돈, 그게 차곡차곡 쌓여 있는 창고 안의 모습. 이렇게 '돈'의 실물을 자주 보고, 자판으로 '0'을 눌러서 숫자로 표시되는 '돈'을 계속 느끼다 보면 돈은 더 이상 돈이 아니게 된다. 정확하게는 통장에 잘못 입력하면 안 되는 숫자이자, 그 숫자가 실물로 형상화된 것 그뿐이다.

훗날, 내가 은행원 생활을 하며 느꼈던 이 느낌이 정말 돈의 진실임을 알게 되었다. 일반적으로 사람들이 느끼고 알고 있는 돈은 그저 숫자이고, 물질로 형상화된 모습일 뿐이다.

지금 잠깐 즐거운 상상을 해보자. 만약 당신이 100억 원을 꿈꾸고 있고, 그 돈만 있다면 상상하는 모든 것을 다 이룰 자신이 있다고 가정해보자(평소 자신이 생각해왔던 금액이 있을 것이다. 그 금액을 생각해보아도 좋다). 그때 누군가 당신에게 100억 원을 빌려주겠다고 제안해왔다. 빌려주는 조건은 매년 이자로 1억 원씩 자신에게 주면 되고, 10년이 되는 해 100억 원을 갚으면 된다고 한다. 이 제안을 받은 지금 당신의 기분은 어떤가? 어떤 생각이 드는가? 그리고 당신은 어떤 선택을 하겠는가? 100억 원의 돈을 빌려서 그동안 돈이 없음을 핑계로 해보지 못했던 그 모든 것을 시도해보겠는가? 아니면 돈을 빌리긴 하되, 원금을 상환해야 하는 10년이 두려워 매우 안전한 곳에 맡기고 이자만 받겠는가(이 경우엔 이자율이 매년 갚아야 하는 1억 원보다 많아야 할 것이다)? 아니면 엄청난 액수의 빚이 생기고, 매년 지불해야 하는 1억 원이 두려워 제안을 거절할 것인가? 당신에게 100억 원이 있다면 매년 1억 원을 만들어낼 자신이 있는가?

확실한 것은 로또 당첨처럼 아무 조건 없이 큰돈이 생긴다면, 그래서 그 돈으로 무엇을 할 것이냐고 질문한다면 분명 아무 부담 없이 즐거운 상상을 하며 자신 있는 답변들을 할 것이다. 하지만 그것이 '빚'으로 바뀌는 순간(게다가 내야 하는 이자도 있다), 부담스러운 마음이 생기고, 머릿속에서 계산기를 두드리느라 바빠질 것이다. 그렇기 때문에 이 제안을 거절하는 사람들이 나올 것이다. 내가 확신하건데, 이 제안의 돈은 매우 큰돈이고 다시 오지 않을 좋은 기회다. 하지만 빚에 겁을 먹는 사람들, 자신이 유용할 수 있는 금액이 아닌 자신이 내야 하는 이자에 집중하는 사람들은 이 제안을 거절할 것이다(대출 금액이 100억 원이고, 연 1퍼센트의 금리임에도 말이다).

왜 같은 돈이고, 모두 내 맘대로 쓸 수 있는 돈인데 선택과 고민이 달라지는 것일까? 누군가에게 '빚'은 '돈'을 의미하지만, 누군가에게 빚은 '갚아야 할 책임, 짐, 부담'을 의미하기 때문이다. 당신에게 빚은 무엇인가? 돈인가, 갚아야 할 책임감이나 부담인가?

은행원 시절 기업대출 업무를 맡아 수많은 기업의 재무제표를 살펴볼 기회가 있었다. 재무제표에는 부채와 자산 항목이 있는데, 규모가 큰 기업일수록 자산 항목에 적힌 큰 숫자와 함께 부채 항목에도 큰 숫자가 적혀 있었다. 규모가 큰 회사의 재무제표 자산 부분에 적힌 숫자를 보고는 '우아~' 하고 감탄하며 부럽다는 생각을 했다. 그러다가 부채 부분에 적혀 있는 자산만큼 큰 액수를 보면 바로 부러움이 사라졌다. 종종 내가 사장이라고 가정하고 과연 내가 저만한 부채를 감당할 수 있을까 자문해보기도 했다. 재무제표의 자산에서 부채를 빼고 나면 사실 너무 보잘것없는 금액만이 남거나, 부채가 자산보다 더 많은 회사도 있었다. 하지만 신기했던 건 엄청난 액수의 부채를 갖고 있는 회사임에도 은행은 계속 돈을 빌려주고 있다는 사실이었다(물론 재무제표뿐만 아니라 여러 가지 항목을 종합적으로 검토하여 대출이 결정되는 것이지만).

은행은 왜 사람마다, 기업마다 다른 금액을 빌려주는 것일까? 보통 사람의 경우 일반적으로 빚이 적고, 저축액이 많으면 신용도가 좋고 더 많은 대출이 나온다고 생각한다. 사람에게는 재무제표가 없지만, 기업으로 생각해보면 이 전제는 확실히 틀린 것 같다. 은행은 저축액(자산)보다 빚(부채)이 더 많은 기업에게도 엄청난 돈을 빌려주고 있으니 말이다.

그렇다면 진짜 돈은 무엇을 의미하는 것일까? 진짜 돈은 신용이다. 돈은 신용을 통해 이 사람에게서 저 사람으로 옮겨간다. 그리고 신용이 높은 사람들은 점점 더 많은 돈을 보유하게 된다. 빚도 신용이다. 우리가 흔히 얘기하는 "신용이 좋아야 대출이 많이 나온다"는 말로 바꾸면 이해가 쉬울 것이다. 즉 돈이라고 하는 것에는 빚이 포함되어 있다. 자본주의 사회에서 돈은 곧 신용이고, 부채 역시 신용으로 만들어진다. 빚은 돈과 마찬가지로 누구나 원하는 만큼 얻을 수 있는 것이 아니다. 신용이 있어야 그만큼 빚도 얻을 수 있다. 그래서 빚을 많이 얻을 수 있다는 것은 자본주의 사회에서의 능력을 뜻하기도 한다.

당신의 대출 한도는 신용이 숫자로 표시된 것이다. 당신의 신용은 얼마인가? 신용을 쌓는 것이 부자가 되는 길이다. 즉 돈뿐만 아니라 빚의 양을 늘리는 능력을 키우는 것이 바로 부자가 되는 능력을 키우는 일이다.

나는 가끔 이런 생각을 한다. 부자들은 어쩌면 '돈을 많이 버는 능력'을 가진 사람이기 전에 '돈을 많이 빌릴 수 있는 능력'을 가진 사람들일지 모른다. 그들은 자신에게 돈을 빌려주면 얼마만큼의 돈으로 돌려줄 수 있다고 말할 수 있는 사람들이고, 신뢰를 얻는 능력을 지닌 사람들이다. 이제 우리 부부의 꿈은 신용이 점점 좋아지고, 빚도 점점 많아지는 것이다. 매년 갈수록 빚이 더 커지길 바란다. 더 많은 곳에서 우리에게 돈을 (빌려)주었으면 좋겠다. 이는 곧 우리의 신용을 뜻하는 것이고, 자본주의 사회에서 능력을 나타내는 것이기 때문이다.

당신이 '빚'에 대해 올바르게 이해하길 진심으로 바란다. 하루빨리 신용을 쌓기 위해 노력하자. 그리고 어느 날 돈을 빌려준다는 제안을 받거나, 혹은 그런 제안을 직접 하게 되는 순간이 오면 이를 신용을 더 쌓는 기회로 만들기 바란다. 그러면 금방 부자가 될 수 있다.

경매, 빚을 공부하는 가장 좋은 방법

BIG STEP

"이번에 집을 사려고 하는데, 빚은 어느 정도 얻는 게 좋을까요?"

"저축해 놓은 돈이 이 정도인데, 이를 집 담보대출을 상환하는 데 써야 할까요, 투자를 해야 할까요?"

이렇게 빚과 관련된 질문도 많이 받는다. 이런 질문들을 받을 때마다 나의 답변은 늘 똑같다.

"당신이 빚에 대해 얼마만큼의 지식을 갖고 있느냐에 따라 달라집니다. 빚에 대해 지식이 없다면 빨리 대출금을 상환하세요. 그리고 빚에 대한 공부를 시작하세요. 빚을 이용할 줄 알게 된다면 자연스럽게 빚을 더 많이 얻어 투자하고 싶어질 것입니다."

질문자가 원하는 것은 구체적인 금액이겠지만, 이는 정답이 될 수 없다. 빚을 얼마만큼 지는 게 문제가 아니다. '빚에 대한 지식'을 어느 정도 갖고 있고, 빚의 경험치가 얼마만큼 되는지에 대해 스스로에게 물어봐야 한다.

사람들은 '저축', '절약'에 대해서는 많은 시간과 노력을 들여 공부하고 있다. 더 절약하는 법, 더 빨리 돈을 불리고, 돈을 모으는 법에 대한 책들도 많이 나와 있다. 그리고 유튜브, 인터넷 카페에도 이런 정보를 주는 콘텐츠가 많이 소비되고 있다. 그에 비해 '빚'을 공부하는 노력은 많이 부족해 보인다. 빚을 알지 못해 생기는 위험성과 우리의 삶에 미치는 영향력은 훨씬 더 큰데도 말이다.

그렇다면 빚은 어떻게 공부할 수 있을까? 나는 '경매'를 추천한다. 현재로서는 빚을 공부하는 데 가장 체계적인 커리큘럼이 경매라고 생각한다. 경매를 해서 집을 사기 위한 목적 이전에 '빚을 배우기 위해' 경매를 공부하라고 추천하고 싶다.

경매 수업에서는 경매를 하는 절차와 방법뿐만 아니라, 빚을 이용하여 투자하는 방법을 자연스럽게 익힐 수 있다. 그리고 이를 통해 레버리지, 즉 빚을 활용하는 법을 배울 수 있다. 경매 수업에서 배우는 '등기부등본 읽는 법(권리분석)'은 우리 삶에서 필수로 배워야 하는 항목이다. 나는 고등학교에서 등기부등본 읽는 법을 필수로 가르치고 사회에 내보내야 한다고 생각한다. 등기부등본만 잘 볼 수 있어도 나의 재산을 뺏기지 않을 수 있다.

경매 사이트에서 물건을 검색하다 보면 집주인의 문제로 전세금, 보증금을 완전하게 돌려받지 못하고 쫓겨나는 안타까운 세입자들을 종종 보게 된다. 그들은 얼마나 속이 상할까. 그 돈은 전 재산과 다름없을 것이다. 전 재산을 빼앗긴 그들은 어디로 갈 수 있을까. 하루하루 생활을 유지하느라 다른 것을 배울 여유가 없는 사람들에게 세상은 더 큰 리스크를 지게 한다고 생각한다. 세상은 생활의 여유, 공부할 여유, 생각할 여유가 없는 사람들에게 더 가혹하다.

경매는 특히 '레버리지'를 배울 수 있는 효과적인 커리큘럼이다. 남의 돈(대출 또는 보증금)을 사용하여 투자해 수익을 극대화하는 방법을 배울 수 있다. 이해도가 생겨 생각의 폭이 넓어지게 되면 그 후부터는 신문기사, 책 속에 나오는 다양한 이야기와 사례들이 이해가 되고, 그 속에서 배울 수 있게 될 것이다(욕을 하고 배 아파하는 것이 아니라).

경매를 배울 수 있는 곳은 굉장히 많다. 사설학원이나 온라인에서도 배울 수 있다. 내가 운영하는 '레버리지마스터' 과정도 경매를 가르치는 수업이다. 강사의 자질과 금액, 과정 내용을 잘 비교하여 신뢰할 수 있는 곳을 선택해서 배우면 된다.

지금 현재 투자할 만한 자본금은 없더라도 시간이 있을 때 배워두는 것도 좋다. 공부를 하며 관심을 갖고 있으면 종잣돈을 모으는 목표에 집중력이 생기고 속도도 빨라질 수 있다. 아무래도 관심이 생기면 관련 단어와 법률에 대한 이해도가 높아지고, 관련 기사들이나 세상도 이전과는 다르게 보일 것이다. 그리고 그 안에서 기회를 발견할 확률도 높아질 것이다.

경매를 통해 빚에 대해 이론적으로 이해했다면, 이젠 경험을 통해 빚에 대해 더 알아가는 것이 필요하다. 자신이 감당할 수 있는 무리하지 않는 선에서 첫 투자를 해보는 것이 좋다. 경매의 전 과정인 '물건검색 → 임장 → 입찰 → (낙찰 시) 명도 → 인테리어 → 수익 창출'의 사이클을 경험해보는 것이 가장 훌륭한 공부가 된다.

경매가 아니더라도 일반 매매를 통해 빚을 이용하여 수익을 창출하는 경험을 해볼 수 있다. 대출을 이용하여 부동산을 구입하고, 인테리어를 해서 물건의 가치를 높이고, 세입자를 구해서 빚의 이자를 제하고 수익을 남기는 경험을 해보면서 점점 빚에 대한 지식과 자신감을 쌓아가는 것이다.

이런 경험을 하면서 점차 빚이 무서운 것이 아닌 자신에게 이로운 것임을 깨닫게 될 것이다. 그리고 이 첫걸음이 당신을 경제적 자유를 얻는 길로 안내해줄 것이다.

이제 "집을 살 때 빚은 얼마를 얻는 것이 적당한가요?"라는 질문이 왜 잘못되었는지 이해할 수 있을 것이다. '빚에 대한 이해도와 경험'이라는 나의 답변에 대해서도 이해할 수 있을 것이다.

절약과 저축만으로 가난은 면할 수 있을지 모르지만, 결코 부자는 될 수 없다. 빚을 이해한다는 것은 부자가 될 수 있는 가능성을 의미한다. 이를 공부하는 데 힘써야 하고, 돈과 시간을 써야 한다. 그럴 만한 충분한 가치가 있다.

어떤 사람은 세상을 '빚 권하는 사회'라고 비판한다. 소비를 부추기고, 빚을 권한다는 것이다. 이는 맞는 말이다. 세상을 정확히 본 것이다. 이것이 '자본주의 사회'의 근본이기 때문이다. 자본주의 사회에서는 '빚'이 곧 '돈'이다. 이 이야기를 처음 접했을 때 나 역시 불편한 마음이 일었다. 괜스레 억울한 느낌마저 들었다. 돌아보면 그동안 빚을 지지 않으려고 노력하고, 절약하며 열심히 착실하게 살아온 나의 삶의 방식을 부정당한 것 같아 인정하기 싫었다. 하지만 지금은 그 명제가 사실임을 인정하지 않을 수 없다.

자본주의 사회에서는 빚이 많은 사람을 좋아한다. 돌아보면 은행에서는 수십억 원의 대출이 있는 기업의 대표를 귀하게 대접했다. 대출 하나 없이 꼬박꼬박 열심히 저축하는 고객에겐 하지 않는 대우 말이다. 그땐 그 이유를 이해할 수 없었지만 지금은 이해한다. 빚을 돈으로 받아들일 수 있게 된다면, 지금 우리가 살고 있는 이 사회를 보다 유리하게 살아낼 수 있을 것이다.

전업 투자는 신중하게 생각해야 한다

B I G S T E P

경매를 해서 수익을 만들어보면 엄청난 희열과 자신감이 생긴다. 때로는 그 수익이 자신의 예상치보다 클 수도 있다. 그리고 한 번 수익을 창출하면 별다른 노동과 시간의 투입 없이도 계속 수익이 들어온다. 때문에 노동과 시간을 정확히 투입해야 나오는 월급과 비교가 된다. 게다가 노동수입은 한계가 있고, 미래에 대한 불안감까지 있기 때문에 몇 달 경매를 공부해서 만든 이 수익이 엄청나게 매력적으로 느껴질 것이다. 이것을 해낸 자신이 꽤 멋지고 대단하다는 생각도 들 것이다. 자신이 경매에 재능이 있는 것 같은 느낌, 혹은 확신까지 생긴다. 그래서 곧 이런 고민을 하게 된다.

'회사 때려치우고 전업 투자자가 되어볼까?'

이 생각에는 이런 배경이 깔려 있다. '지금 회사를 다니면서 바쁜 와중에 짬짬이 시간을 내서 물건을 검색하고, 퇴근 후나 주말에 임장을 다니고, 월차를 내서 입찰을 다녀왔다(입찰은 대리인을 시킬 수도 있다). 그랬는데 이 정도의 수익을 냈다! 본업이 있기 때문에 경매를 하는 데 여러 가지 제약이 있어 힘들었고, 답답한 적도 많았다. 시간을 쪼개 짬짬이 했는데 이 정도 성과를 냈다면, 만약 회사를 그만두고 하루 종일 시간과 노력을 투입한다면 수익이 엄청나게 늘지 않을까?' 이런 생각을 하게 되는 것이다.

그렇다면 정말 전업 투자자로 전향하면 그에 비례하여 수익이 증대될까? 내 생각은 그것은 결코 쉽지 않다는 것이다.

아파트 시세는 대부분 정해져 있다. 물론 상황에 따라 오르는 추세나 하락하는 추세가 있지만, 그래도 다른 물건에 비해 시세가 정확한 편이다. 하지만 종종 이해가 되지 않는 가격으로 낙찰을 받아 가는 사람이 있다. 높은 낙찰가는 사람들이 가장 선호하여 높은 경쟁률을 보이는 것이겠지만, 이 중에는 '낙찰'을 위한 경매 투자를 하는 사람이 있다고 생각한다.

보통 경매를 할 때 10번 입찰을 하면 보통 1번 낙찰을 받는 확률이라고 한다. 그렇다면 10번 입찰을 해서 1번 낙찰을 받는다는 것은 무엇을 의미할까?

한 번 입찰하기 위해서는 많은 물건 중 임장할 물건을 선정하고, 임장을 통해 시세를 조사하면서 최대 수익을 낼 수 있는 낙찰 금액을 정하는 과정을 거치게 된다. 이런 과정을 거쳐 한 번의 입찰을 하게 되는데, 낙찰보다는 패찰을 하게 될 확률이 높다. 그래서 패찰을 몇 번 반복하다 보면 이런 생각을 하게 된다.

'내가 지금 얼마나 시간과 노력을 들였는데, 또 패찰이야? 정말 내 인건비도 안 나오네!'

처음 경매를 할 때에는 싸게 살 수 있다는 것을 장점으로 시작했지만, 나중에는 '낙찰을 위한 경매'를 하는 경우가 생긴다. 내가 들인 시간과 노력을 낙찰로 보상받고 싶은 심리가 생겨서 입찰 금액을 높게 적어내는 것이다. 내가 해냈다는 것을 인정받기 위한 입찰, '수익'을 내기 위한 경매가 아닌 '낙찰'을 받기 위한 경매에 참여하게 되고, 자연히 수익률은 낮아지게 된다.

경매에서 '낙찰'받는 사람은 가장 높은 금액을 쓴 오직 한 사람뿐이다. 그렇기 때문에 수익률을 차치하고, 그저 높은 금액만 쓰면 사실 낙찰은 매우 쉬운 일이다. 하지만 경매에 참여하는 가장 큰 목적 중 하나가 시세보다 더 저렴하게 사기 위한 것이다. 때문에 실제 여러 번의 패찰 끝에 낙찰을 받았다는 것은 꽤 괜찮은 수익률의 부동산을 얻게 되었다는 것을 의미한다. 즉 수많은 패찰 경험이 있다는 것은 자신의 투자 원칙을 고수하며 흔들리지 않았다는 뜻이기도 하다. 이렇듯 사람들은 많은 패찰을 반복하면서 어렵게 낙찰을 받고 있는 것이다.

하지만 세상에 노출되어 있는 사례들은 쉽게 낙찰을 받아 이를 통해 큰 수익을 이뤄낸 이야기들이 많다. 당연히 패찰, 실패가 아닌 성공 스토리들만을 접하게 된다. 이 중에는 운이 좋아서 또는 어떤 특별한 상황에서 이룬 이야기들로, 일반적인 상황이 아닌 경우가 많다. 대부분의 경매 스토리는 그렇게 극적이지 않고, 이자를 빼고 나면 생각보다 적은 수익이 나는 경우가 많다는 사실을 기억해야 한다. 경매로 돈을 벌 수 있는 것은 사실이지만, 결코 쉽지 않은 과정이다. 그러므로 경매에 대한 환상을 버려야 한다.

물론 경매가 아니어도 일반 매매나 급매를 통해서 전업 투자자가 될 수 있다. 하지만 이 경우에도 생각할 부분이 있다. 입찰이나 매매 후 세입자를 얻어서 수익을 창출했다고 가정해보자. 이제 이를 반복하면 되는 것을 알고 있고, 이를 반복할 수도 있다. 하지만 분명 자금이 부족하고 시간은 남아도는 때가 올 것이다. 결국 꾸준한 수입원이 절실해지는 상황을 마주하게 되는 것이다. 투자를 오래 지속하길 원하는 사람일수록 지속적으로 확실한 수익원을 유지해야 한다.

경매는 내가 갖고 있는 투자금에 따라 투자하는 물건의 수준이 정해지고, 비슷한 상황의 투자자들과 만나게 된다. 가진 돈이 적을수록 진입장벽이 낮기 때문에 경쟁은 더 치열하다. 이는 낙찰받기가 더 힘들다는 것이고, 투자 수익률은 낮다는 것을 의미한다. 투자할 수 있는 종잣돈을 더 키워야 하는 이유가 여기에 있다. 투자금이 더 많을수록 더 낮은 경쟁률의 더 높은 수익을 가져다주는 물건에 도전할 수 있다.

투자는 결국 마인드가 엄청난 영향력을 미친다. 전 재산을 가지고 투자하는 사람과 여유 자금으로 투자하는 사람의 마인드는 시작부터 다를 수밖에 없다. 투자할 때 리스크를 덜 두려워하고, 여유롭게 기다릴 수 있는 쪽은 어느 쪽일까? 현재 수익원이 있다면 마음가짐에도 더 여유가 생길 수 있다. 혹시 투자가 실패해서 현금흐름이 막힌다거나, 어떤 문제가 생기더라도 버틸 수 있는 힘을 줄 것이다.

물론 일과 투자를 병행하다 보면 시간은 절대적으로 부족할 것이고, 회사 일에 치이며 지치다 보면 투자를 위해 투입해야 하는 에너지도 부족하다고 느낄 수 있다. 하지만 전업 투자자로서의 전향은 또 다른 리스크를 갖게 됨을 기억해야 한다.

투자는 길게 멀리 봐야 한다. 조급한 마음을 조절하고, 틈틈이 자신의 역량만큼 최선을 다하다 보면 어느새 훌륭한 투자자가 되어 있을 것이다. 그러다 정말 일을 그만두어야 할 때가 올 수도 있고, 이젠 정말 전업으로 투자를 해야 된다는 확신이 들 때가 올 것이다. 고민이 될 때가 아니라 확신이 설 때, 그때 전업 투자자가 되어도 늦지 않다.

재테크는 쥐어짜며 하는 게 아니라
행복하게 하는 것이다

Q&A

월세 대신 낮은 금리의 대출로 갈아탈까요?

자신을 사회 초년생이라고 밝히며 "월세 대신 낮은 금리의 대출을 받는 게 좋을까요?"라고 질문해왔다. 사회에 나와서 자취생활을 시작했는데, 매달 내야 하는 월세가 상당히 부담스럽다고 했다. 그래서 지원정책을 알아보니 청년에게 저리로 대출해주는 상품이 있었고, 이를 이용해 월세를 내면 돈을 절약할 수 있을 것 같다는 것이다. 대출 이자가 월세보다 저렴하기 때문에 대출을 받으면 기존 월세에서 이자를 내고 남은 부분만큼 저축할 수 있을 것 같다는 것이다.

이에 대한 나의 대답은 두 가지다. 일반적인 대답은 당연히 금리가 낮아지고, 정부에서 주는 혜택이니 이를 이용하라는 것이다. 하지만 이 질문을 하는 사람이 나와 아주 가까운 관계라면 대출을 받지 말고 종잣돈을 만들어 월세 생활에서 어서 벗어나라고 조언하겠다. 대출을 받지 말라고 조언하는 이유는 나의 대출 경험 때문이다. 나 역시 은행원 시절 상부의 지시로 만든 마이너스 통장을 결국 한도를 꽉 채워 쓴 경험이 있다. 대출은 눈에 보이지 않고, 내가 곧 갚아야 할 돈임에도 불구하고, 내 돈처럼 느껴지게 만드는 힘이 있다.

처음에는 월세보다 적어진 이자로 고정지출이 줄어들어 조금 여유가 생긴 느낌이 들 것이다. 하지만 이 여유는 곧 늘어난 생활비로 바뀔 위험이 있다. 사회생활 연차가 늘어날수록 씀씀이도 늘어날 가능성이 크다. 결국 조금 절약하기 위해 선택한 대출이 소비를 늘리고, 애초에 생각했던 저축 금액은 늘지 않을 가능성이 크다. 이렇게 되면 추후의 재무 상황은 더 나빠질 수밖에 없다. 지금 내는 월세가 아깝다면 하루라도 빨리 이 아까운 돈을 없애기 위한 근본적인 해결책인 종잣돈 만드는 것에 집중하길 바란다. 무료 강연보다는 내 돈을 내서 듣는 강연에서 더 높은 집중력을 발휘하는 법이다. 수업료를 지불한다고 생각하고, 종잣돈 만들기에 더 의지를 불태워보자.

월세 생활에서 탈출하기 위한 근본적인 해결 방법을 찾아야 한다. 레버리지를 이용하여 자기 집을 매입하거나, 타인에게 월세 수입을 받아서 나의 월세를 줄여나가는 방법을 택해야 한다. 종잣돈을 만들면서 비슷한 수준의 집부터 찾아보자. 부동산중개소에 들러 물어보면 지금 살고 있는 집을 사기 위해서 필요한 최소한의 금액을 알 수 있다. 그리고 자취를 할 수 있는 소형 평수의 집을 사기 위해 필요한 돈이 얼마인지 알아낼 수 있다.

많은 사람이 내 집을 갖고 싶다고 말하면서도 그 집에 대한 기준은 자신이 갖고 있는 자금 상황과 큰 차이를 보인다. 지금 집은 잠시 거쳐가는 곳일 뿐, 이를 소유하는 것은 또 다른 문제라고 생각한다. 이미 너무 오래되어 낡았다며 구매하기 싫은 여러 가지 이유를 댄다. 하지만 잘 생각해보면 이 낡은 집의 주인은 지금 월세를 받고 있고, 나는 힘들게 일해서 월급의 상당 부분을 집주인에게 바치고 있다. 집주인은 일하지 않고 돈을 벌고 있고, 이것이 팩트다. 즉 그곳이 너무 낡았다거나, 너무 코딱지만 하다며 자신이 소유하지 않을 이유를 대고 있을 때가 아니라는 말이다.

물론 만족스러운 훌륭한 집을 살 수 있는 상황이라면 바로 사면 된다. 하지만 그런 상황이 아니라면, 내가 가진 돈 안에서 구매 가능한 집부터 고려해보도록 하자. 낡은 집일지라도 말이다.

낡고 작은 집을 사지 않으려는 데에는 여러 가지 이유가 있을 것이다. 회사를 앞으로 몇 년을 더 다닐지도 모르는 일이고, 회사를 옮기게 되면 거주하는 곳도 옮길 가능성이 있다. 만약 결혼을 하게 된다면 보다 넓은 집이 필요할 것이다. 여러 가지 고민이 많아질 것이고, 이런 걱정들이 집을 사지 못하게 막는 이유일 것이다. 하지만 이런 고민들에는 '집은 평생 사는 곳, 집은 쉽게 사고 팔지 못하는 것'이라는 고정관념이 깔려 있다. 내가 살다가 못 살게 되면 세를 놓거나, 다시 팔면 될 일이다. 집을 사고파는 일이 중대사인 건 분명하지만, 누군가는 매달 하고 있고 매우 쉽고 익숙한 일이기도 하다. 나 역시 다주택자가 된 후 집을 사고파는 것이 사실 어려운 일이 아니며, 집은 때와 상황에 맞춰 바꿔 살 수 있는 것이라는 개념이 생겼다.

집을 사는 것을 너무 대단한 일이라고 생각하지 말자. 물론 전 재산이 들어가고, 나의 미래를 좌지우지할 수도 있는 빚이 생기는 일이다. 그러므로 공부해야 하고, 신중해야 한다. 하지만 아예 생각을 뒤로 미루거나 남의 일이라고 생각하지 말아야 한다.

다시 정리해보면 현재의 고정지출 비용만 따져서 이를 줄이면 그만큼 남은 금액을 아낄 수 있다고 생각한다. 하지만 그 금액 차이에 집중하는 것보다는 고정지출을 근본적으로 없애는 방법에 집중하길 바란다. 고정지출이 너무 아깝다는 생각을 종잣돈을 만드는 절실함으로 이용해보는 것은 어떨까? 월급의 상당 부분을 월세나 대출 이자로 내고 있으면서도 그게 아까운지 모르는 사람들도 많다. 월세를 아까워해야 한다. 대출 이자가 낮은 곳을 찾는 노력 대신 빚을 공부해나가야 한다. 이런 경험들을 빨리 시작할수록 레버리지에 대한 이해도 늘어날 것이고, 부자가 될 가능성도 커질 것이다.

BIG STEP

STEP 5

금융 상품의
두 얼굴

의료실비보험과 암보험은 꼭 가입해야 할까?

B I G S T E P

"얘들아, 너희들 의료실비보험은 다들 하나씩 가입했지? 벌써부터 점점 병원 갈 일도 많아지고, 우리도 이제 건강을 신경 쓸 나이가 된 것 같아."

"맞아. 나도 그래서 보장 빵빵한 것으로 하나 가입해뒀지."

친구들과의 단체 채팅방에서 시작된 보험 이야기는 모두가 의료실비보험, 암보험의 필요성에 대해 공감하고 있는 분위기였다. 서로의 건강을 걱정해주며 훈훈한 이야기가 오갈 때 즈음 친구들을 당황시킨 나의 말.

"난 보험 가입 안 했는데?"

내 말이 끝나기 무섭게 친구들은 하나같이 우려 섞인 말들을 하기 시작했다. '앞으로 어디가 어떻게 아플지 모르는데, 빨리 보험을 가입해둬라. 빨리 가입할수록 보험료가 저렴하니 지금이라도 빨리 가입해라. 나중에 큰 병이라도 걸리면 큰일 난다'며 나에게 하루빨리 보험에 가입하기를 권했다. 친구들은 의료실비보험이나 암보험 하나 없이 나이를 먹는다는 것은 마치 아무 무기 없이 전쟁터에 나가는 것과 같다고 생각하고 있는 듯했다. 만일 보험도 없는데, 아프기라도 한다면 폭삭 망하게 될지도 모른다는 분위기였다.

나 역시 은행원 시절에는 정말 그런 줄 알았다. 자연스럽게 접하게 되는 광고 문구들과 보험 판매를 위한 교육을 통해 더더욱 그런 생각이 세뇌되었다. 하지만 지금은 보험에 대해 전혀 다른 생각을 갖고 있다. 참고로 나는 현재 의료실비보험, 암보험에 가입하지 않았다.

정말 의료실비보험이나 암보험은 꼭 필요한 것일까? 특정 질병의 가족력이 있는 사람들이라면 보험 가입을 권하겠다. 결국 보험은 확률 싸움인데, 이들은 그만큼 그 병에 걸릴 확률이 높기 때문이다. 물론 보험사 역시 이를 모를 리가 없기 때문에 과거 관련 질병에 대한 병원진료 내역 등을 모두 조사할 것이고, 그 결과 가입하는 것이 자신들에게 유리하다고 판단이 될 때 가입 승인을 해줄 것이다. 즉 정말 보험이 필요한 위험군의 사람은 보험에 가입할 수 없는 아이러니가 생긴다.

자신의 생활 습관이나 그 외 여러 요인으로 훗날 병을 얻을 것 같은 불안감이 있거나, 현재 병원에 자주 다니는 사람은 보험에 가입해두는 것은 괜찮다고 생각한다. 보험 가입만으로도 큰 심리적 위안과 안정감을 느낄 수 있을 것이고, 이런 가치도 무시할 수 없다고 생각하기 때문이다. 하지만 지금 이렇게 전 국민이 보험이 없으면 큰일 날 것처럼 생각하고, 보험이 없으면 불안하게 만드는 우리 사회의 분위기는 분명 뭔가 잘못된 것이라고 생각한다.

국민건강보험을 신뢰하는 이유

B I G S T E P

민간보험을 부추기는 사회, 이를 누가 만들었을까? 이는 당연히 이런 상황에서 이득을 보게 되는 민간보험사들일 것이다. 내가 보험에 가입하지 않은 이유는 민간보험사보다 국가를 더 신뢰하기 때문이다. 나는 국가가 운영하는 국민건강보험, 국민연금보험을 더 신뢰한다. 사람들이 개인적으로 부담하고 있는 의료비나 암보험 같은 민간보험비를 줄이고, 국민건강보험의 보장 내역이 더 확대되어야 한다고 생각한다.

우리나라는 국가 의료보험 시스템이 비교적 잘 갖춰져 있다. 민간보험사의 보험 상품과 비교해도 사실 객관적으로 훨씬 낫다. 예를 들면 민간보험사의 상품들은 내가 가입한 한도 내에서만 보장해주고, 이 역시 매우 깐깐하게 검증한다. 그리고 절대 내가 낸 돈보다 많이 주지 않는다. 하지만 나라에서 보장해주고 있는 건강보험 혜택은 내가 낸 돈보다 더 많이 돌려받을 수 있는 구조이다.

장난꾸러기 아들 녀석은 두 돌이 되기도 전에 병원 응급실을 두 번이나 갔었다. 한 번은 열이 심하게 나더니 경련까지 일어나 급하게 119를 불러 응급실에 갔다. 또 한 번은 시아버지의 자전거 바퀴에 발이 끼어서 발바닥이 벗겨지는 사고가 나서 가게 되었다. 두 번 모두 정말 위급한 상황이었고, 난생처음 응급실이라는 곳을 가보게 되었다.

치료를 잘 받고 난 후, 병원비가 궁금해졌다. 큰 금액을 예상하고 있었는데, 실제 내가 지불한 돈은 대략 2만 원 안팎이었다. 너무도 저렴한 금액 아닌가? 나는 깜짝 놀라 진료비 내역을 자세히 보았다. 실제는 10만 원이 넘는 금액이었지만, 보험공단에서 지불하고, 순수하게 내가 부담해야 하는 부분은 2만 원 정도였다. 국가 의료보험 혜택을 받는 순간이었다. 물론 이전에 소소하게 약국에서 약을 사며 보험 혜택을 받았지만, 금액이 커지니 그 체감도가 달랐다. 열심히 국민건강보험료를 내야겠다고 생각했다.

내 지인은 초기에 암을 발견했는데, 예상치 못한 일이었기에 사실 병원비 걱정을 많이 했다고 한다. 하지만 생각보다 국민건강보험에서 보장해주는 부분이 커서 놀랐다고 한다. 이 경험을 한 후 나라가 국민건강보험의 보장 내역을 더욱 확대하기 위한 노력을 기울여야 한다는 확고한 생각을 갖게 되었다고 한다.

우리는 실제 민간보험보다 국민건강보험에서 훨씬 많은 혜택을 받고 있다. 하지만 사람들은 민간보험사의 상품을 선호하고, 더 신뢰하고 있는 것 같다. 왜 그럴까 생각해보니, 높은 광고 노출 빈도가 큰 역할을 하는 것 같고, 지원을 받는 과정도 영향이 있는 것으로 보인다. 국민건강보험에서 지원되는 비용은 청구서에 자동 차감되어 나오기 때문에 사람들은 차액만 지불하면 된다. 그래서 혜택을 받았다는 실감이 덜하다. 그에 비해 민간보험은 내가 먼저 돈을 모두 지불한 후, 많은 서류를 떼고 절차를 거쳐(내 수고를 들여서) 돈을 다시 돌려받게 되기 때문에 실감이 더 크다. 나의 수고를 통해 받는 것에 대한 성취감, 만족도가 더 크게 작용하는 것이 아닐까.

내가 또 보험을 가입하지 않은 이유는 보험사가 보험료를 주지 않으려고 열심히 노력한다는 것을 잘 알고 있기 때문이다. 부산의 한 한방병원의 100억 원대 보험 사건을 뉴스에서 본 적이 있다. 암이나 질병으로 병원을 찾아 치료받고 의료실비보험료를 수령한 환자들이 단체로 보험 사기꾼이 된 사건이다. 병원과 보험사는 이들이 보험료를 받기 위해 불필요한 입원과 치료를 했다며 소송을 했고, 환자들은 몇백만 원의 벌금형이 선고되었다. 즉 보험 사기꾼이 된 것이다. 하지만 환자들은 금융에 무지한 60, 70대 노인들이 많았고, 하나같이 병원에서 좋다고 해서 살기 위해 해볼 수 있는 것은 다 해보고자 최선의 치료를 선택했던 것이라고 말했다. 물론 의료실비보험을 갖고 있었기 때문에 부담 없이 선택한 치료들도 있을 것이다. 하지만 이는 보험에 가입한 사람들이 당연히 갖게 되는 본전 심리 아닌가?

졸지에 보험 사기꾼이 되어 벌금을 내게 된 사람들은 억울함을 토로했다. 이 소송의 판결에 결정적인 역할을 한 것은 병원 의사들이 쓴 의료 자문서라고 한다. 그런데 한 의사가 방송 인터뷰에서 의료 자문서는 병원 의사의 이름조차 적혀 있지 않은 채 작성되는 경우가 많고, 이 역시 보험사가 의사에게 비용을 지불하고 보험사에 유리하게 작성하도록 요구하는 경우도 있다고 밝혔다. 간단한 작성만으로 쉽게 돈을 받게 되니, 유혹을 거절하기 힘들다는 것이다.

보험사는 겉으로는 고객에게 든든한 지원군이 되겠다며 광고하고 있지만, 뒤에서는 어떻게 하면 보험료를 더 적게 지불할 수 있을까를 연구한다. 운 나쁘게 그 대상이 내가 된다면 얼마나 억울할 것인가. 억울함을 풀어보겠다고 보험사와 싸울 것을 결심해보지만, 그러기엔 일반 사람들은 돈도 시간도 지식도 모두 불리할 뿐이다.

이것이 국가의 의료 시스템이 더 발전되고 보장 범위가 확대되어야 하는 이유이다. 그리고 내가 의료실비보험이나 암보험에 가입하지 않는 이유이다.

연금보험의 실제 수령액이 적은 이유

B I G S T E P

민간보험사의 연금보험 역시 마찬가지다. 보험에 대한 절대적인 믿음으로 연금보험으로 노후 준비를 하는 사람들이 있다. 이들에게 보험은 사고와 질병을 위한 대비책이자, 저축 통장이며 노후연금이다. 특히 연금보험은 보통 첫 직장에 들어가면서 제일 먼저 가입하게 되는 상품이다. 나 역시 선배 직원들이 연금보험은 소득공제도 받을 수 있고, 노후를 위해서도 필요하니 무조건 가입해두라고 해서 가장 먼저 계약했던 보험 상품이다. 먼저 일반저축 연금보험에 가입했고, 후에 변액연금보험과 변액유니버셜보험도 가입했다. 나 역시 연금보험은 최대한 빨리 가입해 젊을 때 열심히 돈을 넣어 놓아야 한다고 생각했다. 훗날 연금을 수령할 때가 오면 참 든든할 것 같았다.

하지만 시간이 갈수록 뭔가 불안한 마음이 들었다. 몇십 년 후에 그 돈을 정말 받을 수 있을까? 게다가 변액연금보험에 넣었던 나의 원금은 손실까지 나기 시작했다. 내가 연금을 수령할 때 즈음 수익률이 마이너스라면 이것만 믿고 있던 나의 노후는 어떻게 될까? 게다가 정말 그럴 가능성도 있어 보였다.

선배 은행원이나 보험사 직원들에게 연금보험의 투자 수익률이 마이너스인데 어떻게 하느냐고 물어보았다. 그러자 장기적으로 보면 분명 수익이 날 것이니 이때 더 많이 돈을 넣으라는 대답이 돌아왔다. 낮은 금액으로 살 수 있는 좋은 매수 타이밍이라는 것이다. 결국 난 가입했던 변액연금보험, 변액유니버셜보험을 중도에 해지하였다. 해지 후, 사업비와 해지환급금까지 빼고 실제 내 손에 들어온 돈은 절망스럽게도 내가 납입한 돈의 절반 수준이었다. 일반 연금보험은 해지하지 않고 갖고 있긴 하지만 납입은 중단한 상태이다.

변액연금보험은 사업비가 평균 11퍼센트나 된다. 12퍼센트 이상 수익이 나야 원금이 '그제야' 회복되는 것이다. 12퍼센트의 수익률은 주식이나 펀드를 해본 사람은 알겠지만, 결코 달성하기 쉬운 수익률은 아니다. 게다가 더 중요한 것은 이 수익률이 꾸준해야 하는데, 경기나 상황에 따라 수익률의 등락은 물결칠 수밖에 없다.

보험사가 제공하는 수익률 발표도 주의해야 하는데, '내가 납입한 돈'이 아닌 사업비를 제한 후, '펀드에 순수 투입된 금액'에 대한 수익률임을 기억해야 한다. 이 수익률만 믿고 있다가 훗날 실제 돈을 받게 될 때 생각보다 적은 금액을 보고 깜짝 놀랄 것이다.

아무리 인플레이션으로 장기 투자하면 결국 오른다고 말하지만, 사업비가 이렇게 크고 게다가 꾸준히 떼어가기 때문에(추가 납입에 대한 수수료는 0~3% 수준) 나의 노후를 담보하기에는 너무 위험한 상품이라고 생각한다. 변액연금보험에 대해서는 상속이나 절세 같은 특별한 가입 사유가 아닌 순수 노후보장을 위한 용도로는 절대 추천하지 않고 싶다. 노후를 대비하는 데 모험을 해서는 안 되지 않겠는가?

그런데 저축형 연금보험마저 수령 금액이 달라질 수 있음을 알게 되었다. 우연히 보게 된 「시사매거진 2580」의 '연금보험의 배신'이라는 제목의 유튜브 영상이었다. 20년 전 연금보험에 가입하고 이제 드디어 기다리던 연금을 받기 시작한 문방구 사장님의 이야기가 나왔다. 그분의 인터뷰 장면은 매우 인상 깊었다.

그는 연금보험 상품에 가입하여 매달 24만 원씩 15년 동안 납입했고, 수령 시점인 60세가 되기를 무척 기대하고 있었다. 친구들에게도 자신은 연금보험을 가입해놔서 아주 든든하다며 엄청나게 자랑했다. 그리고 드디어 수령이 시작되었다. 그런데 연금 상품의 계약 내용을 보면 연금 수령 첫 해는 1,940만 원이 지급된다고 적혀 있지만, 실제 받은 돈은 1,040만 원이었다. 무려 900만 원 가까이 금액이 줄어든 것이다. 게다가 그다음 해부터는 이마저도 더 줄어서 500만 원 정도가 지급되었다. 한 달로 치면 40만 원 꼴이다. 가입 시 약속했던 계약서상 금액의 3분의 1 수준이었다. 인터뷰의 주인공은 환갑을 맞아 가족과 함께 가려고 했던 일본 여행도 취소했고, 자신의 노후 계획을 망쳤다며 분통을 터뜨렸다.

보험사 측에서는 금리가 떨어졌기 때문에 이렇게 연금액이 정해졌다는 이야기를 되풀이하며, 항의하는 문방구 사장에게 꽃다발과 소송 판결문 한 장을 놓고 갔다. 이런 상황에서 소송을 했다가 패소당한 사례의 판결문을 말이다. 나는 이를 보고 문방구 사장님과 같이 분한 마음이 들었다. 정말 잔인한 일 아닌가!

보험사 입장에서는 계약서에 다 적어 놓은 사항이기 때문에 문제가 없다고 했다. 계약서를 자세히 보니, 추후 금리 변동으로 연금수령액이 달라질 수 있다는 말이 아주 작은 글씨로 적혀 있었다. 하지만 고객은 그보다 몇 배 크기로 좋은 위치에 또렷하게 적혀 있는 최저보장이율 연 7.5퍼센트를 더 기억하는 법이다. 분명 계약서에는 금리가 줄어도 최저 연 7.5퍼센트의 이율이 보장된다고 적혀 있는데, 그렇다면 이것은 왜 지켜지지 않은 것일까?

그것은 연금의 구조를 살펴보면 답이 나온다. 연금은 '기본연금'과 '배당연금'으로 나눠어서 고객에게는 이를 합산하여 수령액이 나가게 된다. 여기서 기본연금은 확정 금액이고, 배당연금은 수익 배당금이라고 한다. 계약서상 '기본연금' 부분에는 최저보장이율을 적용한다. 하지만 수령 시점에서 배당연금 부분에서 손실이 나거나 수익이 줄어들게 되면 실제 받는 연금액이 줄어들게 되는 것이다. 계약서에는 작은 글씨로 '배당연금은 변동될 수 있음'이라고 적어두었기 때문에 보험사는 소송을 하더라도 전혀 문제가 되지 않는 것이다.

최저 이율(당시 7.5퍼센트) 적용 부분		수익 배당(연금액이 줄어들 수 있음)
기본연금	+	배당연금
실수령액		

문방구 사장님의 경우 배당연금에 들어간 돈의 수익이 가입 시점의 예상치보다 줄어든 경우이다. 이런 사실은 은행원 시절 열심히 보험을 판매했던 나도 잘 몰랐던 사실이었다. 내가 배운 것은 '최저보장이율'이 고객에게 꼭 강조해야 할 판매 포인트라는 사실이었다. 나 역시 그 부분이 계속 금리가 바뀌는 은행 저축 상품에 비해 보험이 가진 장점이라고 이해했다. 그리고 늘 고객에게 향후 금리가 떨어질 가능성이 있으니 하루 빨리 보험에 가입해두는 것이 유리하다며 권유했다. 보험의 최저보장이율과 수령 시점의 예상 연금 수령액을 보여주면서 말이다.

보험사는 상품 안내서를 만들 때 수익에 따라 금액이 달라지는 '배당연금' 부분을 높게 '예상하여' 계산한 연금 수령액으로 판매 스킬을 가르친다. 보험 판매자들은 듣고 배운 대로 고객에게 보여주며 계약을 권하게 된다. 그렇기 때문에 고객으로서는 당연히 이를 내가 훗날 받을 연금액이라고 기억하게 된다. 10년을 넘게 돈을 꼬박꼬박 납입하고, 또 한참을 기다려서 드디어 받는다는 생각에 기대하고 있는 사람에게 결과적으로 받을 돈이 확 줄어버렸다고 한다. 그리고 그제야 (가입 시점이 아닌 수령 시점에) 왜 그런 금액이 나오는지 설명해준다면 얼마나 황당하고 억울하겠는가!

고객 입장에서는 배당연금, 기본연금이라는 개념이 중요한 게 아니지 않은가! 그저 내가 얼마씩 부으면 몇 세 때 매달 얼마를 받는지가 중요한 것이고, 이 하나만 기억할 뿐이다. 보험 판매자 역시 이렇게 설명하고 있지 않은가. 보험 하나만 믿고 노후에 받게 될 금액만 기대하고 있었던 사람의 좌절감은 얼마나 클까? 10년 전 납입을 멈춘, 나의 하나 남은 연금보험에 돈을 더 넣지 않은 것이 다행이란 생각이 들었다.

보험사들은 풍요로운 노후를 책임지겠다며 연금보험의 가입을 권유하고 있다. 하지만 그들은 가입을 권유할 때만 친절할 뿐, 이렇게 갑자기 무섭도록 차가워지기도 한다. 당연히 주어야 할 보험료를 주지 않거나 적게 주려고 연구하고 노력한다. 그것이 곧 보험사의 수익으로 잡힌다. 게다가 보험사는 경기 상황에 상관없이 수수료를 챙기기 때문에 금리가 떨어지거나 수익이 줄어들어도 손해를 보지 않는다. 자료를 조사하며 피해 사례들을 보면서 화가 나는 것을 넘어 섬뜩하기까지 했다. 오직 손실과 손해는 개인의 몫이었다. 내 노후는 힘을 키워 스스로 책임지겠다는 다짐을 다시 하게 되었다. 영상 말미에 문방구 사장님은 이렇게 절규했다.

"보험사는 칼만 안 들었지. 이건 사기야, 사기! 나보고 죽으라는 소리나 다름없어."

보험의 혜택을 받는 건 부자들이다

BIG STEP

보험은 과연 누구에게 필요한 것일까? 답은 돈이 많은 사람이다. 어느 날 보험사 지점장과 미팅을 하게 되었다. 그분께 평소 내가 갖고 있었던 보험에 대한 생각을 이야기했다.

"전 사실 보험에 대해 회의적인 편이에요. 그 돈을 갖고 보험 대신 저축을 하는 편이 재테크 면에서 더 낫다고 생각하거든요. 보험은 부자들을 위한 상품이니까요."

나의 의견에 반박할 것이라고 예상했는데, 지점장님의 답변은 놀라웠다.

"맞아요. 저도 보험을 오래 팔다 보니, 보험은 서민들을 위한 것이 아니라는 것을 인정하게 되더라고요. 서민은 우선 끝까지 보험료를 납입하고 유지하는 것부터가 힘드니까요. 보험은 부자들에게 필요한 상품이고, 현재 가장 보험의 혜택을 받는 사람들도 부자들이죠."

나의 의견에 동조한 지점장님을 보고 그동안의 경험과 나름의 고민을 통해 내린 나의 결론이 틀리지 않았다는 생각이 들었다.

대부분 보험은 장기 납입을 하게 되는데, 가입했다가 중도에 해약하게 되면 원금 손실을 감수해야 한다. 너무 쪼그라든 해약 후 환급금액 때문에 해지하지 못하고, 그냥 보험을 묵혀둔 사람들도 많을 것이다. 먼 미래에 올지 모르는 위험에 대비하기 위해, 그리고 노후를 위해 보험을 가입한다. 하지만 이를 끝까지 납입하며 유지하는 것부터가 쉽지 않다. 또 일반 사람들에게 갑자기 위급한 상황이 일어나거나 가정 경제가 어려워지는 상황이 오면 필요한 자금을 마련하기 위해 가장 먼저 하는 일이 보험 해약이다. 대부분의 사람은 여유 자금으로 보험에 가입하고 있지 않다. 큰 결심을 하고 보험에 가입하여 월급을 쪼개 보험료를 납입하고 있는 것이다. 늘 여유롭지 못한 상황이고, 이런 상황에서 갑자기 급한 일이 생기면 어쩔 수 없이 그동안 힘들게 모아두었던 보험금부터 떠올리게 된다. 많은 사람에게는 끝까지 보험료를 납입한다는 것 자체가 큰 목표이다.

열심히 보험료를 납입했다고 하더라도 보상받는 시점에서 계약할 때 기대했던 상황과 달라지는 경우도 많다. 사고나 병이 들었지만, 보험에서 보장하는 위험 내용에 정확히 들어맞지 않을 위험이 있는 것이다. 또는 앞의 사례에서처럼 기대했던 금액과 수익률이 나오지 않는 리스크도 있다. 부자가 아닌 일반 사람들의 보험은 이렇게 여러 (내가 컨트롤할 수 없는) 리스크를 갖고 있다.

부자들의 보험 가입은 그 목적부터 일반 사람들과 다르다. 그들은 향후 위험을 대비하기 위해 가입하지 않는다. 그들의 위험(사고나 질병, 노후 보장)은 그들의 자산으로 충분히 방어할 수 있다. 대신 부자들은 미래에 낼 세금을 줄이기 위해 보험을 활용한다. 자식의 상속세를 줄이기 위해서 보험에 가입해 재산을 줄여 소득세를 낮추거나, 자식이 부담할 상속세를 준비하기 위한 목표로 보험에 가입하는 것이다. 상속세는 금액에 따라 10~50퍼센트까지 적용되는데, 금액이 크면 클수록 많은 세금을 내야 한다. 종신보험 가입자를 자식 이름으로, 피보험자를 부모로, 수익자는 자식 이름으로 가입해 훗날 부모가 사망 시 자식이 보험금을 받도록 하는 것이다.

보험금은 상속 재산에 포함되지 않아 세금을 아낄 수 있다. 물론 부모가 보험료를 낸다면 그 부분에 대해서는 당연히 상속세를 내야 하기 때문에 보험료를 자식이 납부하는 것처럼 설계한다. 이때에는 자식이 소득이 있음을 증명해야 하지만, 규정은 준비하면 충분히 만들 수 있는 부분이다. 규정을 지키는 것처럼 조치를 취해 놓고, 실제는 부모가 자식의 이름으로 보험료를 납입하는 경우도 있을 것이다. 부자들은 이렇게 보험을 통해 세금을 줄이면서, 자식에게 한 푼이라도 더 많은 돈을 물려주려고 노력한다.

이는 한 가지 예일 뿐이다. 부자들은 여러 가지 목적으로 보험에 가입한다. 그렇기 때문에 이들의 보험 가입 금액은 우리의 상상을 초월한다. 억 단위를 일시불로 납입해 보험에 가입하기도 한다. 일반 사람들의 보험과 부자들의 보험은 인식부터 활용하는 것까지 큰 차이가 있다. 그래서 나는 보험은 부자를 위한 상품이라고 말하는 것이다.

물론 부자가 아님에도 보험 덕을 톡톡히 본 사람도 있을 것이다. 우리 엄마만 봐도 엄청난 보험 예찬론자다. 엄마는 의료실비보험에 가입해, 병원을 아주 부담 없이 다니신다. 특별히 큰 병에 걸려서 거액의 진단비를 받아본 적은 없지만, 보험에서 보장하는 내용의 자잘한 치료나 수술을 받고, 진료비와 치료비를 돌려받은 경우가 꽤 많았다. 그때마다 엄마는 아주 뿌듯해하셨다. 마치 공짜로 큰 이득을 본 것처럼 엄청 만족해하신다. 소액 보상 경험이 있는 우리 엄마의 만족도가 이리 큰데, 아마 큰돈의 보험금을 받아본 사람이라면 더욱 보험을 예찬하게 될 것이다.

우연으로 보험 혜택을 본 사람을 제외하더라도 실제 보험의 역할 그대로 보험이 필요한 사람들도 분명 있다. 특정 질병에 대한 가족력이 있거나 위험군이라면(물론 이런 사람들은 보험사가 가입을 거절할 가능성도 크지만), 보험에 가입해서 보호 장치를 만들어두는 것이 꼭 필요하다고 생각한다. 하지만 소수를 제외하고 대부분의 경우, 보험 가입에 대해서는 나는 여전히 회의적이다.

저축할 여력도 없는데 보험부터 가입하는 사람들은 특히 말리고 싶다. 없는 생활비를 쪼개 보험에 가입하지 말자. 많은 사람이 자신의 수입 대비 너무 큰 금액을 보험료로 납부하고 있다고 생각한다.

그리고 보험에 너무 큰 기대를 하고, 의지하고 있는 모습이 우려스럽다.

보험에 자신의 미래를 담보하지 말자. 차라리 보험 대신 저축을 하고, 투자 공부를 통해 힘을 키워 미래를 준비해나가길 바란다. 세상에 믿을 것은 오직 나밖에 없다. 나는 정말 그렇다고 생각한다. 훗날 억울한 일이 생겼을 때 억울하다며 세상에 외친다고 한들, 그래서 다른 많은 사람이 안타깝게 생각한들 실제 해결되는 것은 거의 없다. 애초에 억울한 일이 생기지 않도록 하자. 나이를 먹으면 당연히 병원에 간다고 생각하지 말고, 건강하고 젊을 때부터 좋은 음식을 먹고, 몸 관리를 하는 것이 현명하지 않은가.

'나는 건강할 거야. 하지만 혹시 병을 얻어 병원에 갈 것을 대비하기 위해 저축을 해서 준비해 놓을 거야.'

이렇게 생각해보는 것은 어떨까? 물론 미래에 일어나는 일들은 누구도 알 수 없고, 내가 컨트롤하는 데에도 한계가 있을 수 있다. 하지만 보험이 보장해주는 범위에도 분명 한계가 있다. 시간이 흐를수록 새로운 병도 생기고, 이런 상황에서 보험 하나만 믿고 건강관리, 노후 준비에 신경을 쓰지 않는 것이 더 위험한 일 아닐까? 평소 생활습관부터 질병의 확률을 낮추려는 노력을 해나가고, 나의 위험을 나 스스로 방어할 수 있도록 차근차근 힘을 키워나가 보자. 그것이 진짜 확실한 보험 아닌가? 나 스스로가 나의 보험이 되는 것이다.

노후를 준비하는 가장 확실한 방법

BIG STEP

미래를 위한 재무플랜은 결국 무엇일까? 많은 재무설계사가 노후를 위한 대비가 필요하다며 자신에게 상담하러 오면 확실히 해결해주겠다고 말한다. 그리고 그들이 결국 제시하는 것은 대부분 보험 상품이다.

나는 기본적으로 보험은 부자들을 위한 것, 그리고 밝은 미래를 위해서가 아닌 '어두운 미래'를 대비하기 위해 존재하는 것이라는 생각을 가지고 있다. 그렇기 때문에 부자가 아닌 사람이 선택하는 보험은 노후를 위한 장기적인 저축 플랜이 아닌, 위험에 대비하려는 목적이어야 한다고 생각한다. 그리고 이 보험에 투입되는 비용 역시 최소한으로 해야 한다. 부자가 아닌 사람이라면 여유가 없는 상황일 것이고, 저축과 투자가 더 절실한 상황일 것이기 때문이다.

보험은 결국 미래를 위한 재무플랜이 될 수 없다고 생각한다. 부가적으로 도움이 되는 정도일 뿐이다. 그렇다면 미래를 위한 재무플랜, 즉 노후를 위한 준비는 어떻게 해야 할까? 이를 위한 전제는 전문가에게 맡기기보다는 스스로 힘을 키우고, 만들어가는 것이다. 그리고 다음 두 가지를 늘 염두에 두고 준비해나가야 한다.

첫 번째로 '미래의 노동수입'을 준비하는 것이다. 노후에도 수입을 얻을 수 있는 커리어와 기술을 고민하고 준비해야 한다. 대부분의 직장은 퇴직해야 하는 시간이 정해져 있고, 회사의 사정이나 개인 사정으로 퇴직 기간까지 채우지 못하는 경우도 많다. 대부분은 언제 어떻게 될지 모르는 위험에 노출되어 있다. 준비되어 있지 않았는데, 타의로 수입원이 끊기게 된다면 앞으로의 생활이 막막한 것은 물론이고, 매우 비참해질 것이다. 이런 위험은 미리 스스로 대비해야 한다. 다음 질문에 자문해보자.

"지금 자신의 경험과 노하우, 기술이 이 직장을 벗어나도 활용 가치가 있는 것인가?"

"자신의 경험과 기술을 다른 곳에서 어떻게 활용할 수 있을까?"

보통은 회사를 그만두게 된다면 먼저 이직을 떠올린다. 하지만 언젠가는 이직을 할 수 없는 시기가 올 것이다. 이는 세상에 홀로 서야 하는 시기를 미루는 것일 뿐, 결국에는 스스로 노후를 위한 준비를 계속 해나가야 한다.

나의 경우를 예를 들어보면, 은행이라는 직장을 그만두고 이직을 하는 대신 재테크 책을 쓰고, 사업을 시작했다. 은행원이라는 커리어가 '은행'을 벗어나 다른 직업을 구하는 데 활용 가치가 별로 없다고 생각했다. 그래서 은행원 시절 내가 집중했던 것은 '승진'이 아니라 '영업'이었다. 상사의 실적을 위해서가 아닌, 나의 미래를 위해서 열심히 영업했다.

그렇게 배운 영업과 작가, 창업의 경험은 계속 활용할 수 있는 기술이 되었다. 은행에서 경험했던 은행거래 팁과 재테크 이야기를 담은 경험은 책을 쓰고 강연하는 데 활용했다. 그리고 은행에서 쌓은 고객 서비스와 영업 노하우는 추후 웨딩 사업을 하면서 활용했다. 지금은 유튜브를 통해 다양한 수익을 만들어내고 있다.

지금 자신이 하고 있는 일에서 배우는 경험과 노하우를 이후 어떻게 활용이 가능할지, 이를 통해 다른 수익원을 어떻게 만들어낼 수 있을지 고민하는 것은 매우 중요한 일이다.

나의 커리어가 노후에도 활용할 수 있도록 그에 관련된 준비를 더 열심히 해나가야 한다. 지금의 경험이 훗날 활용하기 어렵다고 생각된다면 노후 수입을 얻을 수 있는 새로운 커리어 개발에 관심을 가질 필요가 있다. 지금도 그렇지만, 미래의 직업은 점점 더 세분화되고 다양해질 것이다. 한편으로는 여러 가능성이 있다는 뜻이기도 하다. 이런 고민과 시도는 직장이 있고 수입이 있을 때부터 미리미리 시작해야 한다. 이에 대해서는 고민할 만한 충분한 가치가 있다고 생각한다. 이것이 재무설계사에게 나의 노후를 맡기는 것보다 훨씬 안전하고 확실한 길이다.

두 번째로 미래의 노동수입을 준비하는 노력과 더불어 필요한 것은 불로소득을 만드는 것이다. 노동을 투입한 소득은 결국 그 한계에 도달할 수밖에 없다. 우리가 불로소득을 늘리는 것에 집중해야 하는 이유이다. 불로소득의 종류도 여러 가지가 있을 것이다. 그중에는 기본 능력이 필요하거나, 추가적으로 많은 공부를 요하는 것들도 있다. 하지만 나는 누구나 약간의 준비만 하면 가능한 수익형 부동산에 대해 관심을 갖고 준비하라고 말해주고 싶다.

수익형 부동산이라고 하면 무엇이 떠오르는가? 아마도 '건물주', '월세'라는 단어가 떠오를 것이다. 요즘 초등학생들이 되고 싶은 꿈이 '건물주'라고 이야기할 정도로 월세를 받으며 사는 삶은 이미 전 연령층을 포괄하여 많은 사람의 꿈이 된 듯하다. 한편으로 노동수입에 대해 터부시하는 모습을 보일 때가 있어 우려되는 마음이 드는 것도 사실이다. 하지만 많은 사람이 노동수입의 한계를 직시하고 있고, 미래를 준비하기 위한 고민을 시작하고 있다는 것은 확실하게 느껴진다.

월세로 매달 '현금흐름'이 발생한다면 경제적인 것뿐만 아니라 마음에도 여유가 생길 것이다. 많은 사람이 불로소득을 원하지만, 실제로 이를 만들기 위해 움직이는 사람들은 적다. 많은 사람이 월세를 받는 삶은 돈이 많은 일부 사람만 가능한 어려운 일이라고 말하며, 아예 그 꿈을 꾸는 것 자체를 남의 일처럼 생각하는 경우를 자주 보게 된다. 물론 원룸이 여러 개 있는 커다란 건물, 우리에게 익숙한 브랜드의 가게들을 품고 있는 상가건물을 가진 '건물주'의 꿈은 시작부터 엄두가 나지 않을 수 있다. 일단 이런 '번듯한' 건물은 '비싸다.' 처음부터 이를 바라보고 간다면 시작하기도 전에 포기할 수 있다. 하지만 자신의 상황에 맞춰 작게 시작하고, 이를 점차 늘려나간다면 건물주의 꿈을 이루게 될 것이다.

만약 원룸을 사서 월세를 받고, 이자를 제했더니 20만 원이 남았다고 하자. 이 역시 불로소득을 만들어낸 것이고, 수익형 부동산인 것이다. 이런 사례를 들어보면 나도 충분히 시작할 수 있음을 알게 될 것이다. 출발은 내가 할 수 있는 것부터 시작하는 것이다. 생각에서만 머무르는 것이 아닌, 행동으로 옮겨 경험을 쌓는 것이 중요하다. 머리로 따져서 예상해보고 아는 것과 몸과 내 돈, 시간을 들여 배우는 것은 그 강도와 집중도, 결과에서 차이가 날 수밖에 없다.

우선 1,000만~2,000만 원이라도 종잣돈을 만들어보고, 자신이 가진 돈 범위 내에서 이를 활용해 수익형 부동산 또는 불로소득을 얻을 수 있는 방법을 찾아보자. 경매도 좋고, 부동산중개소 사장님들과 상담해보는 것도 좋다. 뜻이 있는 곳에 길이 있다고 했다. 길은 찾으면 나오게 되어 있다. 노후가 멀었다고 생각되는 어린 나이여도 미리 관심을 갖고 시작하는 것은 여유와 자신감을 준다. 그리고 커리어와 연결된 노동수입을 높이고, 성과를 내는 데에도 도움이 될 것이다.

내가 할 수 있는 것으로 시작해서 불로소득을 만들어보는 것, 그 행동과 경험이 노하우가 되어 노후를 맞이할 때 즈음엔 정말 멋진 건물의 소유주가 되어 걱정 없는 노후를 맞이할 수 있게 될 것이라고 믿는다.

나 역시 여유롭고 자유로운 노후를 위해 지금 내가 할 수 있는 영역에서 경험을 쌓고 공부하고 있다. 나 스스로의 힘을 키워 한 걸음 한 걸음 내딛는 것이 결국 저 높은 계단을 오르는 유일하고 가장 빠른 길임을 잘 알고 있다. 미래를 위한 최고의 재무플랜은 결국 내 안에 있는 것이라고 믿으며, 오늘도 나의 계단을 착실히 오르고 있다. 물론 이 계단은 마음먹은 사람이면 누구나 오를 수 있다.

BIG STEP

STEP 6

경매,
가장 효과적인
레버리지

서울에서 1억 원으로 전세를 얻다

BIG STEP

남편과 나는 연애 시절부터 우리 힘으로 결혼하고, 살 집을 마련하는 것을 당연하게 생각했다. 부모님의 도움을 받을 상황도 아니었지만, 성인이 된 두 사람이 스스로 미래를 준비하는 것은 당연한 일이라고 생각했다.

우리 부부가 그동안 직장생활을 하며 모아 놓았던 돈은 둘이 합쳐 1억 원이 조금 넘었다. 결혼준비와 신혼여행 경비(우리 부부는 6개월간 남미로 긴 신혼여행을 다녀왔다)를 제하고 남은 돈은 1억 원이었고, 대출 없이 이 돈으로 구할 수 있는 전셋집을 찾아보기로 했다.

서울에서 1억 원으로 구할 수 있는 전셋집은 정말 하늘의 별 따기였다. 그때나 지금이나 집을 보러 부동산중개소를 다녀보면, 항상 내가 가진 돈보다 눈은 한 뼘 더 높다는 사실을 깨닫는다. 우리에게 1억 원은 열심히 직장생활을 하며 모은 나름 큰돈이었다. 하지만 현실에서 느껴지는 1억 원은 우리가 꿈꾸는 소박한 집을 얻기에도 부족했다. 부동산중개소에서 소개해준 금액 내 가능한 집들은 정말이지 신혼의 단꿈을 펼치기는커녕, 너무 답답해서 하루하루를 스트레스로 보내게 될 것 같은 집들뿐이었다. 내 눈앞에 펼쳐져 있는 1억 원의 현실을 제대로 느낄 수 있는 시간이었다.

당시 부동산중개소를 다니면서 느낀 것은 좁은 집들일수록 짐들이 많았다는 것이다(집이 좁으니, 수납공간이 부족하여 더 그렇게 보이는 것일 수도 있지만). 살림살이로 가득 차 있는 답답하고 좁은 집들을 볼 때면 그 상황이 어쩌면 나의 미래 모습일지도 모른다는 생각에 더 우울해졌다. 그러다 결국 우리는 서울의 구석, 지하철역에서도 버스를 타고 한참 들어가야 하는 북한산 밑 우이동에 있는 단독주택으로 첫 신혼집을 결정했다.

1층에는 집주인이 살고 있었고, 우리가 살 집은 2층이었다. 낡고 오래된 단독주택이었지만 깔끔한 주인 내외가 열심히 관리한 덕에 매우 깨끗했다. 나무계단을 밟고 올라가는 느낌이나 내가 태어났던 집을 연상케 하는 나무로 된 천장 무늬도 마음에 들었다.

당시 우리 부부는 인터넷으로 사업을 할 계획이었기에 출퇴근이 필요 없었다. 그래서 지하철역에서 멀리 떨어졌지만, 꽤 넓은 그 집으로 결정했다. 집주인도 매우 좋았기 때문에 빚 없이 내가 가진 돈으로 전세를 구했다는 것에 대한 만족도가 매우 컸다. 그래서 한 번 더 전세 기간을 연장하여 살게 되었다.

우리 부부는 그 집에서 인터넷 사업도 시작하고, 아이도 낳았다. 문제는 태어난 아이가 걸음마를 하면서부터 시작되었다. 아이가 걸어다니는 소리와 음악에 맞춰 뛰는 소리에 층간 소음이 발생하자, 아랫집의 항의가 시작되었다. 정확히는 임용고시를 준비하고 있던 주인집 딸의 항의였다.

우리는 바닥에 촘촘히 매트를 깔고, 아이가 뛸 때마다 "뛰지 마!"라는 말을 입에 달고 살게 되었다. 하지만 말도 못하는 두세 살짜리 아이를 컨트롤하기는 불가능했다. 게다가 주인집 딸은 하루 종일 집에서 공부하고 있어서 아이가 하루 중 마음 놓고 놀 시간이 없었다.

아이가 움직일 때마다 살살 걸으라고 말하는 것이 가슴 아프듯, 그 성격 좋던 주인집도 딸의 불만이 쌓이자 우리 부부를 대하는 태도가 점점 차가워졌다. 주인집 딸과의 신경전이 너무 힘이 들었고, 노심초사하며 보내는 하루하루였다. 급기야 계약 기간이 남았음에도 주인은 우리에게 이사를 나가달라고 했다.

'아, 이게 세입자의 설움이구나!'

주인집의 눈치를 보며 제약해야 하는 행동들이 생기고, 나의 선택이 아닌 타인의 의지나 상황 때문에 원치 않는 이사를 해야 하는 것. 이것이 세입자의 설움이란 생각이 들었다. 우리 부부도 점점 이 집에 정이 떨어져 이제는 빨리 다른 집으로 가고 싶어졌다. 그리고 새로 이사 갈 집의 첫 번째 조건은 '아이가 마음껏 뛸 수 있는 집'이 되었다.

그때 예전 책에서만 보고 언젠가 해봐야지 했던 '경매'가 떠올랐다. 세입자의 설움은 이번 한 번으로 충분하다고 생각했다. 그리고 이 돈으로 다시 이 평수 이상의 전셋집으로 가려면 분명 대출을 받아야 할 상황이었기에 아예 집을 사자고 결심하였다. 오래 전부터 경매는 알고 있었지만 행동으로 옮기기까지는 참 어려웠는데, 상황이 절실해지니 행동력이 생겼다.

남편은 경매 학원에 다녔고, 함께 틈틈이 경매 사이트를 뒤지고, 임장을 다녔다. 남편은 7주짜리 수업을 한 번 들은 후 바로 입찰을 시작했다. 서울 안의 빌라나 1층 아파트 위주로 물건을 찾았다. 그나마 1층은 사람들이 덜 선호한다는 것이 다행이었다.

하지만 낙찰은 우리의 생각보다 훨씬 어려웠다. 임장을 다닐 때에는 그 집이 이미 내 집이라도 된 것 같은 착각에 빠졌다. 조사를 하면서 이미 그 집과 사랑에 빠지기 시작했고, 인테리어를 구상하며 방의 용도까지 어떻게 사용할지 계획하며 행복한 그림을 그리게 되었다. 미래 모습을 상상하며 내 집이 될 것 같은 행복에 젖어 기대를 우주까지 넓히고 있는데, 드디어 입찰을 하는 날이 되었다. 그리고 곧이어 전해지는 결과, 패찰!

패찰은 세상에서 온몸의 힘을 가장 빠르게 빠지게 하는 단어였다. 그렇게 아쉬울 수가 없었다. 떨어졌으니 다시 사이트를 뒤지고 새로운 물건을 골라 임장하러 가야 하는데, 패찰이 된 하루는 그 과정을 다시 시작할 힘이 나지 않을 정도였다.

그렇게 패찰을 몇 번이나 했을까. 우주에 닿을 것 같은 희망과 지하로 파고 들어갈 것 같은 좌절감을 여러 번 반복하고 나니 과연 낙찰이 되긴 하는 걸까, 낙찰받은 사람은 우리가 모르는 무슨 특별한 기술이 있는 것은 아닐까 하는 생각도 자주 들었다. 여러 번의 패찰이 이어졌고, '경매로 집을 사는 것을 포기해야 하나'라고 생각할 때 즈음 남편에게서 낙찰받았다는 소식이 들려왔다. 그리고 이렇게 한 번 낙찰을 받은 후로는 연이어 낙찰을 받기 시작했다. 마치 낙찰자들만이 갖고 있는 무슨 특별한 기술을 터득이라도 한 듯 말이다.

가장 쉬운 경매 설명서

QUICK TIPS

❖ 경매의 단계는 물건검색 → 권리분석 → 임장(현장분석) → 입찰 → (낙찰 시) 명도 → 임대/매매로 이루어진다.

물건검색 : 대한민국법원 법원경매정보(www.courtauction.go.kr)는 국가에서 운영하는 경매 사이트로 가장 믿을 수 있는 곳이다. 무료로 부동산 경매 물건들을 검색할 수 있고, 집행기관, 집행 절차, 물건명세서 등 자료를 확인할 수 있다. 이 사이트를 통해 내가 잘 아는 지역부터 검색해보기를 추천한다. 그 후 본격적으로 경매를 시작하면 보통 유료 사이트를 가입하게 된다. '지지옥션'이나 '부동산 태인' 등 여러 유료 경매 사이트가 있다. 보통 한 달 사용료는 전국 기준 6만~10만 원대이다. 유료 사이트에서는 등기부등본을 바로 열람할 수 있고, 사진과 도면 등 권리분석의 해석 등 많은 정보가 보기 편하게 잘 정리되어 있다. 그리고 과거 거래 내역과 주변 시세 등 참고할 만한 자료들도 함께 있어 경매를 하는 대부분의 사람이 유료 사이트를 이용하게 된다. 매달 지불하는 비용이 결코 아깝지 않을 것이다. 하지만 유료 사이트에는 정보 오류에 대한 책임이 없기 때문에 입찰을 고려하는 물건이라면 대법원경매정보 사이트에서 내용을 반드시 체크해야 한다.

권리분석 : 물건의 전후 사정을 분석하는 일이다. 문제가 있는 물건인지, 문제가 있다면 해결할 수 있는지 살펴보는 과정이다. 낙찰 후 없어지는 권리(말소기준권리)가 무엇인지 파악하는 것으로 시작한다. 권리분석을 경매의 꽃이라고 하는데, 많은 물건을 접하고 경험이 쌓일수록 권리분석을 잘할 수 있게 된다. 그리고 좋은 물건을 싸게 살 수 있게 해준다. 자신이 풀 수 있는 문제들이 더 많아진다는 것은 수익률이 높아진다는 것을 의미한다.

QUICK TIPS

임장(현장분석) : 관심이 가는 물건이 결정되었다면 현장에 가서 조사를 하는데, 이를 '임장'이라고 한다. 물건 주변 지역부터 조사를 시작한다. 교통편은 어떤지, 역에서 직접 걸어보며 시간을 재기도 하고, 지형을 살펴보기도 한다. 지도상에서는 역과의 거리가 가까웠지만, 실제 직접 가보니 가파른 오르막길이어서 시간이 더 걸리고, 유모차를 사용하기에 불편할 것 같아 입찰을 포기한 적이 있다. 밤길이 음침한 느낌이 들어 여자들이 다니기 싫어할 것 같아 입찰을 포기한 물건도 있다. 이 모두 사이트에서는 확인하기 힘든 것들이고, 직접 현장에 가본 후에 느낄 수 있었던 것들이다. 그래서 임장이 매우 중요하다.
주변을 확인하고, 물건 자체에 문제점은 없는지 사이트에 올라온 사진에서 확인하기 어려웠던 부분들을 직접 확인해본다. 건물의 노후 정도, 누수는 없는지 등 경험을 쌓아가면서 점점 체크해야 하는 부분들이 생기고, 눈에 보이는 부분이 달라진다. 아파트의 경우 대부분 집들이 비슷하기 때문에 경매로 나온 아파트의 다른 호수 집을 부동산중개소에 요청해서 직접 내부를 보기도 한다.
인근 부동산중개소 몇 곳을 들려서 시세 등 여러 정보를 파악하는 것도 임장 때 하는 일이다. 얼마나 꼼꼼하게 임장을 하느냐에 따라 실수를 줄이고, 정확한 입찰가를 산정할 수 있게 된다. 임장을 해보면 경매가 방에 앉아서 손가락 클릭만으로 쉽게 돈을 버는 것이 아님을 몸소 깨닫게 될 것이다. 답은 현장에 있다고 한다. 얼마나 많이 움직이고, 조사할 수 있는지에 따라 더 많은 정보를 얻게 된다. 임장은 낙찰가와 미래 수익률을 결정하는 매우 중요한 과정이므로 절대 소홀히 해서는 안 된다.

입찰 : 조사와 분석을 통해 입찰가를 결정했다면 이제 해당 물건의 담당 법원에 가서 입찰을 하게 된다. 입찰보증금(보통 최저경매가의 10퍼센트

이상)과 신분증, 도장을 준비해서 간다. 보증금은 보통 수표 한 장으로 미리 준비한다. 입찰표에 내가 생각한 입찰가를 써서 제출하고, 결과를 기다리면 된다. 가장 높은 금액을 쓴 사람이 낙찰을 받게 되고, 나머지 패찰을 한 사람들에게는 그 자리에서 바로 입찰보증금을 돌려준다. 낙찰을 받았다면 법원경매장 문을 나오자마자 여러 명의 사람이 쫓아와서 명함을 나눠줄 것이다. 대출 상담사들의 명함이다. 이를 잘 보관해두었다가 해당 건에 대한 대출 조건을 문의하면 된다. 이 중 가장 좋은 조건을 제시한 곳에서 대출을 받는다.

명도 : 물건을 점유하고 있는 사람(소유자나 임차인 등)을 내보내는 일이다. 사람들이 경매를 시작하기 망설이는 이유 중 하나가 명도라는 이야기를 들었다. 한 번쯤 이런 그림을 그려보았을 것이다. 집을 빼앗기는 처지에 놓인 힘없고 약한 피해자 느낌의 거주자가 존재하고, 경매로 낙찰받은 사람이라며 무섭게 생긴 사람들과 함께 와서 매몰차게 내쫓는 그런 그림말이다. 하지만 실제에서 이런 상황은 거의 일어나지 않는다. 경매에는 우리의 상상을 뛰어넘는 저마다의 다양한 사정으로 물건들이 나온다. 그중에는 집이 빨리 팔려서 채무관계를 정리하고 싶어 하는 사람들도 있고, 경매를 통해 문제가 빨리 해결되기를 기다리는 사람들도 있다. 경매 낙찰자는 이를 해결해준 고마운 사람이 되는 경우가 많다. 낙찰자는 물건을 구매한 사람이고, 그 권리로 물건을 소유할 수 있게 된 것이다. 각각의 사정이 있는 점유자들을 대하는 것, 서로의 권리를 명확하게 해서 목적을 달성하는 것에 유념한다면 멋지게 명도를 해낼 수 있다. 결국 모두 사람이 하는 일이다. 낙찰자는 늘 점유자의 입장을 헤아리면서 행동하고, 여러 경험을 쌓게 되면 좋게 마무리하는 명도 노하우도 점차 쌓일 것이다.

가장 쉬운 경매 설명서

QUICK TIPS

임대/매매 : 점유자가 빠져나간 집을 바라보면 이제야 이 물건이 내 것이구나 실감이 날 것이다. 이제 남은 일은 최고의 수익을 낼 수 있도록 빨리 좋은 상태로 만들어서 세입자(또는 구매자)를 찾는 일이다. 청소를 하고, 수리가 필요한 곳은 고치고, 대대적인 수선이 필요하다면 리모델링을 해서 최선의 임대료(또는 매매가)로 빠른 시일 안에 세입자를 구해 수익을 내는 것이 목표다. 입찰 전 임장을 꼼꼼히 했다면 예상했던 임대료 수준으로 세입자를 구하고, 원하는 수익률을 만들어내는 데 성공할 수 있을 것이다.

세입자의 설움이 싫어 시작한 경매

BIG STEP

모임이 있어 밤 11시 즈음에 집에 들어간 날이었다. 남편은 내가 오기만을 기다렸다는 듯이 모니터에 띄운 경매 사이트를 보여주며 물었다.

"여보, 이 집 어때? 이 집 입찰해보려고 하는데."

남편이 보여준 집은 강서 지역에 위치한 아파트로 유료 경매 사이트의 설명을 살짝만 봐도 무슨 문제가 있는 듯 빨간색 글자가 여기저기 표시되어 있었다. 이를 증명하듯 두 번이나 유찰되어 감정가 대비 64퍼센트까지 떨어져 있는 물건이었다(유료 경매 사이트에서는 주의해야 할 사항이 있는 경우 빨간색으로 강조해서 표시한다. 참고로 경매 초보자일 경우 주로 문제가 없는 안전한 물건에 투자하려고 하기 때문에 빨간색 글자가 적혀 있는 물건들을 보면 긴장하게 되고, 입찰을 피하곤 한다).

"여보, 뭔 빨간 글자가 이렇게 많아?"

"어, 이건 대지권 미등기 아파트라서 그래. 하지만 내가 배운 바로는 감정가에 대지 금액이 포함되어 있으면 추후에 소송을 통해 대지권 등기는 가능하다고 했거든. 그래서 이 문제는 해결할 수 있을 것 같아. 게다가 지금 이 아파트에 20채 정도가 동시에 나와 있어서 낙찰받기도 쉬울 것 같아. 이 중에 1층이 두 개가 있으니 둘 다 넣어보려고. 그중 하나는 되지 않을까?"

"언제 입찰인데?"

"내일!"

"뭐라고? 임장도 안 하고, 내일 입찰하겠다는 거야?"

"그래서 지금 임장 다녀오려고."

그렇게 남편은 밤 12시가 다 된 시간에 아파트로 임장을 갔다.

남편이 쓰는 낙찰 일기

아이가 태어나 걷기 시작하면서 주인집과 마찰이 잦아지기 시작하던 때였다. 이제 걷기 시작한 딸아이한테 "뛰지 마라"고 말하기도 지쳐갈 때 즈음 아이가 까치발로 걷는 모습을 발견한 난 처음으로 남의 집 살이와 돈 없음이 서러웠다. 그러다 낮임에도 시끄럽다고 항의하는 주인집 딸에게 그동안 쌓였던 감정이 폭발했다.

이 집을 벗어나 아이에게 동요를 들으면서 맘껏 춤출 수 있는 집을 주고 싶었다. 전세 만기가 다가오고 있었지만, 우린 가진 게 별로 없었다. 가장으로서 무언가를 하지 못함에 많이 슬펐다. 그러다 부동산 경매를 배우게 됐고, 하루라도 빨리 이곳을 떠나고 싶었던 나는 다른 동기들보다 더 빨리 실전에 뛰어들었다.

유료 경매 사이트를 몇 달간 보며 입찰과 패찰이 계속되다 보니, 조금씩 어떤 물건에 입찰하면 승산이 있겠다는 느낌이 왔다. 싸고 좋고 안전한 물건은 다른 사람에게도 좋아 보이는 법이다. 그런 물건들은 경쟁이 치열해지고, 낙찰가가 너무 높아졌다. 그래서 난 이런 집들은 포기하고 약간 문제가 복잡해 경쟁률을 낮출 수 있지만, 내가 풀어나갈 수 있는 물건에 집중하기로 전략을 수정했다. 당시 나는 다음과 같은 물건에 집중하기로 했다.

❶ 대항력 있는 임차임이 있지만, 배당신청을 제대로 한 물건
❷ 대지권 미등기이지만, 감정가에 대지 금액이 포함되어 있는 물건

그러다 강서 지역에 여러 채가 동시에 나온 아파트 물건을 보게 됐고, 그중 1층 2개를 동시 입찰하기로 했다. 이 물건은 대지권 미등기였지만 감정가에 대지 금액이 포함되어 있었다. 입찰일이 다음 날이어서 밤 11시에 바로 차를 몰고 달려갔다. 어두워서 자세히 볼 수 없었지만 그럭저럭 나쁘지 않은 아파트인 것만 확인하고, 다음 날 오전에 입찰했다. 결과는 하나는 감정가 대비 69퍼센트로 단독 낙찰

을 받았고, 나머지 하나는 2명 중 1등으로 감정가 대비 70퍼센트의 금액으로 낙찰받았다. 두 개 중 하나는 되겠지 했는데, 순식간에 1층 아파트 두 채를 가지게 된 것이다.

얼떨떨하게 낙찰을 받고 나오면서 기분이 좋아 금방이라도 부자가 된 것처럼 수입 자동차 매장에 들러 자동차를 구경하기도 했다. 점심시간이라 내가 좋아하는 순댓국집에 들러 '순댓국 특'을 소주 한 병과 함께 먹었는데, 그렇게 기분이 좋을 수가 없었다. 발걸음도 가볍게 낙찰받은 집에 도착했다. 하지만 그 기분은 그리 오래 가지 못했다. 아파트 입구에 아파트 조합사무실이 있었고, 낙찰을 받은 사람이라고 하자 여러 가지 이야기를 들려주었다.

"이걸 왜 받았어요? 낙찰받아도 살지도 못해요. 준공도 나지 않은 아파트라 대출도 안 될 텐데?"

"네, 준공이 안 났다고요? 8년이나 된 아파트가요? 그럼 여기 살고 있는 사람들은 뭐죠?"

"시공사 부도, 조합장 횡령 등 복잡해요. 아직 준공 허가가 떨어지지 않았고, 주민들도 불법으로 살고 있는 거예요."

"네?"

경매 초보였던 나는 급한 마음에 가장 기본 중의 기본인 준공 확인을 안 했던 것이다. 게다가 이 아파트는 엘리베이터도 가동되지 않았는데, 밤늦게 급하게 임장했던 나는 엘리베이터가 가동되지 않는 것도 미처 확인하지 않았던 것이다. 이미 150세대가 넘는 8년 차 아파트였고, 사람들이 살고 있으니 준공이 안 되어 있을 거라고는 전혀 생각하지 못했다. 꼼꼼하게 확인하지 않았던 내 잘못이었다. 그 순간 큰일 났다는 생각과 최악의 경우엔 3,000만 원이 넘는 입찰보증금을 날릴 수도 있겠다는 생각이 들었다. 들어올 때와 달리 아파트를 나설 때에는 비가 내렸는데, 이 비가 꼭 내 마음 같았다.

바로 아내에게 이 사실을 말했다.

"여보, 잘하면 입찰보증금을 받지 못할지도 몰라. 하나는 우리가 살면 된다고 해도 하나라도 정리해야 될 것 같아. 준공이 안 났으니 팔 수도 없고, 대출이 안 나오면 이 집을 살 돈이 없잖아."

"여보, 돈은 어떻게든 마련해보자. 이렇게 사람들도 많이 살고 있고, 멀쩡한 아파트인데 곧 준공이 나겠지. 그리고 만약 준공만 나면 바로 큰돈을 벌 수 있는 거잖아. 힘들게 낙찰받았는데, 취소하는 게 너무 아깝다."

"맞아. 언젠가 준공 허가가 날 수도 있고, 그럼 돈을 벌 수도 있겠지. 하지만 그건 우리가 알고 투자한 것이 아니잖아. 우리 그런 것에는 욕심내지 말자. 우리가 알고 투자한 것에만 기대하기로 하자. 그게 맞는 것 같아."

"그것도 맞는 말이네. 그럼 취소할 수 있는 방법을 잘 찾아봐."

나는 그날 밤잠을 거의 설쳤다. 그리고 낙찰받은 물건들에 대해 매각불허가 신청('매각허가에 대한 이의신청'으로 매각이 난 것을 취소해달라고 요청하는 것이다. 취소 요청을 위해서는 합당한 이유와 근거를 제시해야 하고, 매각불허가 신청이 받아들여지면 입찰보증금을 되돌려 받을 수 있다)을 할 수 있는 방법을 찾아보기로 했다.

[신월동] 아파트

남부7계 20[redacted]

경매7계(☎02-2192-1337) 법원안내

관심사건등록 | 화면인쇄 | 보고서인쇄

기본정보

대법원사이트 보기 GO / 법원기본내역 보기 GO

대표소재지	서울 양천구 신월동 [redacted]				
대표용도	아파트	기타용도	-	신청일	2010.05.31
감정평가액	235,000,000원	경매대상	건물전부	개시결정일	2010.06.21
최저경매가	**(64%) 150,400,000원**	토지면적	대지권미등기	감정기일	2010.07.12
낙찰/응찰	163,300,000원 / 1명	건물면적	89.93㎡ (27.2평)	배당종기일	2010.09.14
청구금액	100,000,000원	제시외면적	0㎡	취소일	**2015.12.03**
등기채권액	10,534,996,666원	경매구분	강제	차기예정일	종국
물건번호	1 [취소] 2 [취소] 3 [취소] 4 [취소] 5 [취소] 6 [취소] 7 [취소] 8 [취소] 9 [취소] 10 [취소] 11 [취소] 12 [취하] 13 [취소] 14 [취하] 15 [취소] 16 [취소] 17 [취소] 18 [취소] 19 [취소] 20 [취소] 21 [취소] 22 [취소]				

물건사진/위치도

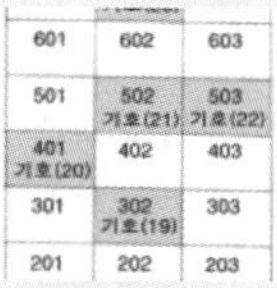

주의사항

매각물건명세서 보기 GO

대법원공고	• 건축법상 사용승인 받지 않은 건물임 **[매각물건명세서]** <비고란> • 대지권 미등기이며 최저매가격에 대지권가격이 포함되었고, 지목은 임야이나 현황은 대지임 • 대지권등기를 위하여 추가부담금이 발생할 수 있으므로 채무자 조합 등에 확인 요함

감정평가서 요약/진행결과/임차관계/등기권리

감정평가서 보기 GO

소재지/감정서	면적(단위:㎡)	진행결과	임차관계/관리비	등기권리
(158-090) 서울 양천구 신월동 [redacted] 지도 등기 토지이용 [구분건물] • 양천구 신월동 소재 신원중학교 남측에 위치하며 주위는 아파트와 단독 및 다세대주택이 밀집한 주거지역임. • 본건은 남부순환도로에서 약500m 상거한 가로공원길에 근접 위치하며, 교통은 보통임. • 철근콘크리트 벽식구조 지하1층, 지상7층 아파트로 외 벽 : 몰탈위페인트마감, 내 벽 : 벽지 및 타일마감 등, 바 닥 : 비닐쉬트 및 바닥타일등, 창 호 : 하이샷시.	• 대지권미등기 건 물 • 89.93㎡ (27.2평) 총 7층 중 4층 보존등기 2007.12.27 대지감정 94,000,000 건물감정 141,000,000 평당가격 5,183,830 감정기관 수감정	감정 235,000,000 100% 235,000,000 유찰 2014.12.24 80% 188,000,000 유찰 2015.02.04 64% 150,400,000 낙찰 2015.03.18 163,300,000 (69.49%) 백** 응찰 1명 허가 2015.03.25 납부 2015.04.21 ▶ 종국결과 취소 2015.12.03	▶ 법원임차조사 조사된 임차내역 없음 ▶ 전입세대 직접열람 GO 송** 2013.10.04 열람일 2014.12.12 ▶ 관할주민센터 양천구 신월3동 ☎ 02-2620-4090	* 집합건물등기 소유권 성[redacted] 2007.12.27 가압류 명[redacted] 2008.01.24 1,169,300,000 [말소기준권리] 가압류 김OO 2008.05.09 400,000,000 가압류 김OO 2008.08.07 300,000,000 가압류 티[redacted] (채권관리팀) 2008.08.28 360,000,000

• 각 호수 모두 방3,거실,주방,욕실2등의 아파트임. • 난방,전기,급배수등 완비되어 있으며, 승강기설비 되어있는 계단식 아파트임. ▶ 토지이용계획 • 1종일반주거지역 • 도로(접함) • 제3종 구역(가지구) • 제3종 구역(나지구) • 대공방어협조구역(위탁고도:77~257m) • 준보전산지 • 비오톱1등급 • 과밀억제권역 • 학교환경위생 정화구역(강서교육청에 반드시 확인 요망) • 수평표면구역 • 진입표면구역 • 도시지역 • 가축사육제한구역			가압류 국[redacted] 2008.09.29 1,311,981,700 가압류 황OO 2009.03.12 850,000,000 가압류 김OO 2009.03.12 300,000,000 가압류 문OO 2009.03.12 200,000,000 가압류 김OO 2009.03.12 130,000,000 가압류 김OO 2009.03.13 100,000,000

| 낙찰받은 아파트의 내용 |

- 감정가 : 2억 3,500만 원
- 낙찰가 : 1억 6,330만 원(69.4퍼센트)
- 대출 : 1억 3,060만 원(낙찰가의 80퍼센트)

투자 내용	자금조달
실제 투자비용(내 돈) : 3,480만 원 (낙찰가 차액 3,270만 원 + 부대비용 210만 원)	대출 : 1억 3,060만 원
대출 이자 : 30만 원(2.85퍼센트)	

다음 날 서울 남부지방법원 앞에 있는 법무사 사무실 수십 곳을 방문했고, 내 사정을 설명했다. 하지만 대부분의 답변은 "매각불허가 신청은 중대한 결함 외에 성공하기가 어렵다"였다. 그 중대한 결함을 나 스스로 찾아내서 입증해야 했다.

다시 낙찰받은 집에 가보았다. 그런데 원래 비어 있어야 할 집에서 사람이 나오는 게 아닌가! 게다가 며칠 전에 이곳으로 이사 왔다고 했다. 알고 보니 건축회사에서 감리비용을 못 줘서 아파트로 대신 준 대물 물건이었다. 그리고 이 집을 받은 감리회사가 임대를 내서 사람이 들어오게 된 것이었다. 며칠 전 이사를 왔다는 사람 역시 무척 황당해하는 모습이었다. 이 상황은 경매 정보에 빠져 있던 부분이었기 때문에 이를 잘 활용하면 매각불허가를 받을 수 있겠다는 생각이 들었다. 난 감리회사 관계자에게 전화를 했다.

"이번에 이 집을 낙찰받은 사람입니다. 그런데 제가 매각불허가 신청을 할 예정이니, 당신들은 유치권을 주장하십시오. 그렇지 않으면 권리상으로는 제 집이기 때문에 이곳에 이사 왔다는 분은 바로 방을 빼셔야 하는 상황이 될 겁니다."

그리고 법무사를 찾아가 이에 맞는 증거들과 문서들을 만들기 시작했다. 이렇게 매각불허가 신청을 했고, 그 결과 매각불허가 신청이 받아들여졌다.

둘 중 하나의 입찰보증금을 건졌으니 다행이라고 생각했다. 낙찰이 결정된 한 채는 우리가 이사를 가서 준공 허가가 날 때까지 살면서 시간을 벌 수 있었다. 문제는 대출이 가능하냐는 것이었다. 10명이 넘는 대출 상담사와 전화통화를 했고, 물건이 특수하다 보니 몇 명은 직접 만나 상담해야 했다. 7주 안에 1억 원이 넘는 잔금을 마련하지 못하면 1,000만 원이 넘는 입찰보증금을 날릴 수 있었기 때문에 너무 절실했다.

다행히 제2금융권 한 곳에서 대출이 가능하다는 연락을 받았고, 낙찰가의 80퍼센트를 대출받아 잔금을 지불할 수 있었다. 이는 한 채였기 때문에 가능했다. 만약 매각불허가 신청이 받아들여지지 않아서 두 채 모두 대출을 받아야 했다면 불가능했을 것이다. 한 채의 낙찰을 포기한 것이 잘한 일이라는 생각이 들었다.

그렇게 어렵게 잔금을 지불하고 5월에 이사를 가기로 결정했다. 그런데 고비는 더 남아 있었다. 경비실에 가서 이사하겠다고 하니, 500만 원 가까이 되는 관리비를 내야 이사가 가능하다고 했다. 이 집은 8년간 빈집이었기 때문에 개별요금은 없고 공용요금만 있을 뿐이었다. 그것도 관리비 소송 판례로 최근 3년 공용 부분의 관리비만 내면 된다고 알고 있었다. 이를 관리소장에게 설명해도 막무가내로 이사하고 싶으면 8년 치 관리비를 모두 내야 한다는 말뿐이었다. 나는 관리소장 말을 무시하고 이사 날짜를 전하고, 그대로 진행할 거라고 말한 후 집으로 돌아왔다.

드디어 이삿날, 이삿짐 트럭 2대와 우리 가족, 장모님과 같이 낙찰받은 아파트 입구에 도착했다. 그런데 입구에 바리게이트가 처져 있었다. 그리고 아파트 관리소장뿐만 아니라 주민 20여 명까지 나와서 아파트 입구를 막고 있었다. 심지어 아파트 입주자 대표라는 사람은 자신의 차로 아파트 입구를 막아버렸다. 밀린 8년 치 관리비를 내야 비켜준다고 했다. 알고 보니, 20여 채가 동시에 경매가 진행되었던 아파트는 그동안 밀린 비용을 낙찰자들에게 전가해 받아낼 생각이었다. 그리고 낙찰자 중 제일 먼저 이사를 오게 된 우리 가족이 첫 번째 대상이었다. 우리의 이삿날은 아파트의 주민에게 공유되었고, 당일 날엔 아침 방송으로 참여 독려까지 했다고 한다.

이 상황에 우리 가족은 당황했고, 이삿짐센터 사람들은 어떻게 할 거냐며 다그쳤다. 난 협박도 해보고 달래도 보았지만 되지 않아 112에 신고까지 했다. 등기권리증이 있는 내 집에 못 들어가게 한다고 말이다. 하지만 출동한 경찰은 이는 민사 건이어서 관여할 수 없다며 돌아가 버렸다. 결국 난 눈물을 머금고 8년 치 관리비 500여만 원을 내고 이사를 진행할 수밖에 없었다. 억울한 마음에 아파트 입주 후 이를 받아내기 위해 소송을 했지만, 이미 낸 관리비는 돌려받기 어렵다는 결론이 나왔다.

이런 여러 경험을 하며 이 집에 살게 되었고, 그 후 준공추진위원장이 되어 열심히 준공 허가를 받기 위해 힘을 쓰기도 했다. 결국 입주 2년 차에 기적적으로 준공 허가가 떨어졌다. 아파트 완공 10년 차에 이루어진 일이다. 준공 허가를 받은 지금 이 아파트의 가치는 내가 구매한 금액의 두 배가 넘는다. 경매 입찰부터 여러 소송까지 어느 것 하나 쉬운 일이 없었지만 많은 공부와 경험을 할 수 있게 되었다. 이 덕분에 이후의 경매는 정말 너무 쉽다는 느낌을 받았고, '이 정도쯤이야. 더 어려운 것도 다 해결했던 난데!' 하는 생각을 하게 되었으니 내겐 더없이 값진 집이다. 아이가 밤늦게까지 마음껏 뛰어놀 수 있는 것은 당연하고 말이다.

전세금으로 집 세 채를 사다

경매 사이트에 빨간 글자로 도배가 되어 있었던 아파트를 결국 남편은 아주 저렴한 가격으로 낙찰받았다. 그것도 두 채나! 그런데 비행기 소리가 좀 시끄러울 거란다. 지금 그게 대수란 말인가! 나는 뛸 듯이 기뻤다. 1층이고, 게다가 지금보다 더 넓은 평수의 아파트라니! 딸아이가 이제 마음껏 뛰놀 수 있는 집이 생겼다는 것만으로 기분이 너무 좋았다.

남편과 함께 낙찰받은 집에 가보기로 했다. 아파트 근처에 도착했는데, 갑자기 '웅~' 하는 소리가 들렸다. '비행기인가?' 하고 생각하자마자 엄청난 크기의 비행기가 점점 가까이 다가왔다. 얼마나 낮게 날고 소리가 크던지, 난 머리 위로 떨어지는 것 같아 나도 모르게 머리를 감싸고 고개를 푹 숙였다.

"으악!"

"슝~."

"지금 비행기 지나간 거야? 난 내 머리 위로 떨어지는 줄 알았어. 정말 대단하다!"

남편도 낙찰을 받고 와보았는데, 비행기가 너무 낮게 날아서 깜짝 놀랐다며 웃었다. 낙찰을 받은 두 채 중 하나는 완공된 후 사람이 한 번도 산 적이 없던 집이었다. 들어가서 보니, 새 마룻바닥을 보호하기 위한 종이까지 깔려 있었다. 다만 그간의 세월을 말해주듯 벽은 얼룩덜룩한 먼지와 오염이 있었다. 전기는 연결되지 않았고 수도꼭

지도 없었다. 하지만 이렇게 넓고 깨끗한 집을 이렇게 싼 가격에 소유하게 됐다는 것이 믿기지가 않았다. 너무 행복했다.

우리는 계속 경매를 공부해서 입찰에 도전했고, 레버리지를 이용하여 전세금으로 결국 세 채의 집을 살 수 있었다. 그동안 많은 책에서 이런 이야기들을 읽었고, 이론적으로는 이해하고 있었다. 하지만 이제야 우리는 그 뜻이 무엇인지 정확히 알게 되었다. 우리 부부는 실행했고, 경험을 통해 체감하는 것은 훨씬 더 놀라웠다.

신혼집을 알아보기 위해 부동산중개소를 다녔던 기억이 떠올랐다. 대출을 받지 않고 우리가 가진 돈 안에서 집을 얻자고 말했다. 그게 마음 편하다고 생각했고, 가진 돈이 적다 보니 선택할 수 있는 집의 폭은 너무도 적었다. 서울 외곽으로 교통편이 안 좋은 곳이거나, 소형 평수의 빌라 또는 단독주택뿐이었다. 그런데 지금은 같은 돈으로 훨씬 좋은 집을, 게다가 몇 채를 살 수 있다는 사실이 실로 놀라웠다. 바로 레버리지의 힘이었다!

왜 그동안 빚 없이 사는 것이 마음 편하다고 생각했었는지, 그렇게 보낸 시간이 아쉬웠다. 우리 부부에게 세입자의 설움을 느끼게 해줘서, 우리가 절실하게 공부할 수 있게 해준 주인집이 고마울 정도였다. 그 후로 우리는 경매 투자를 계속 해나갔다.

우리는 이제 세입자에서 집주인으로 입장이 달라져 있다. 세입자의 경험도 돌아보니 꼭 필요한 소중한 경험이었다. 그들이 어떤 집을 선호하는지 잘 알고 있었기에, 집을 구하고 인테리어를 할 때 큰 도움이 되었다. 특히 부엌과 화장실 인테리어에 신경을 썼고, 결과적으로 늘 주변 시세보다 높게 세입자를 얻을 수 있었다.

집주인이 된 후 크게 다르다고 생각한 부분은 돈을 운용하는 면에서 훨씬 효율적이라는 사실이었다. 전세를 살게 되면 내 돈은 더 이상 내 돈이 아니다. 내 돈이지만, 활용이 불가능하기 때문이다. 그런데 집주인이 되니, 세입자의 돈을 활용할 수 있었다. 월세나 전세 가격을 조정하면서 필요할 때 돈을 융통할 수 있게 되었고, 이를 이용해 또 다른 투자를 할 수 있었다. 집주인은 집의 시세차익만 얻는 줄 알았는데, 이는 예전에는 미처 생각하지 못했던 부분이었다.

추가로 집이 생기자, 이젠 세입자들이 내는 월세로 내 집에 대한 대출 이자 부분까지 해결할 수 있었다. 남의 돈으로 나의 대출 이자를 내고 있는 것이다! 빚에 대해 공부를 시작하니, 삶이 훨씬 풍요로워졌다. 우리 부부는 집값이 오를 것을 기대하고 투자하지는 않았다. 하지만 결과적으로는 집값도 많이 올라서 재산 가치도 높아졌다. 이 얼마나 큰 차이인가! 내가 사람들에게 빨리 내 집을 마련하라고, 빚을 공부하라고 말하는 이유이다.

부동산 직원이 되어 명도해보기

BIG STEP

물건검색 → 임장 → 입찰 → (낙찰) → 명도 → 임대(매매)의 경매 전 과정 중 사람들에게 어떤 과정이 부담스럽냐고 질문하면 가장 많이 꼽는 게 바로 '명도'이다. 하지만 남편은 경매 전 과정 중 명도가 가장 쉽다고 말한다. 이것은 경매를 하면서 경험과 노하우가 쌓여서 나온 말이 아닌, 경매를 시작할 때부터 그랬다. 그래서 남편의 노하우를 말해보려고 한다.

낙찰자가 가장 두려워하는 것은 낙찰받은 집에서 살고 있는 사람(점유자)이 빨리 나가지 않는 것이다. 빨리 집을 깨끗하게 만들어서 세입자를 받아야 하는데, 점유자를 내보내지 못할 경우 그만큼 낙찰자가 부담해야 하는 대출 이자도 늘어나니 애가 타게 된다. 게다가 내 맘처럼 안 되는 상대와 대화를 주고받으면서 받는 스트레스도 있다.

남편은 낙찰을 받은 후, 집을 방문할 때 자신을 부동산 회사의 직원으로 만들어 간다. 본인이 낙찰자라고 밝히는 대신 가상의 인물인 사장님이 낙찰받았고, 자신은 그 회사의 직원이라고 설명하는 것이다.

"안녕하세요? 이번 낙찰 건으로 왔습니다. 저희 사장님이 낙찰받으셨고, 저는 이번 일을 처리하는 직원입니다."

이렇게 당사자가 아닌 대리인으로 자신의 역할을 정해 방문한다. 이럴 경우 여러 행동과 말을 준비하고 있었던 점유자는 완전하게 자신의 생각을 표현하지 못하게 된다.

"그럼, 이 말을 사장님께 전달해주세요."

이렇게 말하면서 감정이 배제되고 정리된 자신의 의견을 말하게 된다. 직원으로 상대하면 업무적으로 프로세스를 설명하고, 전달하고 이해시키기 쉽다. 앞으로의 경매 절차에 대해 설명하고, 자신은 사장님과 점유자를 조율시키는 역할을 한다는 뉘앙스를 풍기면 점유자는 남편에게 궁금한 것을 묻기도 하고, 힘을 잘 써달라는 부탁을 하는 경우가 많다. 점유자들의 요구는 다음 이사 갈 집을 구할 수 있도록 시간적인 배려를 해주는 것과 이사비를 많이 받았으면 하는 것이 보통이다.

먼저, 이사비의 경우 이렇게 이야기를 한다.

"저희 사장님은 사실 지금까지 이사비를 드린 적이 없습니다. 그런데 사정이 이러 하시니, 제가 이번에는 잘 말씀드려 보겠습니다."

보통 이사비를 더 많이 받기 위한 목적으로 점유자들은 이사를 안

가겠다고 버티거나 자신의 사정을 감정적으로 호소한다든지 상황을 어렵게 만드는 경우가 있다. 하지만 이렇게 제3자의 입장에서 이야기하면 점유자들은 이렇게 말한다.

"감사합니다. 잘 좀 부탁드릴게요."

점유자가 원하는 이사비도 미리 알 수 있고, 이를 고려해서 적정선의 합의점을 이끌어내기도 쉬워진다. 이사비를 결정하면 점유자와 이렇게 통화한다.

"저희 사장님이 정말 지금까지 이사비를 드린 적이 없었거든요. 그런데 이번엔 제가 좀 드려야 한다고 말씀드렸어요. 금액도 계속 설득해서 최대한 많이 말씀드렸습니다. 그래서 이사비를 200만 원 드릴 수 있게 되었습니다."

점유자는 이를 듣고 자신이 처음에 예상했던 금액보다는 조금 못 미치더라도 이 정도 받게 된 것이 다행이고, 이를 위해 자신의 편이 되어 힘을 써준 남편에게 감사한 마음을 갖는다.

"그랬군요. 중간에서 많이 신경 써주신 것 같네요. 감사합니다."

남편은 명도를 할 때마다 늘 이렇게 감사인사를 받고 있는데, 이것도 남편의 능력이라는 생각이 든다. 명도 과정을 보다 보면 결국 사람 사이의 일이고, 결국에는 액수보다는 어떻게 마음을 어루만져 주며 부드럽게 풀어나가느냐가 중요하다는 사실을 깨닫게 된다.

참고로 이사비는 반드시 줘야 할 의무는 없다. 사실 안 주고 점유자를 내보내도 전혀 문제될 것은 없다. 하지만 서로 좋은 마음으로 마무리하는 것이 좋다. 이사비 등 명도 과정에서 앙심을 품게 된 점유자가 이사를 나가면서 일부러 집을 망가뜨린다거나, 욕설을 퍼붓고 떠났다는 이야기를 들은 적이 있다. 상대의 사정을 이해하고 배려해주는 행동을 이사비로 표현한다고 생각하고, 준비해주면 부드럽게 협상을 진행할 수 있다.

약간의 이사비를 통해 협조를 구하고 시간을 줄이는 것이 더 현명한 선택이다. 조금이라도 자신의 수익률을 높이겠다는 마음으로 이사비를 아끼려고만 하고, 협상이 어려워진다고 강제적인 행동(인도명령을 통한 강제집행)을 하겠다고 협박하여 상대를 궁지에 몰리게 하는 것보다는 돈을 조금 쓰더라도 부드럽게 처리하는 것이 백 번 낫다고 생각한다. 게다가 인도명령 절차는 비용이 들고, 결코 쉬운 일이 아니다(물론 상황에 따라서는 어쩔 수 없이 강제집행이 필요한 경우도 있다).

이사비와 함께 이삿날에 대해서도 협상해야 한다. 이야기가 나름 잘됐다고 생각하고, 이삿날을 점유자에게 믿고 맡겼다가 이삿날이 미뤄져서 낙찰자가 심리적·경제적으로 고통받는 경우를 많이 보았다. 점유자 역시 나가려고 했지만, 본의 아니게 매물이 없거나, 자금이 모자라는 등 여러 사정으로 이사를 못 가는 경우도 있다. 하지만 이런 저런 사정을 다 이해하고 봐주기에는 하루하루 나가는 이자와 수익을 내지 못하는 것에 대한 기회비용이 심리적 압박으로 다가올 것이다. 그렇기 때문에 이삿날에 대한 날짜와 이를 넘길 때에 대한 조약을 정확하게 계약서에 작성해 놓아야 한다.

법원에 받아야 할 돈이 있는 점유자의 경우 명도확인서를 준 날부터 단기 월세 계약을 하거나 명도합의서를 쓴다. 명도확인서가 있어야만 법원에서 돈을 받을 수 있다. 그래서 보통은 이삿날 집이 모두 비워진 것을 확인하고 낙찰자가 명도확인서를 주게 된다. 하지만 다른 집을 계약하기 위해서는 계약금도 필요하고, 돈이 필요한 상황의 점유자들이 사정을 하기도 한다. 이때 언제 이사를 가겠다는 약속을 믿고 돈을 주었다가 집을 빼지 않는다거나 약속한 이삿날이 미뤄진다면 이 기간에 대한 위험은 낙찰자가 떠안을 수밖에 없다. 이를 해결하기 위해 명도확인서를 먼저 내어주고, 다시 월세 계약서를 작성하거나 명도합의서를 쓰는 것이다. 명도확인서를 주면서 보증금과 월세를 받는다. 그리고 단기 월세 계약서를 작성한다. 예를 들면 다음의 내용을 포함시킨다.

보증금 1,000만 원과 월세 100만 원의 계약을 체결한다. 00월 00일 이내로 이사를 가기로 하고, 이 날짜가 초과될 경우 하루에 00만 원씩 보증금에서 차감한다.

이렇게 보증금을 받은 후, 명도확인서를 주어 점유자가 돈을 받을 수 있도록 한다. 그 돈으로 점유자는 새로운 집을 계약할 수 있을 것이다. 그리고 높은 월세 비용을 내지 않기 위해서라도 계약서에 적혀 있는 이사 날짜를 지키기 위해 적극적으로 새로운 집을 알아보러 다니게 될 것이다. 경험상 이런 계약의 단기 월세는 시세보다 높게 책정하는데, 높은 월세가 아까워서라도 점유자는 열심히 이사할 곳을 찾으러 다닌다. 그리고 최대한 빨리 이사를 가려고 노력하게 된다. 낙찰자가 빨리 나가달라고 부탁할 필요가 없는 것이다.

빨리 집을 비워주면 그만큼 빨리 새로운 세입자를 받을 수 있어 수익 실현이 빨라지고, 늦게 나가더라도 그 기간만큼 기존 시세보다 높게 계산된 월세를 받기 때문에 그 역시 괜찮은 상황이다.

다시 한번 말하지만, 경매도 결국 사람 사이의 일이다. 어떻게 풀어나가느냐에 따라 누군가에게는 고통스러운 과정일 수 있고, 누군가에는 재미있는 과정이 될 수도 있다. 새로운 상황을 맞닥뜨릴 때마다 힘들어하거나 도망가려 하지 말자. 적극적으로 더 지혜로운 방법이 없을까에 대해 계속 고민하면서 더 나은 방법을 찾기 위해 노력하자. 그러다 보면 다양한 경험 속에서 많이 배울 수 있을 것이다. 그리고 성장할 수 있을 것이다.

리모델링은 비용이 아니라 투자다

BIG STEP

집주인이나 건물주가 되기 위해서는 물건 너머의 가치를 볼 수 있어야 한다. 리모델링이나 재건축은 기존 물건의 가치를 높여서 더 좋은 가격으로 임대나 매매를 할 수 있게 해주기 때문에 필수로 공부하고, 많은 노력을 들여야 하는 부분이다.

하지만 어떤 사람들은 리모델링하는 데 돈을 아끼고, 그 비용을 부담스럽게 생각한다. 리모델링은 비용이라고 생각하고, 이는 세입자를 위한 것이며, 비용만큼 돈이 빠져나가니 수익률이 낮아진다고 생각한다. 하지만 리모델링은 나의 자산 가치를 높여주고, 추가적으로 임대(또는 매매)도 더 나은 가격에 받을 수 있어 결과적으로는 수익률을 높이는 데 도움이 된다. 결국 주인을 위한 것이고, 꼭 필요한 일이다.

물론 애초에 리모델링이 필요 없는 깨끗한 물건을 구할 수 있다면 시간과 비용, 에너지를 아끼는 방법이기도 하다. 하지만 많은 물건을 검색하고 조사하다 보면 욕심은 나지만, 대대적인 수리가 필요해서 주춤하게 만드는 물건이 나타날 것이다. 하지만 좋은 위치에 좋은 가격이라면 갖고 싶은 마음이 생길 것이다. 부동산이라는 것은 위치는 바꿀 수 없지만, 물건의 내·외부는 바꿀 수 있기 때문에 좋은 위치에 가치를 품고 있는 부동산은 허름하더라도 구매를 고려해야 한다.

우리 부부는 DMC역에 있는 오래된 아파트를 낙찰받은 적이 있다. DMC역은 6호선, 공항철도, 경의중앙선 3개 노선의 환승역이다. 게다가 이 아파트는 지하철역과 가까워 최고의 교통 요건을 지니고 있었다. 1990년대에 지어져 노후된 것이 흠이었지만, 위치가 너무 좋고 추후 개발 호재까지 있는 지역이라 입찰하였고, 낙찰받게 되었다.

낙찰을 받고 기존 세입자가 빠져나간 자리를 보니, 예상했던 것보다 상태가 더 심각했다. 마룻바닥은 오래되어 중간중간 나무가 뒤틀려 있거나 썩어 있었다. 방마다 있는 나무틀의 창문에서는 바람이 새어 들어왔다. 화장실은 너무 오래되어 전체적으로 어두웠고, 욕조나 변기, 세면대는 누렇고, 안방 화장실에서는 담배를 오래 피워 담배 냄새가 절어 있었다. 베란다는 더 문제였다. 베란다 창문(새시)이 오래되어 비가 올 때마다 물이 새어 들어온다고 했다. 그러다 보니 벽과 바닥 군데군데에 곰팡이 자국, 썩어 있는 부분이 보였다.

입찰을 할 때 인테리어가 필요하다고 생각했었지만 바닥과 창호까지 교체해야 한다고는 예상하지 못했었다. 예상했던 인테리어 비용보다 배 이상이 높아지게 생겼다. 낙찰자에게 손 볼 곳이 늘어나는 것을 발견하는 일은 매우 씁쓸한 순간이 아닐 수 없다. 수익률이 떨어지는 소리가 들리는 순간이었다. 하지만 우린 지금의 수익률이 낮아지는 것을 감수하고, 확실하게 손을 봐서 향후 문제점을 미리 방지하기로 결정했다. 그리고 대대적인 인테리어 계획을 짜기 시작했다. 우리가 손봐야 할 곳은 사실 이 집 전체였다.

- 바닥, 도배, 베란다 섀시와 방문, 창문 교체
- 현관문, 몰딩, 방문 페인트
- 중문 철거 후 교체, 베란다 타일 교체
- 화장실 전체 수리(욕조, 세면대, 변기 교체. 타일 덧방, 조명, 거울 등 집기 교체)
- 부엌 싱크대 필름지 리폼, 싱크대 상판 교체

'투자자의 리모델링은 최소한의 비용으로 최대의 효과를 내는 것'이다. 그렇다고 해서 필요한 곳을 수리하지 않는다든가, 너무 저렴한 것만 선택하면 추후에 다시 교체해야 되는 상황이 돼서 결국 이중으로 비용이 나갈 수 있다.

이 집의 경우 베란다를 일부만 겉으로 멀쩡하게 보이게 수리할 수도 있었지만, 새시부터 타일, 벽까지 전체를 수리하는 것으로 결정했다. 결국 비용은 많이 들지만, 오래 갈 수 있는 방법을 선택했다. 인테리어를 할 때에는 너무 저렴한 것만 선택하지 말고, 적당한 선에서 유행에 뒤처지지 않으면서도 오래 유지될 수 있는 인테리어를 하는 데 중점을 두라고 권하고 싶다.

요즘에는 집을 예쁘게 꾸미고 사는 사람들이 많아 인테리어에 대한 정보도 쉽게 구할 수 있다. 여기에서 얻은 정보를 통해 내가 원하는 인테리어의 대략적인 그림을 그려보고, 두세 곳에서 견적을 받아 비교하여 결정하는 식으로 인테리어업체의 정보를 쌓아갔다. 이 역시 처음에는 번거롭고 시간이 오래 걸리는 부분이지만, 한 번 이렇게 해 놓으니 추후 인테리어를 할 때 바로 연락할 수 있고, 가격 부분도 거의 정해져 있기에 작업 속도가 훨씬 빨라졌다.

DMC에 있는 아파트의 경우 총 인테리어 비용을 정리해보면 다음과 같다.

- 섀시(베란다 내·외부, 중문, 방 창문) : 740만 원(중문 철거 10만 원)
- 화장실 2개, 베란다 타일, 현관타일 : 300만 원
- 페인트(몰딩, 베란다 벽), 가구 시트지 : 160만 원
- 도배(합지 광폭) : 85만 원
- 조명 : 40만 원(설치비 10만 원 포함, 콘센트 커버 교체 자재비 6만 원)
- 부엌(싱크대 시트지, 상판 교체, 가스레인지 상판 교체) : 80만 원

이렇게 약 1,400만 원이 들었다. 섀시가 추가되어 비용이 커졌다. 하지만 이는 누수와도 연결되는 부분이어서 추후 문제가 발생할 수 있는 부분을 미연에 방지해야 한다는 생각으로 신경을 써서 좋은 브랜드의 제품으로 교체했다.

추가된 비용이 많으니, 결국 임대를 낼 때 이를 반영할 수밖에 없었다. 남편과 의논하여 기존 시세보다 3,000만 원 더 높게 전세로 내놓기로 결정했다. 부동산중개소 사장님은 너무 높은 가격이라며 이 가격으로는 세입자를 얻기 힘들 거라고 말씀하셨다. 지금까지 없었던 전세 가격이라는 것이다(물론 우리도 잘 알고 있었다).

결과는 어떻게 되었을까? 결국 우리가 원하는 가격에 세입자를 구할 수 있었다. 게다가 매우 빠른 시간에 세입자를 구할 수 있었다. 두 곳의 부동산중개소에서 거의 동시에 계약하겠다는 세입자가 있다는 연락을 받았고, 더 빨리 연락한 곳과 계약했다. 결국 사람들은 주변보다 3,000만 원이나 비싼 가격이었지만, 돈을 조금 더 내더라도 깨끗하게 인테리어가 된 집에 살고 싶었던 것이다. 그리고 전세금은 어차피 후에 돌려받을 돈이기 때문에 매매가나 월세 보증금에 비해 금액적인 거부감이 훨씬 적다는 사실도 이때 알게 되었다.

결국 우리는 1,400만 원을 투자해서 3,000만 원 더 높게 전세 세입자를 받을 수 있었다. 게다가 한 번 잘해둔 인테리어는 두고두고 효과가 있기 때문에 그 이후 세입자를 구하기도 쉬웠다.

인테리어에 자신이 있는 사람들은 일부러 허름하고 저렴한 집을 구하기도 한다. 인테리어는 집의 가치를 높여주는 매우 효과적인 방법이며, 경험을 통해 인테리어 능력을 키울 수 있다. 뭐든 계속 하다 보면 없던 감도 생긴다. 점점 최소한의 노동력과 시간, 비용을 투입하면서 최대의 효과를 낼 수 있는 인테리어 노하우를 쌓아가게 될 것이다.

세입자를 구해야 한다면 무엇보다 화장실과 부엌은 꼭 리모델링 하는 것을 추천한다. 이곳은 세입자들이 인테리어를 하고, 청소를 해서 깨끗하게 만드는 데 한계가 있기 때문이다. 그래서 세입자들 역시 집을 구할 때 매우 유념해서 보는 곳이다. 이곳을 우선적으로 깨끗하게 만들어둬야 세입자를 빨리 구하는 데 도움이 된다.

인테리어는 비용이 아니라 나의 수익률을 높여주는 투자다. 게다가 하다 보면 점점 쉬워지고, 지불하는 비용도 낮출 수 있다. 인테리어를 통해 지저분하고 허름했던 공간이 멋진 모습으로 탈바꿈되는 드라마틱한 장면이 주는 감동은 덤이다.

내 집의 이자를 다른 사람이 내준다면?

BIG STEP

집을 내 돈만으로 사는 사람은 거의 없을 것이다. 대부분은 대출을 받아 사기 때문에 추가로 생긴 대출 이자만큼 생활비를 줄여야 한다. 그만큼 삶이 더 팍팍해지는 것 역시 각오해야 한다. 이것이 싫어 대출 없는 전세를 고집하는 사람들이 있다. 그런데 만약 내 집의 대출 이자를 다른 사람이 내준다면? 아마 생각이 달라질 것이다.

다음은 아파트를 낙찰받은 경우를 다시 정리한 것이다.

| 1층 미준공 아파트 낙찰 내용 |

- 감정가 : 2억 3,500만 원
- 낙찰가 : 1억 6,330만 원(69.4퍼센트)
- 대출 : 1억 3,060만 원(낙찰가의 80퍼센트)

실제 투입 금액 : -3,480만 원 (낙찰가 차액 3,700만 원 + 부대비용 210만 원)	은행 대출 : -1억 3,060만 원
- 3,500만 원	이자 : -월 30만 원(2.85퍼센트)

이 경우 지출 부분을 정리해보면 실제 내 주머니에서 나간 돈(실제 투자 금액)은 3,500만 원, 달마다 부담해야 하는 돈이 30만 원 정도 되었다. 집을 사면서 추가로 월 이자 부담이 생겼다. 여기까지 본다면 이 집은 내 호주머니에서 돈을 빼가기 때문에 나쁜 빚이고, 자산이 아닌 부채라고 할 수 있다. 자, 그 후 빌라를 하나 샀다. 다음은 그 내용이다.

[화곡동] 다세대 　 남부11계 20[redacted]

경매11계(☎02-2192-1302) 법원안내 　 관심사건등록 　 화면인쇄 　 보고서인쇄

기본정보 　 대법원사이트 보기 GO / 법원기본내역 보기 GO

대표소재지	서울 강서구 화곡동 [redacted]				
대표용도	다세대	기타용도	-	신청일	2014.09.12
감정평가액	170,000,000원	경매대상	건물전부, 토지전부	개시결정일	2014.09.16
최저경매가	(80%) 136,000,000원	토지면적	48.04㎡ (14.53평)	감정기일	2014.10.02
낙찰/응찰	139,773,000원 / 2명	건물면적	73.13㎡ (22.12평)	배당종기일	2014.12.01
청구금액	146,893,857원	제시외면적	0㎡	낙찰일	**2015.04.14**
등기채권액	192,192,992원	경매구분	임의	종국일자	2015.07.10
물건번호	1 [배당]				

물건사진/위치도

감정평가서 요약/진행결과/임차관계/등기권리 감정평가서 보기 GO

소재지/감정서	면적(단위:㎡)	진행결과	임차관계/관리비	등기권리
(157-886) 서울 강서구 화곡동 [illegible] [illegible] 지도 등기 토지이용 [구분건물] • 서울특별시 강서구 화곡동 [illegible] 세대주택 등 소규모 집합건물,단독주택, 근린생활시설 등이 혼재하는 지역으로서 제반 입지적 여건은 보통수준임. • 본건까지 제반차량진입이 가능하고 남서측인근에 지하철역(5호선 까치산역)과 버스정류장이 위치하여 제반교통여건은 보통수준임. • 본건은 철근콘크리트구조(철근)콘크리트지붕 4층 건내 지하1층 지101호로서,외벽:돌쌓기마감후 페인팅마감내벽:벽지마감 및 일부 타일붙임마감천정:벽지마감 • 다새주택으로서 방3(내부구조도상 방1은 주변방과 터서 1개로 이용한다고 함: 소유자 김[illegible]씨의 답변), 거실, 주방, 욕실, 다용도실, 현관,※상세 이용상황은 별첨 구청발급 건물현황도 및 별첨 내부구조도	대 지 • 308.4㎡중 48.04/308.4 →48.04㎡ (14.53평) 건 물 • 73.13㎡ (22.12평) 총 4층 중 지하1층 보존등기 2009.12.24 토지감정 68,000,000 평당가격 4,679,980 건물감정 102,000,000 평당가격 4,611,220 감정기관 유진감정	감정 170,000,000 100% 170,000,000 유찰 2015.03.10 80% 136,000,000 낙찰 2015.04.14 139,773,000 (82.22%) 백** 응찰 2명 2위 응찰가 136,100,800 허가 2015.04.21 납부 2015.06.15 ▶종국결과 배당 2015.07.10	▶법원임차조사 조사된 임차내역 없음 ▶전입세대 직접열람 GO 장** 2010.12.21 열람일 2015.02.24 ▶관할주민센터 강서구 화곡제2동 ☎ 02-2600-7555	* 집합건물등기 소유권 김OO 이 전 2010.03.15 전소유자: 정OO 매매(2009.11.03) 근저당 경[illegible] [illegible] 2010.03.15 182,000,000 [말소기준권리] 가압류 우[illegible] [illegible] 2014.08.29 10,192,992 임 의 경[illegible] [illegible] 2014.09.16 (2014타경[illegible]) 청구액 146,893,857원 [등기부채권총액] 192,192,992원 열람일 2015.02.09 집합건물등기부확인 GO

| 빌라 낙찰 내용 |

- 감정가 : 1억 7,000만 원
- 낙찰가 : 1억 4,000만 원(82퍼센트)
- 대출 : 1억 1,000만 원(낙찰가의 80퍼센트)

빌라를 사면서 지출 부분을 정리해보면 다음과 같다.

실제 투입 금액 : – 3,100만 원 (낙찰가 차액 3,000만 원 + 부대비용 210만 원) 보증금 : + 3,000만 원	은행 대출 : – 1억 1,000만 원 월세 : + 75만 원
– 100만 원	이자 : –월 29만 원(3.1퍼센트) 월세 : + 75만 원

빌라를 사면서 실제 투입된 비용은 약 3,100만 원이었다. 하지만 세입자를 받게 되면서 실제 투입 비용은 거의 없게 되었고, 월세 수입 75만 원이 발생하였다. 따라서 세입자가 주는 월세 75만 원에서 이 집의 이자(29만 원)와 내가 살고 있는 아파트의 이자(30만 원)를 제하고도 16만 원이 남았다. 즉 내 집의 대출 이자를 다른 사람이 내주고 있는 셈이다. 이렇게 만들어 놓으니, 대출을 얻어 집을 샀지만 삶이 더 팍팍해지지 않았다. 오히려 전세살이에서 집주인이 되니 심적으로 안정감이 생겼다. 월세를 받아 양쪽의 이자를 지불하고도 약간의 추가 수입이 생겼으니 삶은 더 여유로워진 느낌이었다. 이제 좋은 빚을 얻었고, 이 집은 자산이라고 말할 수 있다. 어떤가? 정말 공짜로 내 집에 살고 있지 않은가?

『부자 아빠 가난한 아빠』를 보면 저자 로버트 기요사키가 페라리를 사고 싶다는 생각으로 자동차를 사는 계획을 세우는 장면이 나온다. 그 계획은 임대할 수 있는 집을 한 채 사는 것이다. 그는 집을 사서 세입자를 구한 후, 세입자가 지불하는 월세로 자동차 할부금을 낸다. 페라리는 로버트 기요사키가 타고 다니지만, 그 돈은 세입자가 지불하고 있는 것이다.

당신은 물건을 살 때 어떤 계획을 세우는가? 보통은 사고 싶은 물건 가격에 대한 목표를 정하고 열심히 돈을 모을 것이다. 그리고 목표 금액이 모이면 그 돈 모두를 물건(목표)과 교환한다. 또는 자신이 갚아나가야 하는 대출(신용카드 포함)을 이용해 물건(집 포함)을 사기 때문에 물건을 사고 나면 삶이 더 팍팍해진다.

20대 때 『부자 아빠 가난한 아빠』에서 저자의 페라리 사는 방법을 보면서 당시에는 그 방법이 특별한 어떤 능력과 대범함 등 여러 조건이 맞아야 가능한 일이라고 생각했다. 또 그곳이 미국이니까 가능하다고 생각했다. 지금 돌아보면 행동으로 옮길 용기가 없어 이런저런 불가능한 이유를 만들어서 핑계를 댄 것이었다. 전혀 어려운 일이 아니었고, 특별한 것도 아니었다.

자, 당신은 어떤 생각이 드는가? 예전의 나처럼 여러 가지 이유를 대면서 현재의 자신은 불가능하다고 스스로에게 핑계를 댈 것인가? 아니면 이 사람도 했는데, 나도 할 수 있겠다며 공부를 시작해야겠다고 자극을 받을 것인가? 중요한 것은 이 방법을 배우려 하지 않는다면 앞으로도 대출을 계속 두려워할 것이고, 혹여 어떤 물건(집)을 사게 되더라도 그 후 팍팍한 삶이 당신을 기다리고 있다는 것이다. 남의 물건을 내 돈으로 살 것인지, 남의 돈으로 내 물건을 살 것인지는 당신의 선택에 달려 있다.

시세보다 월세를 더 많이 받는 방법

B I G S T E P

앞서 말한 빌라는 75만 원의 월세를 받았다. 사실 이는 매우 높은 수준의 임대료인데, 어떻게 빌라로 이런 월세를 받게 되었는지 알려주겠다. 서울 안에서 빌라로 높은 월세를 받는 경우는 대학가이거나, 강남처럼 수요가 확실한 곳이 아니면 쉽지 않은 일이다. 게다가 우리가 낙찰받은 빌라는 주거 지역 안에 있는 아주 평범한 빌라이고, 게다가 반지하였다. 입찰 전 임장을 하면서 조사해보니, 주변 빌라는 모두 전세나 매매였고, 월세로 내놓은 곳은 단 한 군데도 없었다. 하지만 우리는 매달 현금흐름이 나오는 월세를 원했다. 부동산중개소에 가서 월세를 내놓는 것에 대해 문의하면 하나같이 이곳은 월세로 사는 사람이 거의 없다는 답변이 돌아왔다. 만약 월세를 원한다면

40만 원 정도는 받을 수 있다고 했다. 우리로서는 탐탁지 않은 금액이었다.

전세를 월세로 바꾸면 얼마를 받을 수 있는지 계산하는 법이 있다. 월세는 기본적으로 전세 보증금에 대한 이자라고 보고 계산한다.

월세로 전환할 전세 보증금×연 이자율÷12

여기서 연 이자율은 예전엔 보통 10퍼센트로 계산했지만, 요즘은 6~8퍼센트 정도로 계산한다. 우리가 낙찰받은 반지하 빌라를 예로 들어보겠다.

QUICK TIPS

월세를 전세로 계산하는 법

보증금 + 월세×100

예) 보증금 1,00만 원의 월세가 50만 원짜리 집이라면,

1,000만 원 + 50만 원 × 100 = 6,000만 원

즉 전세로는 6,000만 원으로 전환할 수 있다는 계산이 나온다.

(단, 주택임대차보호법에서 보증금을 전부 또는 일부를 월 단위의 차임으로 전환하는 경우, 규정과 제한사항이 있으니 참고바람.)

• 감정가 : 1억 7,500만 원
• 낙찰가 : 1억 4,000만 원
• 전세 시세 : 1억 4,000만 원

이를 보증금 3,000만 원에 월세를 받고 싶다고 계산하면 1억 1,000만 원(1억 4,000만 원-3,000만 원)×연 6퍼센트÷12=50만 원이 나온다. 즉 전세 1억 4,000만 원을 받거나, 월세로는 보증금 3,000만 원에 50만 원을 받는 것이 보통이다. 하지만 이곳은 전세 물건이 넘치는 곳이다 보니 그마저도 받기 힘들다는 것이었다. 하지만 우리는 더 많은 월세 수익을 얻고 싶었고, 그래서 셰어하우스를 해보기로 했다.

22평의 그리 크지 않은 집이었지만, 방이 3개이고, 화장실도 2개였기 때문에 셰어하우스를 하는 것이 가능하다고 판단했다. 이를 기대하고 입찰했던 것이다. 집도 거의 새집이었기 때문에 도배만 새로 했고, 화장실 등도 거의 손볼 것이 없었다.

셰어하우스를 하기 위해 기본적으로 필요한 가구를 세팅했다. 거실에는 공동으로 쓸 수 있는 옷장과 소파, TV, 테이블을 두었고, 주방에는 냉장고와 식탁, 밥솥과 기본적인 그릇을 준비했다. 세탁실이 있는 보일러실에는 내가 신혼살림으로 사왔던 드럼세탁기를 넣어두었고, 빨래 건조대도 준비했다.

화장실이 딸린 큰 방에는 싱글침대와 책상, 의자를 2세트씩 넣었고, 남은 방 2개에도 똑같이 침대와 책상, 의자를 세팅해두었다. 우리는 큰 방 2명, 작은 방에 각각 1명씩 총 4명의 세입자를 두길 희망했다.

우리가 계산한 셰어하우스의 기대 월세 내용은 다음과 같았다.

- 큰방 : 보증금 200만 원, 월세 25만 원, 2명
- 작은 방 : 보증금 300만 원, 월세 27만원
- 작은 방 : 보증금 300만 원, 월세 33만 원
- 총 예상 수익 : 보증금 1,000만 원, 월세 110만 원

월세는 많아 보이지만, 리스크를 생각하면 또 그렇지 않다. 셰어하우스는 세입자를 각각 따로 구해야 하고, 세입자들의 계약 기간은 자유로운 편이어서 공실이 자주 생길 수 있다. 그래서 예상 월세 수익이 매달 정확히 들어오기 힘들다는 리스크가 있다.

여하튼 우리는 새로운 도전을 해보기로 했다. 집의 세팅을 마치고, 이런 내용으로 사람을 구하고 싶다고 부동산중개소에 내놓았다. 그러자 부동산중개소 사장님은 이렇게 물었다.

"셰어하우스가 뭐예요? 왜 세입자를 나눠 받아요?"

부동산중개소 사장님들에게 셰어하우스에 대한 설명부터 해야 했다. 그리고 네이버 카페 '피터팬의 방 구하기'와 여러 앱에도 올려놓았다.

그런데 생각보다 사람 구하기가 더 쉽지 않았다. 우리는 성별을 미리 정해두지 않고, 먼저 들어오는 세입자를 기준으로 성별을 정하

려고 마음먹고 있었다. 그런데 들어오고 싶어 하는 한 명을 우선 먼저 받고 나머지 셋을 기다리는 결정을 하기가 꽤 힘들었다. 두 명 정도 먼저 확보해두고 시작하고 싶은 마음이 들어 한 명의 제안은 쉽게 받지 못했다.

직접 해보니 셰어하우스는 집이 한 채일 때 오히려 수익이 잘 나오기 힘든 구조라는 것을 알게 되었다. 여러 채를 지점으로 운영하면서 세입자들을 다양하게 받는 것이 리스크가 훨씬 적다는 것을 알게 되었다. 게다가 관리 포인트는 한 채나 여러 채나 크게 차이가 나지 않았다. 오히려 운영하는 지점이 많을수록 사람을 쓰고, 대량 구매, 시스템화할 수 있어서 훨씬 유리했다.

뭐든 처음이 가장 어려운 법이다. 하지만 사람이 생각처럼 구해지지 않았고, 전세로 전환해야 하는 것인가 여러 생각이 들 때 즈음, 부동산중개소에서 연락이 왔다.

눈앞의 이득을 좇으면 벌어지는 일

BIG STEP

셰어하우스를 하겠다고 인테리어를 끝내고, 세입자를 기다리는데 생각보다 쉽지 않았다. 게다가 당시에는 우리 집의 이사까지 맞물려 있어서 나가는 돈이 많은 상황이었고, 보증금과 월세에서 생기는 현금흐름이 너무 절실했던 시기였다. 그러던 어느 날, 부동산중개소에서 전화가 왔다.

"저기 관심이 있다는 분들이 계신데요. 대신 언제까지 살게 될지 몰라서 깔세로 살면 안 되는지 문의하는데요."

"네, 깔세요? 그게 뭐예요?"

"보증금 없이 대신 월세를 선불로 주는 거예요. 월세는 110만 원 정도 받을 수 있을 것 같아요. 계약 기간은 따로 없고, 월세를 못 내면 바로 나가는 거예요."

깔세는 들어본 적은 있지만, 나와는 전혀 상관이 없는 것인 줄 알았다. 그런데 지금 이 순간 직접적으로 나와 관련 있는 단어가 되었다. 남편과 나는 잠시 고민했다. 보증금을 못 받는 대신 월세를 많이 준다는 제안이었고, 우리는 돈이 너무 필요한 상황이었다. 그래서 결국 한 번 해보자고 결정했다. 단, 보증금을 받지 못하니 월세는 거주한 달이 시작되기 며칠 전에 미리 선불로 내야 하고, 이날이 조금이라도 밀리면 바로 나가야 한다는 조항을 계약서에 넣었다.

드디어 계약 당일, 다녀온 남편의 이야기를 풀어보면 얼굴만 한 벤츠 마크가 박힌 흰색과 검은색 차 두 대가 부동산 앞에 섰고, 30대 초반의 두 남자가 각각 차에서 내렸다고 한다. 그들은 술집을 운영하는 공동사장인데, 새벽에 들어가 잠시 눈만 붙일 곳을 찾고 있다고 했다. 하지만 현재 술집을 시작한 지 얼마 되지 않아서 보증금을 낼 목돈은 없지만 현금은 많으니 월세는 많이 낼 수 있다고 설명했다. 그렇게 난생처음 깔세를 받는 계약을 하게 되었다.

보증금을 받지는 못했지만, 110만 원의 월세는 정말 달콤했다. 반지하 빌라를 1억 4,000만 원에 낙찰받아서 110만 원이라는 현금흐름을 만들어낸 우리가 자랑스럽기까지 했다. 하지만 월세가 들어오는 날이 다가오면 매달 선불로 지불하기로 한 돈이 제대로 들어올지 하는 불안감이 있었다. 그러던 어느 날, 약속했던 날짜에 월세가 들어오지 않았다. 우려했던 일이 벌어진 것이다. 남편은 바로 전화를 했다.

"월세가 들어오지 않았는데요."

"네, 저희 그만 나갈게요. ○○일까지 비우겠습니다."

그렇게 해서 계약이 종료되었고, 몇 달 만에 다시 그 집을 가보고는 깜짝 놀랐다.

집의 느낌이 뭔가 이상했다. 가장 큰 안방에 커다란 녹색 테이블이 놓여 있었고, 각 방에 나눠 배치해두었던 침대는 한편으로 몰려 있었다. 그리고 창문이란 창문은 빛이 들어오지 못하게 모두 가려두었다. 안방에는 자신들이 에어컨을 추가로 설치하고, 따로 환풍기까지 설치해 놓았다. 별다른 살림살이는 없었고, 거실에 안마 의자와 한편에 수북한 담배꽁초만 있었다.

이를 본 남편은 이렇게 말했다.

"아, 속았다! 이 사람들이 이 집을 하우스로 운영했구나!"

"하우스? 그게 뭔데?"

"도박장말이야. 도박하는 곳!"

"뭐? 드라마나 영화에 나오는 그런 도박하는 데?"

TV 드라마나 영화에서 봤던 장면들이 떠올랐다. 사람들이 담배를 연신 태우며 밤새 도박을 하는 모습, 갑자기 경찰들이 들이닥치면 후다닥 판이 뒤엎어지고, 지폐가 날아다니고, 사람들이 숨는 장면이 겹쳐졌다. 그런 곳이 바로 우리 집이었다니!

그제야 왜 그들이 보증금 없이 높은 월세를 내려고 했는지 이해가 되었다. 언제든 자신들이 발각되면 바로 도망가야 했기 때문이다. 그들은 이곳에서 몇 달 동안 불법 도박을 한 것이고, 이제 다른 곳을 찾아 떠난 것이다.

가난한 사람은 눈앞의 이득을 택하고, 부자는 먼 미래의 이득을 보고 선택한다고 한다. 부자들은 기다릴 줄 안다. 당시 우리는 돈이 궁했고, 그래서 마음이 조급했다. 결국 조급함으로 눈앞의 이득을 좇다가 이런 일이 벌어진 것이었다.

남편과 녹색 테이블을 바깥에 내놓고, 시어머님의 도움을 받아 다시 깨끗하게 쓸고 닦았다. 그들이 남겨 놓고 간 나쁜 기운들을 모두 빼내는 기분으로 창문을 열고, 깨끗하게 정리했다. 그리고 앞으로는 세입자를 얻을 때 꼼꼼하게 살피고, 눈앞의 이득만을 좇아 선택하지 않겠다고 결심했다. 어쨌건 이 또한 돌아보니 재미있고, 감사한 경험이었다.

Q&A

부동산 투자를 위해 공인중개사 자격증을 꼭 따야 할까요?

부동산 관련 영상에 꾸준히 달리는 질문 중 하나가 바로 공인중개사 자격증에 대한 고민이다. 공인중개사 자격증이 부동산 공부에 도움이 될 수 있겠지만, 꼭 필요한 것은 아니다. 오히려 그 시간에 직접 현장에 나가보고, 입찰해보면서 실전 경험을 쌓아가는 편이 투자자가 되는 가장 빠른 길이라고 생각한다.

경매학원에 가보면 두 달 만에 입찰을 시작하는 사람이 있는가 하면, 1년 동안 강의만 듣는 사람들도 있다. 그들은 입찰해볼 엄두를 내지 못한다. 뭔가 일을 저지르기엔 자신이 부족한 것 같고, 모르는 것이 많은 것 같아 두려운 것이다. 원래 공부는 하면 할수록 자신의 부족함을 알게 되기 때문에 힘든 것이다. 모를 때가 가장 무모할 수 있다.

물론 공인중개사 자격증을 따서 부동산중개소에서 일해보는 것은 부동산 공부를 하는 데 큰 도움이 될 수 있다. 그런데 꼭 공인중개사 자격증이 없어도 부동산중개소에서 일은 할 수 있다. 차라리 이런 경험을 쌓고 싶다면 구인하는 부동산중개소를 직접 찾아가는 것이 빠를 것이다. 이렇게 부동산중개소에서 일하면서 여러 손님을 만나고, 그들이 원하는 것이 무엇인지 배울 수 있을 것이다. 손님들에게 물건들을 소개하면서 둘러보고 시세를 조사해보면 부동산을 보는 눈을 높여줄 것이다. 이렇게 배우면서 자신의 투자를 지속하는 것도 좋은 방법이라고 생각한다.

자격증은 그저 어떤 상업 행위를 하기 위해 필요한 증명서일 뿐이다. '직업적'으로 중개하는 일을 하기 위해 자격증을 취득하는 것이다. 부동산중개소 사장님들이 모두 부동산 투자자가 아닌 이유이다. 아무리 열심히 이론을 공부한다고 해도 한 번의 경험에 못 미친다고 생각한다. 몸으로 직접 경험하며 배우는 것은 훨씬 강하게 체득된다. 직업적으로 부동산중개소에서 계속 일을 할 것이 아니라 투자자가 되겠다면 이론 공부에 너무 매달리지 말고, 경험을 쌓는 데 집중하는 편이 낫다.

나의 지식과 정보 수준으로 판단 가능한 투자부터, 즉 나에게 맞는 투자부터 시작해나가며 경험을 쌓아가면 된다. 경매를 배운 선생님이나 동료들에게 조언을 구해보는 것도 좋다. 결국 다양한 경험들이 당신을 성장시킬 것이다.

재테크는 행복하게 하는 것이다

『은행의 사생활』을 쓴 지 10년이 흘렀다. 첫 번째 재테크 책을 쓴 후 돈이 삶의 전부인 듯 살아가는 사람들을 많이 만나게 되었는데, 나는 그런 만남이 약간 불편했다. 그래서 앞으로 재테크 책은 쓰지 않겠다고 다짐했다. 하지만 이렇게 다시 재테크 책을 쓰게 된 것은 결국 또 사람 때문이다. 평생 모은 재산을 허무하게 잃는 사람들, 자칭 금융 전문가라고 말하는 사람들의 말에 넘어가 위험한 선택을 하는 사회 초년생들, 아직도 은행은 안전하고 선한 곳이라고 생각해서 은행에서 하라는 대로 무조건적으로 믿고 따르는 어르신들, 하루하루 최선을 다해 아끼고 저축하지만 내 집 마련의 길이 멀게만 보이는 샐러리맨들. 이런 금융 약자들이 여전히 눈에 들어왔고, 안타까웠다.

그래서 10년 만에 두 번째 재테크 책을 쓰게 되었다.

그동안 나 스스로도 많은 경험을 했고, 성장했음을 알게 되었다. 그 덕에 나의 경험과 생각에 확신을 더해 글을 쓸 수 있었다. 『은행의 사생활』의 에필로그를 다시 찾아보았는데, '재테크는 행복이다'라는 말로 시작하고 있었다. 그리고 지금도 나의 재테크는 정말 행복이었다고 말할 수 있어 기쁘다. 당시 내가 정립했던 생각과 이를 기준으로 선택해온 방향이 옳았다는 생각이 들어 참 다행이고 감사했다.

이젠 당신이 경험할 차례이다. 당신의 재테크도 행복하길 바란다. 이 책의 마지막 장까지 읽은 당신에게 재테크에 대한 희망과 여유가 생겼기를 기대해본다. 부디 허황된 부자의 꿈으로 소중한 삶을 낭비하지 않았으면 좋겠다. 재테크가 삶의 목적이자 전부가 아닌, 행복한 삶을 위한 '도구'로 존재하기를 바란다. 자신이 가야 할 방향을 정확히 알고, 빅스텝을 익힌다면 여유롭게 걸어도 충분히 원하는 삶에 도달할 수 있을 것이다.

이 책은 돈을 이야기하지만, 결국 그 바탕은 사람이다. 이 책이 당신에게 인간적이고 따뜻함으로 기억되기를 바란다. 마지막으로 돈의 노예가 아닌 돈의 주인으로서, 그리고 결국 삶의 주인으로 살아가길 진심을 담아 응원한다.

빅스텝으로 행복한 삶을 향해 자신 있게 나아가길 바란다!

감사의 글

이번 책은 특히 힘든 상황에서 원고 작업을 했습니다. 제 곁에는 두 아이가 있었고, 역할도 엄마와 아내, 크리에이터로 늘어난 상태였습니다. 절대적 시간이 부족한 상황 속에서 하루의 힘을 믿고, 그 안에서 방법을 찾아내려 노력했습니다. 그렇게 고군분투해서 얻어낸 결과물이라 더없이 기쁘고 뿌듯합니다.

반짝이는 아이디어로 방향을 잡아주신 포레스트북스의 김선준 대표님과 저의 의견 하나하나 귀담아 들어주시고 반영해주신 마수미 팀장님께도 감사의 말씀을 전합니다. 덕분에 저의 도전이 멋진 결과물로 만들어질 수 있었습니다. 그리고 저의 모습에서 많은 엄마가 도전하고, 용기를 얻는다면 너무 행복하고 기쁠 것 같습니다. 세상의 위대한 엄마들에게 존경을 표하고, 응원을 보냅니다.

양가 어머님들의 도움을 정말 많이 받았습니다. 존경하는 어머님과 저에게 긍정적이고 밝은 성격을 물려주신 엄마, 특히 두 분께 감사의 마음을 전합니다. 그리고 늘 마음으로 믿고 지원해주시는 아빠와 시아버지께도 감사를 전합니다.

바라만 보고 있어도 세상 제일의 부자가 된 것 같은 풍요로움을 느끼게 해주는 소중한 두 아이들, 수정이와 강이에게도 사랑과 고마움을 전하고 싶습니다.

"소중한 내 보물들. 수정이와 강아, 너희들 덕분에 엄마는 늘 무한한 힘을 얻는단다. 지금처럼 늘 밝고, 건강하렴. 너희들은 돈의 주인으로서, 그리고 더 나아가 삶의 주인으로서 살아가길 엄마와 아빠가 응원하고, 언제나 힘이 되어줄게."

그리고 저의 가능성을 믿고 지지해주는 나침반 같은 존재인 남편에게 존경과 깊은 사랑을 전합니다.

"당신 덕분에 나는 꿈을 더 크고 멀리 꿀 수 있어. 사랑하고 고마워."

끝으로 '소사장소피아' 채널을 사랑해주시고, 무한한 지지를 보내주시는 선하고 건강한 에너지의 구독자님들께 감사의 인사를 전합니다. 선구자님들 덕분에 지금의 제가 있고, 제 삶의 행복과 의미가 더 깊어졌습니다. 진심으로 감사드립니다. 앞으로도 행복하고 자유로운 삶을 위한 실질적인 이야기를 전할 수 있도록 최선을 다하겠습니다.

당신의 경제 보폭을 키우는 법

빅스텝

초판 1쇄 발행 2019년 10월 23일
초판 2쇄 발행 2019년 12월 10일

지은이 박혜정
펴낸이 김선준

책임편집 마수미
편집팀 배윤주, 문주영
디자인 김미령
마케팅 권두리, 조아란, 오창록, 장혜선
외주교정 정은아

펴낸곳 포레스트북스 **출판등록** 2017년 9월 15일 제 2017-000326호
주소 서울시 마포구 동교로 64-9, 2층
전화 02) 332-5855 **팩스** 02) 332-5856
홈페이지 www.forestbooks.co.kr **이메일** forest@forestbooks.co.kr
종이·출력·인쇄·후가공·제본 (주)현문

ISBN 979-11-89584-39-9 (03320)

• 이 도서의 국립중앙도서관 출판예정도서목록(CIP)은 서지정보유통지원시스템 홈페이지(http://seoji.nl.go.kr)와 국가자료종합목록 구축시스템(http://kolis-net.nl.go.kr)에서 이용하실 수 있습니다.
(CIP제어번호 : CIP2019038112)